Belas Letras

MÚSICA CULTURA POP CINEMA

All

PETER BROWN E STEVEN GAINES

A HISTÓRIA ORAL DO FIM DOS BEATLES

TRADUÇÃO: HENRIQUE GUERRA

REVISÃO TÉCNICA: GILVAN MOURA

Belas Letras

Publicado mediante acordo com St. Martin's Press, um selo de St. Martin's Publishing Group.

NOTA: As entrevistas deste livro foram editadas e condensadas para maior clareza.

Publisher
Gustavo Guertler
Coordenador editorial
Germano Weirich
Supervisora comercial
Jéssica Ribeiro
Gerente de marketing
Jociele Muller
Supervisora de operações logísticas
Daniele Rodrigues
Supervisora de operações financeiras
Jéssica Alves

Edição e preparação
Belas Letras
Tradução
Henrique Guerra
Revisão
Vivian Miwa Matsushita
Revisão técnica
Gilvan Moura
Capa e projeto gráfico
Celso Orlandin Jr.

Foto da capa: Keystone Press Agency/ZUMA Press

2025
Todos os direitos desta edição reservados à
Editora Belas Letras Ltda.
Rua Visconde de Mauá, 473/301 – Bairro São Pelegrino
CEP 95010-070 – Caxias do Sul – RS
www.belasletras.com.br

Dados Internacionais de Catalogação na Fonte (CIP)
Biblioteca Pública Municipal Dr. Demetrio Niederauer
Caxias do Sul, RS

B879a Brown, Peter
All you need is love: a história oral do fim dos Beatles / Peter Brown e Steven Gaines; tradutor: Henrique Guerra. - Caxias do Sul, RS: Belas Letras, 2025.
352 p.: il.

Contém fotografias.
ISBN 978-65-5537-449-0 (brochura)
ISBN 978-65-5537-445-2 (capa dura)
Título original: All you need is love: the Beatles in their own words

1. The Beatles (Conjunto musical). 2. Rock (Música). I. Gaines, Steven. II. Guerra, Henrique. II. Título.

24/87 CDU 784.4(420)

Catalogação elaborada por Vanessa Pinent, CRB-10/1297

Para Brian Epstein

Sumário

Por aí circulam piadas do tipo, "Ah, os Beatles cantam 'All You Need Is Love', mas pra eles isso não funciona". Mas nada jamais vai destruir o amor que temos uns pelos outros, e sigo acreditando que o amor é tudo que precisamos.

– JOHN LENNON, 1972

INTRODUÇÃO

AS TRANSCRIÇÕES DESTE LIVRO SÃO UM MOSAICO: elucidativas, contraditórias, desconcertantes. São pinçadas de um conjunto de mais de cem horas de entrevistas nunca antes transmitidas ou publicadas. As informações e as experiências, bem como a autoridade das pessoas que as relatam, são incomparáveis; nunca poderão ser repetidas, pelo simples fato de que a maioria dos participantes já morreu. As entrevistas foram conduzidas para o livro *The Love You Make: An Insider's Story of the Beatles*, de Peter Brown e Steven Gaines. À exceção da entrevista de Yoko Ono, foram realizadas na Inglaterra e em Nova York no segundo semestre de 1980, poucas semanas antes da morte de John Lennon, em 8 de dezembro daquele ano. Yoko foi entrevistada alguns meses após John ter sido assassinado.

Fico surpreso quando as pessoas ainda perguntam por que os Beatles terminaram. Com tantos filmes, livros e artigos sobre o sucesso e a dissolução dos Beatles, você poderia pensar que essa pergunta já teria sido respondida e bem respondida. Mas ela permanece. O público sente a falta deles e se sente um pouco enganado. Como um conto de fadas de final inesperadamente triste. Os fãs precisam colocar a culpa em alguém. Foi Yoko Ono quem dissolveu os Beatles? Ou Linda Eastman? Ou Magic Alex, que está para o universo dos Beatles como Mordred está para o universo de Camelot? Foi a insistência de Paul em dizer a George como tocar (não foi, embora isso não tenha ajudado em nada), ou o fato de Yoko ter se sentado no amplificador de George, como certa vez o próprio Paul brincou sobre o motivo da separação dos Beatles? E por que no final eles se odiavam tanto? Se, por um lado, as entrevistas com os Beatles e suas esposas, amigos e parceiros de negócios talvez não forneçam respostas fáceis, por outro ajudam a iluminar todas as questões remanescentes, e ninguém pode afirmar qual dessas perspectivas espelha os fatos com mais exatidão. Ao lermos as transcrições, fica claro que cada pessoa que fez parte da constelação dos Beatles tem sua verdade própria. Como descreveu Neil Aspinall, *road manager* e melhor amigo dos Beatles desde os tempos de Liverpool: "A gente pensa: 'Eu estava lá, e pra mim não foi bem assim que as coisas aconteceram'".

Para mim, foi assim que as coisas aconteceram.

Em 1965, por solicitação de Brian Epstein, eu me transferi de Liverpool a Londres para trabalhar com Brian e os Beatles. Eu era confidente de Brian e seu amigo mais íntimo. Fomos apresentados um ao outro em Liverpool, quando eu tinha 20 anos, em uma animada festinha de aniversário, oferecida por um colega meu no programa de treinamento executivo da loja Lewis's. Com apenas três anos mais do que eu, Brian parecia experiente e sofisticado. Talvez por ter frequentado – e sido expulso de – ao menos seis escolas diferentes, além da Royal Academy of Dramatic Art.

Brian e eu tínhamos muito em comum, em especial porque Brian gerenciava o departamento de discos da NEMS (North End Music Stores), a loja da família dele, que vendia móveis e utensílios domésticos. Eu era o gerente do setor de discos da Lewis's, que ficava no outro lado da rua. Não demorou muito para que Brian me convidasse para trabalhar com ele na NEMS. E, por fim, assumi a gerência dos departamentos de discos nas três lojas da família. No Norte da Inglaterra, ninguém vendia mais discos do que a NEMS. Liverpool tinha uma cena musical efervescente, e quase todo mundo da cidade vinha conferir na NEMS os lançamentos numa das cabines de audição de discos. John, Paul, George e Cilla Black eram figurinhas carimbadas na NEMS.

No auge do Império Britânico, Liverpool era um dos portos mais importantes. Em uma enseada do Rio Mersey, o cais protegia os barcos do tempestuoso Mar do Norte, no então florescente centro comercial de algodão e da indústria da construção naval do país. Na Segunda Guerra Mundial, seu valor estratégico foi crucial para os esforços de guerra, e os alemães bombardearam a cidade sem dó. Mesmo em escombros, a cidade não perdeu seu espírito. Na década de 1950, em meio às dificuldades para reviver, Liverpool viu nascer um vibrante cenário musical, com centenas de bandas de rock recém-formadas. Havia uma tese para explicar isso. As linhas mercantis que aportavam em Liverpool contratavam muitos rapazes locais, recém-graduados no Ensino Médio. Esses moços ouviam música nos EUA e, ao retornarem a Liverpool, traziam consigo as sementes do rock and roll americano.

No finzinho de 1961, Brian me convidou para jantar e me ofereceu o cargo de gerente do setor de discos, na rede de três lojas que pertencia à família Epstein. Ele queria se dedicar à nova paixão: os Beatles, uma banda de rock and roll. Com o tempo, eu descobriria que Brian era um moço com tendência a paixões surpreendentes, tão arrebatadoras quanto fugazes. Ele tinha visto um show dos Beatles pela primeira vez no começo de novembro. Foi num porão enfumaçado, com tetos abobadados e paredes de tijolos por onde escorria a umidade: o Cavern Club. Reza a lenda que ficou hipnotizado por John, que trajava calça de couro preta. Não é só lenda. Brian curtia bad boys.

Quanto aos Beatles, ficaram mais impressionados com o Ford Zodiac cinza de Brian do que apreensivos com a falta de experiência dele como empresário. Mas o que os convenceu mesmo a assinar contrato com Brian foi a proposta de receberem um salário semanal. Assim, seus ganhos seriam mais confiáveis. (Foi assim até o final. Todas as quintas-feiras, eu remetia a cada Beatle 40 libras num envelope.) Na primeira vez que "Love Me Do" tocou nas rádios, em 5 de outubro de 1962, eu estava com Brian. A canção tinha sido composta por John e Paul cinco anos antes, quando eram adolescentes. A bordo do carro dele, sintonizamos na Rádio Luxemburgo, e "Love Me Do" começou a tocar. Ficamos tão animados! Brian parou no acostamento, saímos e erguemos a antena. O som ia e vinha, meio distante, com estática, mas ninguém tirava aquilo de nós. Os Beatles estavam no rádio.

Sem demora, Brian e os Beatles se mudaram para Londres, e eu logo me transferi à capital. Seguiram-se cinco anos alucinantes, nos quais me tornei: diretor da NEMS, então o nome da empresa de gestão dos Beatles; membro do conselho da Beatles and Co., a parceria comercial da banda; e diretor operacional da Apple [Corps], a utópica iniciativa empresarial dos Beatles. Também atuamos como empresários de uma lista crescente de talentos na NEMS, incluindo a superestrela britânica Cilla Black, o Moody Blues, Gerry and the Pacemakers, Billy J. Kramer e o Modern Jazz Quartet.

Na NEMS, eu passava a maior parte do meu tempo ajudando a tornar a vida dos Beatles um pouco menos caótica, um emprego de 24 horas por dia, mas uma tarefa quase impossível. Eu tinha em minha mesa um telefone cujo número só os Beatles sabiam. Quando precisavam de mim, sabiam onde me encontrar. O contrário era um pouco mais difícil. Para me certificar de que ao menos estivessem na Grã-Bretanha, descobri um método (quase) infalível: manter os passaportes na gaveta – chaveada – de minha escrivaninha. Um dia, porém, Paul me ligou da França. Passou pela alfândega sem passaporte para filmar uma cena de *Magical Mystery Tour*. Tive que lançar mão da diplomacia para trazê-lo de volta para casa.

Entre os quatro Beatles, John era o favorito de todos, um hooligan com cabelo *moptop*. No Ensino Médio, em um só ano ele foi enviado à direção sessenta vezes por mau comportamento. As transgressões incluíam desde cuspir na mesa até atentado ao pudor. Ele adorava provocar as pessoas e ser encrenqueiro. Tinha o raciocínio rápido e mordaz. É sabido e consabido que John deixou Brian Epstein mortificado ao responder qual título daria à biografia de Brian, prestes a ser lançada: "Judeu bicha".* No primeiro ano de sucesso da banda, John se divertiu usando uma franja comportada, mas de vez em quando o verdadeiro John vinha à tona, e nem sempre o comportamento dele era compatível com ser um Beatle.

Em 1962, quando ainda morava em Liverpool, John confidenciou a Brian que a namorada dele, Cynthia Powell, estava grávida. O casal havia se conhecido no Liverpool College of Art. Tímida e de fala mansa, Cynthia tinha raízes em um bairro relativamente chique de Liverpool, Hoylake.** Brian ficou preocupado. E se os fãs dos Beatles descobrissem que John tinha um filho sem estar casado? Isso tinha potencial de causar um escândalo e prejudicar a banda. A decisão dele foi manter Cynthia em segredo. Mexeu os pauzinhos, e Cynthia e John se casaram numa cerimônia rápida e discreta, no cartório, seguida de um almoço para poucos convidados em um restaurante de uma loja de departamentos.

Um repórter questionou Ringo sobre o boato de John estar casado, e Ringo respondeu: "Se ele se casou, não queremos tocar no assunto". Sem muito alarde, em 8 de abril de 1963, nasceu Julian. Segundo Ringo, ele só ficou sabendo que John tinha um filho quando os Beatles estavam no escritório do contador e John mencionou que tinha dependentes a declarar.

Essa negação da existência de Cynthia e Julian traz à tona o tópico das férias de Brian e John na Espanha. Julian nasceu e, no mesmo

---

* O título acabou sendo *A Cellarful of Noise* [sem tradução no Brasil], referência ao Cavern Club, em Liverpool. Logo John o rebatizou para *A Cellarful of Boys*.

** Yoko fez a seguinte análise sobre a atração entre Cynthia e John: "Quando ele frequentava a Faculdade de Artes, acho que ela pertencia a uma estirpe diferente de moça, sabe? Muito elegante e graciosa. É provável que tenha sido isso que chamou a atenção de John. Acho que ela era muito inteligente e também uma das melhores alunas. E como ele deixava de fazer o dever de casa, às vezes, pedia ajuda dela, ou coisa parecida". Mais detalhes no capítulo com a transcrição da entrevista com Yoko.

dia, John passou no hospital para informar Cynthia que iria passar duas semanas com Brian, no sul da Espanha, em um vilarejo de pescadores. Mais tarde, John comentou sobre a decisão de tirar férias com Brian apesar do filho recém-nascido: "Eu era um crápula".

Nos dias atuais, a amizade entre um gay e um heterossexual dificilmente justificaria um instante de análise, mas as coisas eram bem diferentes na década de 1960. John e Brian tinham criado um vínculo afetivo platônico. Brian até podia querer ir além disso, mas era muito tímido e decente para tentar algo que fizesse John se sentir desconfortável. John, por sua vez, era a parte manipuladora nesse relacionamento. O Beatle capaz de influenciar Brian controlava a banda. Talvez no começo isso tenha sido uma estratégia de John, mas logo se transformou em afeição verdadeira. O fato de Brian ser gay o tornava mais singular e fascinante do que qualquer outra pessoa que John já havia conhecido em Liverpool. Viajante explorador, John encarava a vida com curiosidade e não ligava para o que os outros pensavam, ao menos dizia isso. O que terá acontecido entre quatro paredes entre John e Brian naquela viagem? Só podemos imaginar, mas nunca vamos saber com certeza. Brian nunca tocou no assunto, embora isso tenha sido muito debatido no círculo dos Beatles.

De volta a Liverpool, John compareceu à festa de 21 anos de Paul. Um disc jockey local, Bob Wooler, fez insinuações sobre a viagem. John reagiu com agressão física. Mais tarde, em uma entrevista, John declarou: "Vai ver, fiquei assustado com a bicha que havia em mim. Por isso o espanquei daquele jeito". Wooler processou John, que fez um acordo e pagou £ 200 para abafar o caso. "É irrelevante", explicou John a um repórter ao ser indagado sobre as férias na Espanha. "Totalmente irrelevante."

Certa vez, um jornalista chamou Brian de "falsamente amável", mas ele não tinha nada de falso. Sua afabilidade era sincera, sem segundas intenções. O mais correto seria descrever Brian como "falsamente alegre". Pode ser clichê, mas é verdade; a riqueza e a fama, às vezes, se tornam recompensas amargas se você não tem alguém com quem as compartilhar. Para Brian, estabelecer um relacionamento pessoal com alguém apropriado parecia impossível. Na época, na Inglaterra, a homossexualidade era considerada não só doentia e vergonhosa, como também ilegal. Quando o Exército Britânico o dispensou por motivos médicos, um oficial teria dito à mãe dele, Queenie Epstein, que Brian era "um pobre coitado". Brian também acreditava nisso, receio eu. Ao longo dos anos, ele mergulhou na depressão e se tornou suicida. Eu mesmo o salvei de uma tentativa séria, levando-o às pressas ao hospital para fazer uma lavagem estomacal.

Após a mudança para Londres, Brian passou a frequentar um médico que prescrevia ao paciente famoso doses excessivas de soníferos, estimulantes e calmantes. Por ironia do destino, os primeiros a introduzir Brian no mundo das pílulas foram os Beatles. Para varar as madrugadas tocando em Hamburgo, o quarteto adotou o Preludin, pílulas dietéticas popularmente chamadas de *prellies*. Voltando a Liverpool, continuaram a tomá-las, e Brian também começou a ingeri-las, em parte pelo desejo de se tornar um dos meninos, em parte para se manter acordado nas longas jornadas de retorno ao lar, após os shows da banda por todo o Norte da Inglaterra. Brian deixava os amigos muito preocupados com sua saúde. Em vários momentos, alguns de nós tentamos conversar com ele. Mas Brian tinha um problema. Por mais próximo que você se sentisse dele, chegava a um ponto além do qual era inadequado seguir. Um passo em falso, e ele reagia com frieza glacial.

Nat Weiss, amigo de Brian e advogado em Nova York, conta em sua entrevista que desabafou com Brian uma noite no hotel Waldorf Towers. Confira os detalhes no capítulo com a transcrição de Nat. Um dia, na casa de Brian em Londres, tentei alertá-lo sobre esse uso de medicamentos. A conversa terminou com ele esbravejando: "Me deixa em paz!". Por fim, em maio de 1967, o corpo dele entrou em colapso. Teve de ser internado na Priory, clínica psiquiátrica em

Roehampton, especializada em desintoxicação. Ao receber alta, porém, Brian voltou à sua rotina. Impotentes, ficamos torcendo para que os Beatles não o abandonassem.

No feriadão de 25 de agosto de 1967, Brian fez planos de passar três dias em Kingsley Hill, a casa de campo dele, em Sussex, com Geoffrey Ellis, nosso colega da NEMS. Na sexta à noite, Brian se sentiu inquieto e tristonho. Mesmo tarde da noite, resolveu voltar a Londres dirigindo. Na tarde seguinte, falei com ele. Brian, meio zonzo devido aos remédios para dormir, me disse que mais tarde pegaria o trem de volta a Sussex. Isso não aconteceu. Domingo à tarde, recebi uma ligação de Joanne Newfield, a secretária de Brian, desesperada. Brian estava no quarto, a porta trancada por dentro. Ele não acordava mesmo com batidas fortes. Lá em Sussex, permaneci na linha, escutando as portas duplas de carvalho sendo arrombadas com a força bruta do mordomo e do chofer. "Ele só está dormindo", repetia Joanne ao telefone. "Só está dormindo."

A autópsia revelou a *causa mortis*: excesso de Carbitral, barbitúrico que ele já tomava havia um bom tempo. Acumulada no metabolismo dele, a substância acabou por matá-lo. Para um sujeito que antes disso havia ameaçado tirar a própria vida, ter uma morte acidental acabou sendo uma amarga ironia. Antes de tudo, eu torcia para que tivesse sido acidental, pelo bem de Queenie. A mãe dele não conseguiria mais viver consigo mesma se pensasse que Brian havia cometido suicídio.

COM PAUL, um dos momentos mais cativantes e esclarecedores que tive foi em janeiro de 1967. Ele e eu fomos participar da Marché International du Disque et de L'Édition Musicale, convenção internacional da indústria fonográfica, realizada anualmente em Cannes. Foi logo após o naufrágio de *Magical Mystery Tour* na crítica e algumas semanas depois de Paul anunciar seu noivado com Jane Asher, a jovem atriz. Por sugestão de Paul, paramos em Paris a caminho de

Cannes para umas férias breves. No Hotel Ritz, ficamos numa suíte de dois quartos, tomamos uns drinques no bar e ficamos lá sentados, imaginando o que faríamos a seguir. Noite de sábado parisiense. "O que você gostaria de fazer se eu não estivesse aqui?", disparou Paul.

Contei que ligaria a um amigo americano que morava em Paris e o convidaria para jantar.

"Certo, vamos fazer isso então", concordou Paul.

Meu amigo americano ficou encantado em receber notícias minhas e nos convidou para tomar um drinque. Preferi não avisar: *Olha só, o Paul McCartney está comigo.* Deixei rolar. Meu amigo veio me receber na porta de seu apartamento e apertou a mão de Paul sem pestanejar. Paul e eu fomos levados à sala, onde todos notaram que era o Paul McCartney. Por um átimo, as pessoas paralisaram. Um nanossegundo depois, tudo voltou ao normal, a galera falando francês, fumando tabaco e maconha. Paul levou tudo isso numa boa, com charme e descontração. Após o jantar, ele me perguntou se eu iria voltar ao hotel. Falei que ele poderia voltar se quisesse, mas eu pretendia ir a um bar gay e esperava encontrar alguém. Paul disse que ia se divertir por conta própria e chamou um táxi.

Na madrugada, eu fui pra cama com um parisiense bonito que conheci no bar, quando Paul voltou à suíte do hotel. Bateu na porta do quarto e entrou sem esperar resposta. Mostrou completa despreocupação ao me ver na cama com meu amigo. Aproximou-se e sentou na beira da cama, pertinho de nós. "Como foi o restante da noite de vocês?", indagou ele. Batemos um papo rápido sobre a viagem no dia seguinte, e ele saiu. Adorei o modo casual com que Paul encarou a situação. Estou certo de que meu jovem amigo parisiense deve ter contado essa história muitas vezes na vida, sem que ninguém tenha acreditado nele.

Não tenho a mínima ideia de onde Paul foi naquela noite; nunca perguntei. Quatro meses depois, eu o apresentei a Linda Eastman, sua futura esposa. Eu conhecia Linda das minhas viagens de negócios a Nova York, onde ela andava com uma turma descolada. Aos 25 anos, ela era bonita, loira e sagaz. O pai dela, o advogado Lee Eastman, representou grandes artistas criativos do século 20, inclusive Willem de Kooning e Tennessee Williams. No capítulo da entrevista com Paul, você vai ler que eu o apresentei a Linda em maio de 1967, no Bag o' Nails, popular ponto de encontro da indústria musical. Naquela noite, os dois deixaram o restaurante juntos. Também a convidei para a festa de lançamento do *Sgt. Pepper*, na casa de Brian, em 19 de maio. Assim que chegou, Linda rumou até a poltrona onde Paul estava sentado, exausto, barba de dois dias no queixo e expressão sonhadora no rosto. Literalmente ela caiu de joelhos ao lado de Paul. Em uma foto maravilhosa, ela aparece sentada no chão, trajando uma moderna jaqueta listrada, olhando para ele como se estivesse admirando um deus. Pensei que os dois formavam um ótimo casal.

Em 1969, no comecinho de março, Paul me ligou para dizer que ele e Linda estavam começando uma família. Pareciam pombinhos nas nuvens, felizes com a gravidez de Linda. Desejavam se casar o mais rápido possível e me perguntaram se eu podia tomar as providências. Mas houve um problema. Logo que os proclamas de casamento foram editados na Grã-Bretanha, a informação se tornou pública. Fiquei preocupado. Será que a cerimônia no cartório de Marylebone se transformaria em um cenário de tumulto, com mocinhas uivando e hordas de paparazzi? Mas Paul e Linda não se perturbaram em serem descobertos pelos fãs. No dia do casamento, 12 de março de 1969, as ruas em frente ao cartório estavam mesmo abarrotadas. A polícia interveio e fez cordões de segurança. Entramos pelo acesso lateral, por entre as latas de lixo. O irmão de Paul, o padrinho, chegou meia hora atrasado, porque a polícia havia bloqueado todas as ruas no entorno.

Paul se casou com Linda e, oito dias depois, John me ligou. Ele estava com Yoko no Hôtel Plaza Athénée, em Paris. Os dois queriam se casar imediatamente. O pessoal acredita que o desejo de John de se casar logo após o casamento de Paul foi uma reação automática. Psicologicamente, talvez isso tivesse a ver com romper com Paul. Quando as coisas chegaram ao fundo do poço entre eles, certa vez John disse a Paul: "Quero me divorciar de você como me divorciei de Cynthia".

Yoko Ono foi um acréscimo surpreendente e desagradável à comitiva dos Beatles. Sete anos mais velha do que John, pequenina, aparentemente frágil, mas persistente e excêntrica. Paul conta na entrevista dele: "Sabe, no início a gente não gostava de Yoko. O pessoal dizia que ela era feia, coisa e tal, e isso deve ser duro para quem ama essa pessoa e está muito apaixonado por ela". No círculo íntimo dos liverpudlianos, Cynthia pertencia à nossa família. Foi um choque a ascensão de Yoko como primeira-dama dos Lennon. Magic Alex, o amigo de John, pergunta em sua entrevista, transcrita num dos capítulos do livro: "Por que ela? John poderia escolher a mulher mais bonita e inteligente do mundo... Por que essa japonesinha estranha?". Para muita gente, mais do que uma esposa-troféu, modelo ou atriz, John precisava de uma amiga do peito. O caso de amor dele com Paul McCartney chegava ao fim. Conforme a entrevista de Yoko, o relacionamento dela com John permaneceu platônico por um bom tempo.

Quando John me ligou pedindo que eu organizasse o casamento dele com Yoko, os dois insistiram para que eu não contasse a ninguém, nem mesmo aos outros Beatles. Providenciei o casamento deles com a discrição de um agente secreto. Foi uma tarefa e tanto fazer isso para um dos casais mais famosos do mundo. Insistiam em se casar na Grã-Bretanha, mas tão logo os proclamas fossem publicados, o assunto seria divulgado na imprensa. A solução era encontrar um lugar na Grã-Bretanha em que John e Yoko pudessem entrar e se casar sem necessidade do visto de residência. Charles Levinson, o advogado londrino que encaminhou os trâmites para o divórcio de John e Cynthia, me deu a dica. Gibraltar, na costa da Espanha, fazia parte das Ilhas Britânicas. Lá Yoko e John podiam unir laços com muita rapidez. Liguei a John e expliquei que ele e Yoko poderiam se casar de imediato em Gibraltar, próximo à Espanha. O meu telefonema para dar essa informação acabou se tornando a gênese da letra da canção "The Ballad of John and Yoko": "*Peter Brown called to say, / 'You can make it okay, / You can get married in Gibraltar, near Spain'*".

Na manhã seguinte, peguei um voo rumo a Gibraltar. Logo depois, John e Yoko chegaram a bordo de um jatinho particular. Os dois vestidos de branco, como um casal de virgens. Sinalizavam um novo começo. Em uma breve cerimônia conduzida pelo juiz Cecil Joseph Wheeler, a quem paguei a bagatela de 4 libras e 14 xelins, os dois viraram marido e mulher. Yoko, de óculos escuros enormes e chapéu grande; John fumou cigarros durante a breve cerimônia. Agiram de forma casual, sem mostrar emoção. Mais parecia um dever do que uma celebração. De volta a Paris, no avião, trocaram carícias e gemidos, mas isso não tinha nada de incomum.

Em seguida, os recém-casados partiram rumo a Amsterdã, onde encenaram seu famoso protesto, *Na cama pela paz*. O evento ganhou as manchetes internacionais, apesar de soar uma tolice. Passei uns dias em Amsterdã para ter certeza de que estavam bem e ver se eu podia ajudar em algo. Não pude. Estavam felizes na cama, o quarto abarrotado com a imprensa de todo o mundo tomando nota de cada palavra deles. John e Yoko tinham tudo na palma da mão, sob controle, como queriam.

CLARO QUE NEM TUDO ERA UM PARAÍSO. Só para constar: não foi Yoko quem separou os Beatles; desde o instante em que Brian morreu, os Beatles perderam o lastro e mergulharam numa espiral de caos. A presença constante de Yoko foi o modo de John derramar sal na ferida. Em 31 de dezembro de 1970, o dia em que Paul processou formalmente os outros três para dissolver a sociedade dos Beatles Ltd., eu pedi demissão. Um adeus agridoce. "Compreendi perfeitamente por que você quis sair", Ringo me disse na entrevista dele. Foi seu modo de falar: 'Não tenho mais nada a fazer'. Você não queria mais dar uma de babá, e, seja como for, na metade das vezes os 'nenéns' não lhe davam ouvidos."

Em fevereiro de 1971, eu me transferi a Nova York, onde me tornei CEO da Organização Robert Stigwood, nos EUA. No meu cargo, supervisionei todas as divisões da empresa e o interesse dos artistas nos EUA, inclusive Andrew Lloyd Weber, Tim Rice, Eric Clapton, Bee Gees, além de projetos teatrais como *Jesus Christ Superstar* e o filme *Os embalos de sábado à noite* (*Saturday Night Fever*). Seis meses depois, em 13 de agosto de 1971, John e Yoko foram morar em Nova York. John nunca mais voltou à Inglaterra. Ao chegarem, o casal alugou um apê no subsolo de uma casa em Greenwich Village, bairro relativamente boêmio da cidade. Mas o Village tem casas claustrofóbicas, com pouca incidência de luz solar, como as casas geminadas em Liverpool. John e Yoko foram almoçar em meu apartamento, na Central Park West. Depois do almoço, John foi à sala de estar e ficou admirando o Central Park pelos janelões do meu apartamento. Uma das vistas mais cobiçadas da cidade. Era outono, e o parque estava colorido de vermelhos e amarelos intensos. No mês de novembro, o Desfile do Dia de Ação de Graças passa bem debaixo de nossos narizes. "Que vista bonita!", exclamou John. "É aqui que eu quero morar."

No mesmo dia, na saída do prédio, John indagou ao porteiro se havia alguma unidade disponível no prédio. Não havia. Então John foi ao Dakota, o prédio vizinho, e repetiu a pergunta ao porteiro. John e Yoko acabaram comprando um apê no Dakota; em seguida compraram um segundo, ao lado do primeiro, além de dois apartamentos menores no oitavo andar, para a equipe deles. Por fim, Yoko comprou uma unidade no térreo e a transformou em seu escritório. Mandou pintar no teto um céu azul com nuvens brancas e fofas. Era um prazer tê-los como vizinhos e topar com eles na rua.

Logo após John ter sido vítima de homicídio, Yoko me convidou para um encontro no Tavern on the Green, restaurante no Central

Park. Ela pediu um chá e um lanche, mas nem tocou neles. Estava preocupada com Sean. "Não sei se eu tenho instintos maternos naturais", desabafou; não tinha sido uma boa mãe com a filha, Kyoko, e não queria repetir o erro com Sean. John tomava conta de Sean, e ela cuidava dos negócios. E agora, como ela poderia se tornar uma mãe tão boa para Sean quanto John tinha sido?

Senti uma grande tristeza por ela. "Só de me contar, isso prova que você tem instintos maternos. Tem muito amor e carinho para dar. Sei que será uma ótima mãe." (E foi mesmo.) Também confidenciei a ela que eu sabia que, às vezes, John flexibilizava as regras com Sean; talvez ela não precisasse ser tão rígida. No ano anterior, eu passeava no parque e me deparei com John e Sean tomando sorvetes em casquinhas. A dieta macrobiótica deles proibia sorvetes. Para trapacear, John e Sean cruzavam o parque até a sorveteria Rumpelmayer, na Central Park South, tudo para escapar da fiscalização de Yoko. Contei essa história, e ela abriu um sorriso. "Também vou deixá-lo trapacear", apaziguou ela.

Após a morte de John, ao longo dos anos, me encontrei com Yoko seguidas vezes, em muitos jantares. Com o passar do tempo, porém, ela começou a sair cada vez mais raramente. Um dia tomávamos chá no Dakota e perguntei: "Que fim levou o presente para Ringo que John encomendou a Dalí?". Yoko respondeu que nunca tinha ouvido falar nisso. Expliquei: John andava preocupado com Ringo. O baterista sentia-se magoado e desrespeitado pelos outros três. John resolveu dar a ele um presente de aniversário especial. Quem sabe, encomendar uma obra de um artista.

Fiz umas pesquisas e descobri que o artista Salvador Dalí aceitava encomendas e que faria de bom grado um presente a um Beatle. Uns dias depois, visitei Dalí na casa dele, em Figueres. Contei que John queria dar algo especial a Ringo para comemorar a singular experiência por eles compartilhada – quatro meninos vindos do nada que chegaram aonde estavam hoje. Percebi que Dalí apreciou a ideia. Ele me disse que pensaria no assunto. Voltei a Nova York e, semanas depois, Dalí me ligou. A "criação" dele estava pronta, eu podia ir à Espanha buscar. Sem me esquecer, é claro, de levar o pagamento, 5 mil dólares em espécie.

Quando Dalí me apresentou o seu artefato artístico, não escondi a perplexidade. Parecia um coco. Talvez *fosse mesmo* um coco. Ele o cortou ao meio e forrou o interior com um tipo de esponja natural. Incrustado na esponja, um longo fio de cabelo preto e encaracolado. Segundo ele, arrancou do bigode, mas tive lá minhas dúvidas. Quando ele aspergia umas gotinhas d'água na esponja seca, o cabelo se desenrolava. Dei a ele os US$ 5 mil e peguei o coco.

Voltando a Londres, mostrei a criação de Dalí a John, e ele ficou empolgado. Obviamente ele tinha uma queda por surrealismo. Amou tanto a peça de Dalí que decidiu não a dar a Ringo e guardá-la para si mesmo. Deu outra coisa a Ringo, não me lembro bem o quê. Yoko afirmou que se lembrava de ter visto uma vez algo parecido com um coco, mas, puxa vida, provavelmente estava guardado em um depósito.

Exatamente como o coco de Dalí, as valiosas transcrições deste livro ficaram guardadas em um cofre de banco por mais de quarenta anos. Representam um caleidoscópio de experiências e opiniões. Mas numa coisa todos concordam: a história dos Beatles estava fadada a terminar naquele momento. Como diz Ringo em sua entrevista: "Era a hora para todos".

Peter Brown
Nova York, 2023

BRIAN EPSTEIN

A transcrição a seguir é de uma fita que estava em poder de Nat Weiss, advogado americano de Brian. Gravada em 1966, ano da última turnê dos Beatles, traz um comentário raro de Brian, em sua voz bonita e serena, com sotaque londrino, mas sem qualquer esnobismo.

BRIAN EPSTEIN: Acho que você não vai conseguir arrancar de mim ou deles uma afirmação categórica de que eles nunca mais vão fazer shows. Nem tanto pelo aspecto financeiro, mas porque seria muito difícil evoluir a partir daquele tipo de turnê. Seja como for, o meu ponto de vista pessoal é este: o quanto essas turnês são criativamente satisfatórias para eles, além da parte financeira? Na verdade, eles não pensam muito nisso. Deixam isso comigo, de qualquer forma, mas entendem muito bem a situação. Por isso, não há motivo para que não voltem a fazer shows, mas acho que será com um conceito diferente. Uma coisa que incomodou John foi que a entrevista, a entrevista inicial, foi feita na própria casa dele, com a Maureen Cleave, que a gente já conhece. Nós a conhecemos muito bem na Inglaterra, também. Gostamos muito dela. Todos gostamos muito dela. E, sabe, ele falou essas coisas, e ela fez bem em relatar. Mas o que mais perturbou John, a meu ver, foi centenas de pessoas terem ficado magoadas com isso. Eu acho que o John é um sujeito muito empático. Incrivelmente empático. E a última coisa que ele quer fazer é magoar os sentimentos de alguém, por mais que ele se sinta um tanto... mas isso é algo básico para John, não magoar as outras pessoas, não pisar em cima dos outros. Sim. E [a Maureen Cleave] também ficou chateada. Só imagino. Quer dizer, ela me ligou quando voei até aqui para resolver isso. Antes de eles chegarem, ela falou rapidinho comigo pelo telefone e me disse, o que é que eu poderia fazer? E como posso ter canções abertas e assim por diante?

Mas se os Beatles me ensinaram algo – e eles me ensinaram muita coisa –, e um dos maiores contratempos que eu tinha pessoalmente era categorizar as pessoas, e eles não categorizavam pessoas ou coisas na música. Sabe, não há nada que nos obrigue... Umas coisas são triviais e abomináveis, mas não necessariamente precisamos categorizá-las. Por exemplo, os Monkees, aqui na Inglaterra fazem muito sucesso, bom para eles. Ótimo. Acho que eles, sabe, eu adoro os discos deles, nós os encontramos na Inglaterra, os caras são legais. Por isso você não os categoriza assim ou assado, sabe. Quando explodiram pela primeira vez na Inglaterra, a imprensa criticou muito. Imagino que foi como dizer, bem, aqui somos o grande povo britânico, com os nossos maravilhosos Beatles. Bem, somos mesmo, sabe, e temos os nossos Beatles maravilhosos, mas não tem nada de errado com os Monkees. E os Monkees estão dando um grande impulso à indústria, empolgando as crianças e a todos, e todo mundo está comprando os discos deles. E não há nada de errado nisso. Acho que não.

PAUL McCARTNEY

Embora nominalmente os Beatles fossem a banda de John, quem interpretava o protagonista era Paul. Ele era a espinha dorsal, um jovem que aspirava não só por sucesso, mas por um sucesso contínuo. Sempre que havia uma pausa, no bate-papo ou na vida, o adorável Paul vinha dar seus pitacos. Com beleza juvenil e glamoroso sem fazer esforço, ele era o Beatle "bonitinho". Tinha uma linda cabeleira, um sorriso encantador e olhar de cachorrinho. Queria ser considerado erudito e culto, não um Scouse *da classe operária, rótulo que a mídia gostava de atribuir aos Beatles. A sua vida inicial em Londres, na década de 1960, tinha todas as características da de um inglês de classe média, não da vida de um rock star. Morava numa residência relativamente modesta em St. John's Wood, bairro elegante, mas discreto. Frequentava exposições de arte, espetáculos no West End em noites de estreia e fazia amizades com negociantes de arte. Ávido leitor, cultivava um senso de justiça e, nos negócios, práticas legítimas. Era um verdadeiro cavalheiro no melhor sentido da palavra, mas também era um libertino. Companhia feminina nunca lhe faltava, quer fosse por um ano, algumas semanas, um dia ou uma hora. A entrevista a seguir acabou sendo a última antes do assassinato de John, em dezembro de 1980. Faz revelações sinceras sobre o sentimento de perder a confiança e a amizade com John, a posição dele em suas desavenças comerciais e o relacionamento com Linda, a esposa dele, hoje falecida.*

PAUL McCARTNEY: Vamos começar.

STEVEN GAINES: Você recorda qual foi sua postura inicial em relação a Brian Epstein? Lembra como foi a primeira vez que se encontraram?

PMcC: Eu só o achei amável e sofisticado. Não tinha muita gente assim em Liverpool. Classudo.

SG: Isso fez os caras da banda torcerem o nariz?

PMcC: De modo algum. Na verdade, a gente curtiu isso. Achamos que isso era bom para um empresário. Ele prometia se tornar um empresário excelente. O carro dele nos deixou boquiabertos, um Zodiac. Só de entrar no carro dava para sentir o cheiro da riqueza. Isso era importante para rapazes como nós.

PETER BROWN: Os rapazes sempre foram retratados meio como moleques. Mas vocês não eram.

PMcC: Eu imagino que éramos mais da classe trabalhadora. Acho que John era o mais perto da classe [média] porque a família dele já tinha alguma coisa. E ele tinha a tia Harriet e a tia Mimi. A família do meu pai era antiga, de Everton,* uma família de sete filhos, muito pobre. Sete irmãos. Por isso, eram muito pobres. Mas não me lembro de terem falado que passaram fome ou não tinham o que comer. Provavelmente, isso quer dizer que devem ter passado fome uma ou duas vezes. A minha família começou assim e, aos 14 anos, o meu pai começou a vender algodão. Mas o que diferenciava a minha família das outras, e a tornava levemente não da classe trabalhadora, eram as

* Everton, em geral considerado o bairro mais carente de Liverpool, ficava no centro.

aspirações de minha mãe, que era enfermeira e sempre quis que conversássemos direito. Eu caçoava dela, coisa de que me arrependo até hoje, porque ela morreu quando eu tinha 14 anos. E sei o que ela quis dizer, mas eu era um pouco... A minha mãe sempre nutria um desejo especial de que eu me tornasse médico.

Depois vinha a família de George, o pai dele era motorista de ônibus. A minha era a próxima, e acho que a de John mais ou menos... Mas você tem razão, nenhuma de nossas famílias era paupérrima. O mais certo era dizer que éramos da classe trabalhadora, exceto talvez eu e John, mas eu diria que a minha era de uma classe inferior, por se tratar de uma enfermeira e de um vendedor de algodão. Brian Epstein dirigia um carrão e a família dele tinha uma rede de lojas. Aristocracia, sem dúvida.

SG: No começo você sabia que Brian era gay?

PMcC: Acho que sim. Às vezes, nós o acompanhávamos em algumas boates, e notamos que não era a nossa praia. Eu me lembro que demorou para cair a ficha. Mesmo se soubéssemos, a gente não tocava muito no assunto, ou poderíamos gracejar um pouco sobre isso, como fazem os moleques dessa idade. A gente pensava no Brian mais como alguém que nos faria muito bem. Eu tinha ciência de que, tipo, ele era gay, pois quando a gente ia na casa dele, era frequentada por meninos em vez de garotas. Mas Brian nunca fez algum tipo de avanço, e isso provavelmente era o principal critério – imagino que, se ele tivesse feito isso, talvez pudéssemos ter reagido com escárnio ou algo assim.

Em Liverpool, o pessoal ficou se perguntando sobre as férias que John foi tirar na Espanha com Brian. E o John meio que teve que apagar um pouco seus rastros para fazer isso, pois suspeitas foram levantadas sobre: "O que John foi fazer lá?". E de nossa parte a suspeita era outra: o que John estava fazendo para manipular esse nosso futuro empresário. Paparicá-lo, sair de férias com ele, tornar-se seu amigo do peito, para que, quando ele fosse o empresário de todos nós, John o conhecesse um pouco melhor do que a gente. Desconfiamos que esse era o objetivo de John. Mas isso meio que se dissipou. Desde aquele dia até a morte de Brian, ninguém levantou qualquer dúvida dessa natureza. Simplesmente aceitamos tudo, e ele sabia que sabíamos. Na verdade, nunca conversávamos com ele sobre isso. E nem era necessário.

SG: Retratam você como o que mais exigia de Brian.

PMcC: Sempre fui exigente. Eu era ambicioso e questionador. Hoje percebo o quanto eu era ambicioso. Fiz uma ou duas coisinhas para incomodar [provocar] Brian, como falei antes sobre arremedar a minha mãe. Uma ou duas coisinhas que, na hora, a gente pensa, ora, mas o jogo é esse! É assim que a gente é, e se eu penso assim, você pensa assim. Como quando a minha mãe dizia que eu estragava tudo ao caçoar do sotaque dela, levemente de classe alta, que ela tentava impingir nos filhos dela.

SG: O que você fazia com o Brian?

PMcC: Com o Brian, eu me lembro de ter comentado sobre o [Allen] Klein – a gente estava num elevador, em Hilly House, e eu disse: "Acabamos de ouvir que os Rolling Stones recebem royalties de seis centavos por disco", ou coisa parecida, e a gente sabia que recebíamos quatro centavos. Fazíamos mais sucesso do que eles, e não percebíamos que podiam nos dar royalties artificialmente altos, mas tirar o resto [todo de você], o que provavelmente acontecia com os Stones. A gente não percebia isso. Nós apenas... qualquer um que recebesse seis centavos tinha feito melhor negócio do que nós. Imagino que Brian compensava em outras coisas, mas recebia royalties um pouco menores. Estou certo de que o acordo dele não era pior nem melhor do que o dos Stones. Eu me lembro de ter comentado com ele, ainda no elevador: "Bem, você sabe que os Stones...". Essa foi uma das vezes em que as minhas ambições prevaleceram. Eu só estava tentando obter um acordo melhor. Mas estragou um pouco o clima, tipo, tenho certeza que não muito, mas por uma ou duas semanas ele ficou sem gostar muito de mim, sabe. "Desgraçado. Depois de tudo que fiz por ele, ficar pedindo dois centavos a mais, ficar insinuando que sou pior que o Klein." Então, sabe, agiu como se pudéssemos contratar ele.

SG: Você se lembra daquele outro incidente? Sobre a capa do *Sgt. Pepper*, o que ele escreveu sobre ela?

PMcC: Não, o Brian não se importou com isso. Todo mundo sentado na casa de George, deixamos tocar o *Pepper* na íntegra, e o comentário de Brian foi: "Ponha o disco numa embalagem de papel pardo". Era o jeito dele de dizer que era muito bom.

SG: No final, você achava que ele estava fazendo um bom trabalho? Percebeu que ele tomava muitos comprimidos?

PMcC: Bem, sabe, as coisas ecoam... como quando comecei esta empresa, uma das primeiras coisas que eu disse a todos neste escritório foi: "Não esperem a minha presença no escritório", e isso foi um resultado direto da situação com o Brian. Porque o Brian sempre marcava presença no escritório, mas daí ele parou de estar tão presente e começou a curtir um pouco mais o luxo do sucesso, e com isso as coisas no escritório começaram a degringolar. Quem é que fica vigiando? A bagunça começou a se generalizar, e eu me lembro do pessoal meio que tirando sarro: "Ah, o Brian não tem dado as caras ultimamente, na melhor das hipóteses vai chegar aqui às duas". Porque isso começou a se repetir, e então decidi mais tarde que a primeira coisa que eu iria deixar bem claro para todas as pessoas que trabalhassem para mim seria: "Não esperem que eu faça expediente". Porque eu pude notar, se a equipe estivesse condicionada... Brian fez isso, eu acho. Ele os condicionou com tanta perfeição que, quando quis se ausentar e curtir o luxo dele...

SG: Era isso que você achava que ele estava fazendo, curtindo? Não sabia que ele andava incapacitado?

PMcC: Na verdade, não. Ele tinha a fala meio arrastada, e coisa e tal, mas todos nós... Ele arrastava a voz por causa das pílulas, e nós... Nunca fui um grande adepto das pílulas. Até mesmo em Hamburgo, eu me lembro de todo mundo me questionar: "O que você anda fazendo?". Porque eu ficava todo [digressão em alta velocidade] – "Nada! E é ótimo, não é?!". Mas eu não estava – por acaso, eu só estava acordado porque todo mundo estava acordado. Todos eles tomavam e eu simplesmente não precisava tomar nada. De modo que eu não era um assíduo consumidor de pílulas, era o Brian que fazia isso – para mim o lance era relaxar com a maconha.

SG: No final, o Brian sentiu que estava prestes a perder a banda.

PMcC: Sim, ele começou a radicalizar com o ácido, sabe, porque o abordávamos com tudo que é tipo de conceitos...

SG: Por que acha isso?

PMcC: Eu achava, eu achava que ele... que talvez estivéssemos exigindo demais dele. Sei lá.

SG: Em retrospectiva, você tem ressentimentos pelo fato de que, nos contratos da EMI, constavam 25% para ele? E de que ele fez isso sem avisar vocês, de forma meio sub-reptícia?

PMcC: Nunca fiquei sabendo a verdade sobre isso, sabe? Sempre costumo falar... desde então, uma das palavras que uso em relação a Brian é que ele era inexperiente... Nunca percebi o quão inexperiente ele era. Para nós, ele era um homem de negócios sofisticado, mas depois que conheci o mundo dos negócios londrino e entendi as regras do jogo, a gente percebe que o cara sofisticado ao chegar aqui deixa de ser assim tão sofisticado quanto você acha que ele é. Era um provinciano e, portanto, com certeza fechava negócios bastante provincianos. Hoje a gente nota isso. Nunca o culpei por isso. Na realidade, eu achava incrível ele ter se saído tão bem.

PB: Com certeza, coisas nos preocupavam, tipo os contadores terem ganhado mais com *A Hard Day's Night* do que nós.

PMcC: Recebemos um cachê por *A Hard Day's Night*, mas os contadores receberam em porcentagem. Essa nós descobrimos. Não entendo... nunca consegui entender bem isso. Mas a gente sempre pegava no sono em reuniões desse tipo.

SG: Mas, com a morte de Brian, veio à tona que, mesmo com ele morto e a NEMS [empresa de gestão de Brian] inoperante, alguém ficaria com 25% do que vocês ganhavam.

PMcC: Essa coisa toda da NEMS, foi meio pesado ficar sabendo disso tudo, mas pode ter sido apenas ingenuidade. Na verdade, eu nunca atribuí isso a uma tentativa de ele nos ferrar. Hoje, se fosse pensar sério no assunto, diria que é provável que tenha recebido aconselhamento familiar nos negócios.

SG: Acho que ele receava que, de alguma forma, depois que vocês parassem com as turnês, ele viesse a perder vocês. Por isso, ele fez constar a comissão nos contratos de gravação.

PMcC: Muitas vezes, Brian tentava nos repassar adiante, e isso era outra coisa que nos ofendia muito. Mas eu me lembro de uma vez, quando fazíamos turnês, acho que uns 364 dias por ano, sei que pra nós a rotina era de muita pressão. Uma vez, eu me lembro que ele foi junto conosco ao *Thank Your Lucky Stars*, programa musical do qual costumávamos participar. E tentamos avisar a ele: "Olha só, estamos muito pressionados, sabe? Você está exigindo que a gente trabalhe demais". Eu me lembro de que, por volta dessa época, ele deixou escapar a ideia de nos vender ao Lew Grade.* O espanto foi grande porque era uma coisa bem mais pessoal, não era um negócio em nosso nome.

E nós ficamos meio... bem, é um assunto de negócios, ele agia sob alguma influência e seríamos "vendidos" a Lew Grade. E protestamos: "Se nos vender ao Lew Grade, de agora em diante só vamos gravar versões desafinadas de 'God Save the Queen'. A partir de agora só vamos gravar isso. Pode nos vender, mas o Grade vai enfiar o pé na lama. Tente nos vender e isso é tudo que vamos fazer. Vamos nos atirar nas cordas".E depois ele ameaçou fazer isso de novo com Stigwood.

SG: Com o Robert Stigwood, vocês ficaram sabendo que ele fez uma oferta para comprar 51% da NEMS?

PMcC: Farejamos que tinha algo acontecendo, era óbvio... De novo, apenas fincamos pé e avisamos: "Não, cara. Não tem como. A gente não quer ser vendido como se fosse gado em um leilão".

Antes de Brian morrer, aconteceram reuniões com Stigwood. Indagaram para nós: "O que acham deste homem? Um cara legal, né? Que tal se ele se tornar o empresário de vocês?". E a gente respondia algo como: "E você, por que não apenas continua?". E Brian alegava: "Sabe, nesse ramo a gente sofre tudo que é tipo de pressão, sabe...".

* Famoso empresário da mídia britânica.

Pedimos: "Abra mão de alguns de seus outros artistas ou algo assim", porque isso é outra coisa que sempre me surpreendia. Vinha a calhar com o estilo dele, tipo, o fato de ele ter um estábulo inteiro [de artistas]. Suponho que na época esse era o modo de trabalhar. Mas sempre achamos que os Beatles eram suficientes. Por que você ia querer Billy J. Kramer, Cilla Black, Gerry and the Pacemakers, Tommy Quickly? A lista só aumentava. Sabe, a gente sempre achou, tudo isso não passa de uma dor de cabeça. Livre-se de todos eles e cuide apenas de nós ou coisa parecida.

SG: Acha que foi suicídio ou acidente?

PMcC: Não sei dizer. Foi passar o fim de semana no interior, voltou à capital, não quis companhia... Voltou a Londres para tentar e... ficou chateado e... pelo que entendemos misturou barbitúricos com álcool. Tipo, essas foram as histórias, sei lá, foi assim que eu captei tudo... Claro que deve existir mais detalhes pessoais.

Brian configurou um contrato de dez anos, algo que nem tínhamos percebido. A gente assinava milhões e milhões de documentos. Eu me lembro de que o Neil [Aspinall] chegava com tudo, e eu só perguntava a ele: "Tudo certo em assinar?", e o Neil dizia: "Sim". Daí eu assinava tudo. Mais tarde, veio à tona que no meio dessa papelada havia um contrato de dez anos com os Beatles. Ao criar a empresa, pensaram que precisavam da boa vontade desses rapazes, então nos engataram por dez anos. Ao que parece, a história que descobri, bem, as coisas dos anos sessenta me deixam muito confuso, sabe, porque é só...

SG: Klein surgiu no cenário, ele entrou em contato com...

PMcC: O Derek Taylor. Eu me lembro. Ele entrou em contato com o Derek. E o Derek o colocou em contato com John e Yoko. Ele se encontrou com o John e a Yoko, varou a noite conversando com eles sobre isso. Na manhã seguinte, John enviou uma carta para todos os principais envolvidos: "A quem interessar possa: agora os meus negócios estão nas mãos de Allen Klein".

SG: John não chegou a discutir isso com você primeiro?

PMcC: Ele falou: "Vou me acertar com Klein, e você? O que vai fazer a respeito?", e eu meio que respondi: "Acho que não vou. A jogada é minha". Daí George e Ringo responderam, sim, vamos com o John. E essa foi a jogada deles. Mas o lance sempre acabava assim, os três queriam dar um passo, e a mosca na sopa era sempre eu, a voz dissonante era sempre a minha. John sempre me acusava de procrastinar. Na real, durante a gravação do *Abbey Road*, aconteceu uma reuniãozinha clássica. Foi na sessão de sexta-feira à noite. Lá estava eu sentado, e o Neil fez correr um boato de que havia algo suspeito no ar. E na hora da sessão, o Klein deu as caras. Para mim, ele pareceu uma espécie de demônio que sempre assombraria meus sonhos. Ele me deixou perturbado. Na verdade, mais tarde tive pesadelos em que ele era meu dentista. Compareceu à sessão e disse: "Vocês precisam assinar isso, temos que firmar um contrato". Daí eu falei: "Peraí um minuto. Olha só, é noite de sexta-feira, pra que tanta pressa? Deixa a gente pensar no fim de semana e avisamos você na segunda-feira. Não é justo?".

E todo mundo se entreolhou: "Tsc, tsc, lá vem ele de novo".

Retruquei: "Como assim, 'Lá vem ele de novo'? Não vai entrar outro concorrente na fila durante o fim de semana. A proposta tem que ser verificada e reescrita. Não temos pressa de assinar com esse cara, vamos dar uma olhada primeiro".

John disparou: "Ah, caralho, lá vem você, enrolando outra vez".

Eu disse: "Não estou enrolando, só quero verificar o conteúdo. É um grande passo fechar com um novo empresário, sabe. E talvez a gente nem queira fechar com esse cara. Por que tanta pressa? Por que ele não pode esperar?".

"Ah, hoje à noite ele vai pegar um avião, pois amanhã de manhã vai ter uma reunião do conselho." Sério? No sábado de manhã? Reunião do conselho. Klein era a mesa e as pernas do conselho. Ele não precisava consultar assembleia alguma. Logo suspeitei disso. Tipo, ele que dá as cartas, o Klein, então não precisa fazer reunião alguma. Então finquei pé. Além do mais, o meu advogado era um judeu, e sendo uma noite de sexta-feira, estava atrás de um pão excelente, e indisponível para negociar. Enfim, nessa reunião todo mundo falou: "Agora você vai nos enrolar pra sempre, nós conhecemos você, não quer fazer isso na segunda, vai enrolar na segunda, e assim por diante, por mais dois dias". E eu falei: "Bem, e daí? Não é grande coisa, a prerrogativa é nossa. E esse assunto pode esperar mais alguns dias". Eles disseram: "Puxa vida, isso é bem típico de você, toda essa enrolação e tudo o mais. Temos que fazer isso agora". Eu disse: "Bem, não contem comigo. Eu exijo no mínimo o fim de semana. Vou dar uma olhada até segunda-feira. E afinal de contas, hoje não deveríamos estar fazendo uma sessão de gravação?". Finquei pé, e eles disseram, tá bem, vamos votar. Eu disse: "Não, você nunca vai convencer o Ringo a aceitar isso".

Eu olhei de relance para Ringo, e ele me lançou um olhar culpado, de quem ia votar a favor deles. Então falei: "Bem, é como o pobre Júlio César: apunhalado pelas costas!". Em todo o nosso relacionamento, eu me dei conta de que essa foi a primeira vez que a votação deu este resultado: três contra um. Foi a primeira vez, e os três assinaram, nem precisavam da minha assinatura. Foi a primeira vez que saí derrotado na votação, e Klein voltou para sua suposta reunião. Que nunca ocorreu: ele foi para casa e só voltou ao escritório segunda-feira de manhã. Era tudo armado. E eu sabia que era armado. Mas os outros não escondiam a empolgação, em especial o John. A impressão que eu tive foi a de que Klein só os convenceu porque era o único que se solidarizava com a Yoko. Klein percebeu a conexão com Yoko e prometeu que faria muito por ela. Daria muita coisa a Yoko. E basicamente era esse o desejo de John e Yoko, reconhecimento para Yoko. A gente chegava, e ela estava lá, sentada em nossos amplificadores. É como um time de futebol, clube do Bolinha, você realmente não quer ver uma garota no meio do time. É um elemento perturbador, acham que isso os desconcentra do jogo ou coisa que o valha. E por esses motivos pensei: "Bom, isso é loucura, agora só falta a Yoko entrar na banda".

SG: Ela começou a dar conselhos para vocês no estúdio?

PMcC: Sem dúvida, ela metia o bedelho. Em retrospectiva, sinto um pouco de pena dela, sabe? Se a gente ao menos tivesse entendido a situação e pensado, peraí um pouquinho, aqui está uma jovem que não recebeu atenção suficiente. Mas o que eu posso fazer agora é não transformar isso numa grande crise. E me limitar a dizer: "Com certeza, que mal tem se ela sentar nos amplificadores?". Sei que teriam me amado, realmente. Sabe, no início a gente não gostava da Yoko. O pessoal dizia que ela era feia, coisa e tal, e isso deve ser duro para quem ama essa pessoa e está muito apaixonado por ela. Mas ainda não consigo... ainda tento entender o ponto de vista dele. Qual era o objetivo de tudo aquilo?

SG: Os outros Beatles eram anti-Linda?

PMcC: Ah, sim. Acho que sim. E também eram anti-Yoko. Mas você conhece o John e a Yoko, e agora percebe que o jeito de ganhar a amizade deles é fazer tudo como eles exigem. Fazer qualquer outra coisa é a receita para não ganhar a amizade deles. E com o John e a Yoko continua sendo assim. Sei que se eu me deitar estirado no chão e fizer tudo como eles dizem, rindo de todas as piadas deles, sem esperar que eles achem graça das minhas, sem esperar que nenhuma das minhas opiniões tenha *qualquer* peso, se eu estiver disposto a fazer tudo isso, daí vamos ser amigos. Mas se eu tiver uma opinião diferente da deles, então me torno uma espécie de inimigo. E, é natural, podem me pintar como um vilão bigodudo, porque, até os confins do mundo, é assim que os dois me enxergam. Sinto que tem muito disso. Tipo, John contou aquela história sobre a minha visita no apartamento dele. É a mesma coisa, ele tem razão, fazer isso é um direito dele, mas é algo que simplesmente não se faz. Sou o tipo de pessoa que faz visitas. Eu me refiro, na verdade... eu gosto de surpreender as pessoas. Seja lá como for, eu aprecio muito fazer isso. John abraçou o estilo de vida nova-iorquino dele, e em Nova York não se faz isso. Você sempre avisa, e eu simplesmente não me dei conta disso. E umas três, quatro vezes, liguei e falei com o porteiro: "Alô, é o Paul", e telefonei para ele. Entrei, mas o John recusou os Stones uma noite. Os Stones não foram autorizados a entrar, fizeram a mesma coisa, os Stones, mas foram informados de que não podiam entrar.

SG: Qual era o principal ponto de discórdia?

PMcC: Acho que era apenas o fato de estarmos nos distanciando.

PB: Vocês também não faziam mais composições juntos.

PMcC: Quase não compúnhamos juntos. Se compuséssemos juntos, era uma palavra aqui, outra ali, e apenas misturávamos alguns trechos.

SG: Em algum lugar eu li que John ficou zangado porque os Eastman aconselharam você a comprar mais ações da Northern Songs, Ltd., e você comprou sem antes avisá-lo.

PMcC: Não, isso não teve nada a ver com os Eastman. O lance todo da Northern Songs foi que o John e eu sempre tínhamos um combinado, quem fosse comprar ações e outras coisas, sempre deveria [investir] em algo em que tivesse mesmo total confiança, para não comprar gato por lebre. Sempre falávamos que as melhores ações a comprar seriam as da Northern Songs, porque acreditávamos em nós mesmos. Então isso sempre esteve em nosso radar, e, até então, eu e John nunca havíamos comprado individualmente. Mas, claro, sempre tivemos liberdade. Eu sempre tive a liberdade de ir lá e comprar três ações, se eu quisesse. Ninguém poderia dizer "não faça isso". O que aconteceu foi que recebemos a cota original (ele recebeu, eu recebi), e eu nunca tinha me dado ao trabalho de comprar mais ações.

A gente sempre conversava que seriam ações boas para investir, e tudo mais. E eu me lembro de um dia ter pensado, alguém devia estar falando sobre investimentos, um dos contadores, porque eu estava lá, e em vez de [investir em uma] fábrica de escovas ou algo bobo, como Ringo [investiu] no Ricky Building – ele tinha um amigo do Ad Lib que era construtor, e investiu dinheiro nisso. Sempre pensei que isso era errado. Meu raciocínio era: não, não, peraí um minuto. Li sobre [muita] gente no mundo da música [gastando dinheiro de maneira tola] e pensava que você tinha que ser cuidadoso. Fui criado para ter cautela. Meu pai era sagaz com todas essas coisas, sabe, nunca pedir dinheiro emprestado, ele era tudo isso. Meu pai sempre prestava atenção nisso, em tolerar o ponto de vista das outras pessoas, meu pai realmente incutia isso [em mim]. Por isso, eu tomava muita cautela, fui criado para ser naturalmente bastante cauteloso.

Um dia, pensei: tenho que gastar um pouco de dinheiro em alguma coisa, investir em algo. Por que não comprar algumas ações de nossas canções [da editora musical Northern Songs]? Nem me ocorreu ligar ao John e dizer: "E aí, meu velho, aconselho você a comprar algumas ações de nossas canções. O que você acha?". Seja como for, eu não achava que isso era da conta dele. E nem queria que isso fosse divulgado, sabe, porque, após ler meus relatórios, pensei: bem, se vou comprar ações, isso vai mexer no mercado de ações. Elas vão cair ou coisa assim. Achei a ideia um pouco engraçada. Daí liguei pro Peter e disse: pode comprar algumas ações para mim? Só você, sozinho, lá. Na surdina.

O lance engraçado é que, quando a Apple [começou], tudo estava disposto na mesa, como em uma partida de Banco Imobiliário. A gente via quem tinha o quê. De repente, lá estava eu, com mais ações da Northern Songs do que qualquer pessoa. Foi algo meio, tipo, foi mal. John disparou: "Seu desgraçado, está comprando pelas minhas costas". Na visão de John, tudo não passava de um filme inspirado na obra de Harold Robbins, sabe, e não deixava de ser. Ele não está incorreto. Eu não superava o fato de que estávamos mesmo envolvidos nisso tudo. Acho que até hoje ele não entende. Acho que ele não aceitaria agora a minha ingenuidade sobre o assunto. Acho que ele suspeita ainda que estou tentando assumir o controle da Apple. Suspeita ainda que ao oferecer os Eastman [como empresários] em vez de Allen Klein, ele naturalmente supôs que eu seria mais bem tratado do que os outros, e que os Eastman jamais seriam imparciais o suficiente para serem igualitários em seu julgamento, jamais fariam o melhor para os Beatles em vez de o melhor para Paul. Acho que até hoje eles ainda suspeitam disso.

São pessoas muito desconfiadas [John e Yoko], e uma das coisas que me entristeceu nessa história toda foi que chegamos até aqui juntos, e por um defeito de caráter meu, ou pela falta de compreensão do caráter deles, eu ainda não consegui os convencer de que eu não estava tentando puxar o tapete deles. Até hoje, acho que não consegui.

Uma vez, liguei ao Lee Eastman e perguntei: "Em que pé está a Apple [processos e negociações]?". Como hoje poderia ligar... porque a coisa ainda continua. Tão complicada quanto sempre. Se hoje eu ligar e disser: "Em que pé está a situação da Apple?". Ele diria que o problema é que o John tem esse tipo de... ele não consegue fazer isso, vocês três não podem fechar o acordo se John não puder fazer isso. Ele queria uma compensação contra qualquer tipo de problema tributário. Se fosse pego por causa de impostos, não queria receber a culpa, então ele queria que vocês três lhe dessem algum tipo de indenização. Até então, ele havia liquidado um milhão de libras, dívidas [pessoais] que John estava fazendo por meio da Apple. Tínhamos acabado de engolfar a dívida da empresa, o George, o Ringo e eu. Claro, a gente não se importava... se fosse preciso. Mas era um milhão, e nenhum de nós jamais teve um milhão de dívidas para liquidar.

Continuo não querendo puxar o tapete dele. Ainda sinto amizade por ele. Gosto muito dele, apesar de tudo que passei. Percebo que ele acha que foi ele quem saiu magoado. Falei com os Eastman. Eu disse: "Se todos nós achamos que ele não vai ter problema tributário, vamos dar [a indenização] a ele". Porque, sabe, se todos os lados forem assim tão inteligentes, vamos todos oferecer isso. Quebrar o impasse.

Fui a Nova York me sentindo um portador de boas notícias. Liguei pra ele. "Alô, John, como tem passado? E as crianças, como vão? Ah, que demais. E sobre a publicação, o que está rolando? Ah, que ótimo" – risos e mais risos –, "E quanto à Apple?" Tensão no ar. Sabe, essa foi a coisa triste nos últimos dez anos. Na hora em que você toca na palavra Apple, todos pensamos, aarrgh! Terror, pavor e espanto invadem todos os nossos sistemas. Eu disse: "Olha só, pelo que entendi, você precisa dessa indenização".

John disparou: "A indenização que se foda. Que se foda isso, que se foda aquilo. Você não precisa me dar indenização porra nenhuma, seu desgraçado...". E acabamos meio que nos xingando um ao outro. Eu disse: "Vai se foder, seu puto", porque eu simplesmente não consegui lidar com a situação. Eu já não conseguia mais ser doce e sensato. Desliguei e fiquei tremendo por uma hora.

Claro, e o mais engraçado era que eu pretendia ligar a John Eastman e dizer: "Não vai funcionar, não, essa coisa toda, não. Tentei dar a indenização, mas não vai rolar". Mas claro, troquei os números de telefone. Sem querer, voltei a ligar pro John Lennon. [Atenderam ao telefone, e eu disse:] "Alô, John? Pois é, me escute, eu só... ah... sim, bem..."

Mas era Yoko desta vez, e então eu disse: "Olha só, eu não queria que a coisa chegasse a esse ponto... Mas, que merda, sabe, parece que chegou...". O engraçado é que ficaram sabendo que tentei ligar ao

John Eastman logo depois, reforçando seus sentimentos banais em relação a mim... que eu era duas-caras. Desde então, quase nem falei com ele. Natal passado, fiz uma ligação, mas fui inteligente o bastante pra nem tocar na Apple. Batemos um papo agradável. Conversei com o filho dele, o que foi adorável. O filho dele me pareceu muito legal. E a nova fórmula de vida dos Beatles agora é esta: depois disso, nunca mais mencionei essa palavra para eles. Se eu e o Ringo nos falamos, simplesmente não tocamos no assunto.

O ponto que eu queria ilustrar é o de que John não era tanto um cretino, mas sim que ele suspeitava de mim, sempre suspeitou de mim. O lance das ações da Northern Songs. E juro por qualquer livro sagrado que você queira, sei que ele não vai acreditar, mas tenho certeza de que não as comprei no intuito de... se eu estivesse mesmo tentando fazer isso, teria comprado muito mais. Então fico um pouco magoado ao saber que alguém ainda pensa, sabe, que estou querendo puxar o tapete deles, ou que eu sempre quis fazer isso. E esse é um dos aspectos positivos em relação a isso... é uma pena [eu nunca falei pro John, "Vai se foder, não estou tentando fazer isso", e nunca tentei]. Mas sabe que eu meio que... a gente estava nos bastidores, e fizemos umas coisinhas que tínhamos que fazer, e nossas ambições, isso nunca se tornou esqueletos apavorantes no armário. Sempre foi uma coisa normal, mas, hã, eles...

SG: Realmente impediram o lançamento de *McCartney*, seu primeiro álbum solo?

PMcC: Surgiu o anúncio do lançamento de *Let It Be* [o álbum]. E tinham apalavrado comigo uma data para o meu lançamento. Mas a coisa na época andava tão mesquinha que fizeram uma reunião e disseram: "Vamos segurar o disco do Paul e lançar o *Let It Be*. O de Paul pode sair em 26 de junho", ou algo assim. Eu tinha feito todos os preparativos. Um projeto ao estilo "faça você mesmo": *McCartney One*. Fizemos tudo em casa, imprimimos a lista, tínhamos tudo prontinho... Na real, [nós mesmos] tínhamos enviado todos os envelopes. Ninguém na Apple sabia o que estava acontecendo, não foi maldade nem nada, e sim para criar empolgação em torno do evento – Linda e eu providenciamos tudo. A gente ia se encarregar de tudo. Recebemos [do Peter Asher] um questionário, preenchemos tudo, como eu tinha feito naquele texto sobre a detenção em terras japonesas [sessão de perguntas e respostas que Paul escreveu e foi a base do livro sobre a detenção no Japão devido ao porte de maconha], fizemos tudo isso, então, naturalmente, eu me programei todo para lançar na data prevista. Achei que só estavam tentando aprontar comigo, e a coisa veio à tona. Falei que eu tinha chegado primeiro. Por que eu deveria simplesmente mudar a minha data de lançamento e colocar a de vocês, arbitrariamente? Afinal, eu cheguei primeiro.

Sem dúvida, planejei tudo sobre o meu álbum com Neil, e combinei que seria feito em 3 de janeiro ou coisa parecida, e, do nada, fizeram uma reunião sobre o *Let It Be* e disseram: vamos lançar o álbum, e que eu estava sendo um empecilho. Então de novo fui voto vencido, simplesmente me varreram para o lado, e o Ringo foi até a minha casa, e no meio disso acabou sobrando para o coitado do Ringo. Duvido que fosse intenção dele, acho que ele acabou sendo enviado meio que como um bode expiatório, e, na verdade, ele nem se deu conta do que estava me dizendo.

SG: E como você reagiu?

PMcC: Fiquei irritado com ele. Não sou do tipo de partir às vias de fato, mas houve um bate-boca, e a coisa terminou com algo como: "Vá embora!". Eu me lembro de que ele foi a única pessoa que expulsei de minha casa. Com Ringo, esse foi meu pior momento, e senti pena dele, porque isso fez bater o desânimo nele, sabe.

Tipo, só mais tarde você percebe que tudo isso não passa de um draminha, sabe? Na época, era um caso claro de... eles voltariam a fazer... só tentar me desgastar, como tentaram me desgastar com o Klein, tentavam me cansar... sabe, dizendo apenas, é só dinheiro, cara. Para mim, foi como se eu nunca tivesse ganhado outra grana a não ser na Apple, como se todo o nosso sucesso dos Beatles estivesse lá. Além do mais, foi um período de loucura, com a gente falando sobre o *I Ching* e tudo mais. E a grana era um assunto bastante sujo – era Banco Imobiliário. John chamava isso de "grana do Banco Imobiliário" e tudo mais. Mas eu tinha consciência de que era isso, de que isso era meu... e se a coisa fosse por água abaixo, então tudo que sempre defendi, o capital para fazer outra coisa ou algo assim, era todo o dinheiro que eu já tinha ganhado.

De repente, comecei a lutar por ele, e disse ao Klein: "Peraí um minuto, você tem pago os impostos?". Comecei a fazer todo esse tipo de pergunta que o deixava irritadíssimo. Mas a coisa boa é que, nesse cenário do Klein, eu me sinto bem justificado, porque temos umas coisinhas lindas. Por exemplo, estamos lá sentados pra fazer um bom negócio com Klein, sempre no verso de um envelope ou algo assim, e Klein pede comissão de 20%. Eu digo 15%. Puxa vida, é uma banda famosa, cara, são os Beatles, é um nome de peso, sabe? Se ele conseguir 3% dos Beatles é um cara de sorte! Mas ele quer 20%. E os outros acham que tento negociar por mim e não pelo grupo. Daí o Klein volta, abre o sorrisinho de costume e pede 20% sobre qualquer acréscimo que obtiver. Se eu renegociar os royalties com a Capitol e aumentá-los de 30 para 50 centavos, vou receber 20% sobre esses vinte extras. OK, embarquei nessa parte. Mas quando a coisa chegou ao tribunal, com todos os documentos, senti que o caso era mesmo do tipo vai ou racha. Sabe, eu precisava vencer esse processo. E se o Klein me derrotasse no tribunal, seria o meu fim, porque se alguém como ele vencesse, seria difícil de imaginar como restaria alguma justiça. Para mim, esse aspecto foi mesmo de explodir a mente. Deixei a barba crescer e comecei a pirar. Acho que tivemos de voltar. Linda e eu estávamos em Los Angeles, e entrou uma ligação de nossos advogados.

"Segunda-feira vai ter uma reunião, podem voltar?" Sim, e a gente voltou, mas os outros não. Klein meio que falou: "Podem vir?". [E os outros:] "Vai se foder, você que faça isso". Daí Linda e eu pegamos um voo a Londres.

SG: Isso é a dissolução da sociedade, é disso que você está falando? A dos anos setenta?

PMcC: Sim, o grande processo. A coisa engraçada era que, depois de conseguirmos todas as provas deles (e as provas deles eram muito mal organizadas, e as nossas eram muito bem embasadas), conseguimos todas as melhores pessoas. Eles tinham pessoas "não-tão-boas" e não tiveram tempo de solucionar isso. Claro, a nossa equipe se debruçou naquilo por semanas a fio, tentando achar a menor brecha, e encontramos um cheque da Capitol em que ele recebeu 20% de tudo. Por exemplo, como se US$ 7 milhões tivessem entrado, e ele embolsou 20% disso. E, na verdade, a comissão deveria ter sido calculada apenas sobre US$ 2 milhões, o incremento obtido por ele. Ele não calculou sobre o incremento e sim sobre o valor total. Mais tarde, ele ofereceu (um dos outros truques clássicos de Klein), ele ofereceu ao George criar para ele sua própria editora americana. Nessa época, o George não tinha uma editora musical nos EUA, e Klein se ofereceu para abrir uma para o George. Ele se apressou e fundou a Harry's Songs, Inc., Nova York [Harrisongs Music, Ltd.], da qual, é claro, Klein possuía 20%. Eu me senti justificado, não importa o que eu tenha feito, certamente nunca cheguei perto de nada disso... o que mais que eu tinha feito? Na prática, a única coisa que fiz com intuito meramente comercial era que agora eu detinha os direitos sobre "P.S. I Love You" e "Love Me Do". [Essas duas primeiras canções pertenciam à EMI Music Publishing e estavam à venda. Paul as comprou sem avisar os outros.] O que é legal, perfeitamente permitido. E isso é o mais próximo do que eu chegaria... se eu estivesse tentando ferrar as pessoas. Agora, no pé que as coisas estão, eu realmente poderia ter embarcado nessa. Mas, na minha visão, nunca embarquei. Eu sei, você sabe, mas o Klein e o John realmente não sabiam. E a Yoko, não sei bem se ela ainda...

PB: O fato é que, no momento em que John nomeou Klein como empresário dele, ele sabia exatamente o que estava fazendo. Conhecia a reputação de Klein. Mick o avisou: "Ele me ferrou pra valer".

PMcC: E nós falamos, vamos trazer o Mick aqui, na casa da Lady Hamilton,* ligue pro Mic. "Alô, Mick, quer dar uma passadinha aqui?" E ele veio. Todo mundo sentado naquela mesa enorme daquela sala enorme. Na casa da Lady Hamilton. "Sabemos que ele trabalhou para vocês, qual é o feedback, qual é o parecer sobre o Klein?" E ele veio com uma espécie de "Bem, ele é bom se você gosta desse tipo de coisa. Depende do que vocês querem". Deu respostas muito evasivas, coisa que nos levou a crer que ele não era ruim. Não me pareceu que Mick quisesse dizer: "Ele é um filho da mãe". Ele não quis revelar algo assim. Mick ficou em cima do muro e meio que disse: "Bem, sabe como é...".

SG: No fim das contas ele [Mick] processou Klein.

PMcC: Mas na época, não sei bem o motivo, acho que colocamos o Mick na berlinda: "O que você acha dele?". E, seja lá como for, parece que ele quis ficar em cima do muro. "Bem, ele é bom, vai depender do que vocês querem..."

PB: E nesse dia Klein também estava no prédio.

---

* Lady Emma Hamilton, amante do almirante Horatio Nelson, morou na casa nº 3 da Savile Row.

PMcC: Ah. Bem, isso dá um colorido especial. Mas [a conclusão] foi meio que não é mau, não é mau. Longe de ser um "não" definitivo e longe de ser um "sim" definitivo. Algo que Klein mais tarde chamou de "talvez definitivo".

SG: Quando vocês foram morar em Londres, a fama dos Beatles explodiu de um modo vertiginoso. E também se tornaram líderes de um círculo social na Swinging London. Vocês tinham poder. Tinham consciência do que estava rolando em sua volta? Vocês incentivavam isso?

PMcC: Não passávamos de moleques ambiciosos. Sabe, John entoava um cântico só dele, que ele sempre cantava. John nos dizia (era uma piada, praticamente quase tudo que a gente fazia era uma paródia)... John dizia: "Pra onde é que estamos indo, pessoal?". E nós três ecoávamos: "Para o topo, Johnny". A gente fazia isso sempre; era uma pequena injeção de ânimo. Era só uma brincadeira, uma caricatura. "Pra onde é que estamos indo, pessoal?" "Para o topo, Johnny." Era como um cântico de uma torcida de futebol ou algo assim. E isso resume tudo. Era mais ou menos isso, sabe. O tempo inteiro, era isso que a gente tentava fazer: chegar ao topo. E agora escutei outro conceito: "Tome cuidado com o que sonha, pois você pode chegar lá". Aconteceu conosco, chegamos lá. Não tomamos muito cuidado com o que sonhamos e chegamos lá. Mas não tenho do que reclamar. E com certeza se tornou realidade. A gente acreditava muito nisso, em nosso potencial, sabia que era o momento certo, sabia de nosso treinamento no showbiz. Ganhamos uma certa experiência de palco, sabe, em Hamburgo... Isso nos deixou um pouquinho mais confiantes. O pessoal mais antigo sempre nos dizia: "Ah, essa juventude, usando microfone. No meu tempo ninguém precisava de microfone. Tínhamos bem mais treinamento do que vocês nos palcos e nos *music halls*". Daí eu me lembro do que a gente fez em Hamburgo por um ano, a gente trabalhou em todos esses... Em Hamburgo, a gente tocava oito horas por dia. O que é um tempo extenso para cantar e tocar, sabe? Depois que a gente fez essas temporadas lá, a gente sabia que tinha uma base um pouquinho melhor do que a maioria das bandas por aí. A gente realmente... começou do nada até o ponto de um cara dizendo: "Próximo show, próximo show". E começamos a fazer nosso showzinho e a pegar o jeito da coisa. Cativamos o público, fomos para um clube maior, cativamos o público, fomos para o Cavern, e nosso público cativo aumentava. O público sempre lotava os locais onde íamos tocar. De modo que a gente se sentia bem à vontade.

SG: E quanto às turnês americanas, elas deixaram vocês em choque?

PMcC: Acho que não... no meu caso, eu meio que esperava tudo aquilo. Sabíamos o quanto éramos bons. Enfrentamos um ou dois momentos preocupantes, que hoje parecem absolutamente ridículos. Teve um período em que ficamos preocupados com Gerry and the Pacemakers, que eles seriam "os caras" a fazer sucesso. Na real, John e eu compramos muitos números da revista *Mersey Beat* quando estávamos lá. E, bem, imagino que era permitido. Porque a gente queria muito ganhar aquela votação. Tipo, a gente sentia que isso ia fazer a diferença, seja lá qual fosse a banda que "chegasse lá". Mas, em retrospectiva, não tinha como Gerry ser melhor que os Beatles, ou fazer mais sucesso que nós. Ele sempre foi um pouquinho... ele era um de nossos contemporâneos... sempre teve um pendor literário, como John Lennon, e esse pendor que eu tinha para as baladinhas. Sempre estivemos um passinho à frente de Gerry. Mas ele era o maior concorrente, e o segundo competidor era o Dave Clark Five. Em toda a nossa carreira, só nesses dois momentos a gente pensou que não ia chegar lá. Para mim, foram só essas duas dúvidas que tive, e acho que sabíamos que éramos capazes de superar até mesmo essas dúvidas.

SG: A história que a gente mais escuta é aquela sobre a turnê do último ano, a grande turnê nos EUA, com aquela declaração de John sobre Jesus e aquele incidente em Manila, a turnê nos EUA foi hedionda... você chegou a vomitar nos bastidores por causa de um show cancelado em Memphis devido à chuva, ou algo assim.

PMcC: A única coisa de que eu me lembro sobre a decisão de não fazer mais turnês é que meio que foi dito (mas achei que era um sacrilégio, uma blasfêmia) que os Beatles iam parar [de fazer turnês]. Para mim soou como um grande choque. Visualizei as manchetes do *Daily Mirror*, "Beatles: turnês, nunca mais". De fato, eu não sabia lidar com isso, então quando alguém tocava no assunto, eu nunca dava trela nem incentivava. E teve um lugar em que a gente tocou, acho que foi em Indianápolis, mas não sei bem ao certo. Tocamos sob um toldo, abaixo de chuva, em um grande parque, um grande estádio de beisebol, e esse toldo mal e mal nos protegia. Ficamos com medo de morrer eletrocutados com nossos amplificadores, foi o pior show de todos os tempos. Nós quatro pensamos que ninguém tinha comparecido, mas parece que os ingressos tinham se esgotado. Mas, pelos nossos padrões, o público não parecia tão bom assim. Parte do público não veio, por causa da chuva ou algo assim, e eu me lembro de sair do palco e entrar direto na traseira de um grande caminhão-baú frigorífico. A gente entrava na parte traseira desses veículos, sem nada ali dentro, só as paredes metálicas, deslizávamos no piso, sem ter onde nos segurar. E eu me lembro de John e George explodirem: "Que se foda, não vamos mais fazer turnês", e eu me lembro de que essa foi a primeira vez que realmente concordei com eles. Eu disse: "É, vocês têm razão".

SG: E falaram sério?

PMcC: Acho que sim, pelo menos...

SG: The Cow Palace, 1966?

PMcC: Sim, já me disseram que esse foi o último. Nunca pensei: "Este é o nosso último show...". Jamais pensei isso, em absoluto. Foi só uma sensação, mas depois você procura basicamente esconder isso das pessoas, porque elas diziam: "Por que já faz um bom tempo que os Beatles não fazem uma turnê?". [E eu respondia:] "Olha só, estamos só gravando, agora é isso que estamos fazendo." Nunca verbalizamos de verdade: "Pois é, a gente desistiu de fazer turnês". Porque isso soava muito definitivo, soava um tanto...

SG: As bandas de rock and roll tinham a reputação de fazer coisas medonhas na estrada, como amarrar as groupies na cabeceira da cama e penetrá-las com um peixe. Mas os Beatles supostamente eram como celibatários.

PMcC: Tá brincando! Não, nem um pouco celibatários, mas simplesmente não curtíamos esse lance de peixe. Simples assim. Tipo, amarrá-las na cama, não sentíamos essa necessidade. Mas, desde a partida até a chegada, a gente passava o rodo.

SG: Então por que nunca conheci uma moça americana que disse: "Eu me diverti a valer com os Beatles"?

PMcC: Bem, ainda bem que você não encontrou. Eu encontrei. E quando eu já estava casado. Foi na CVS, em Nova York, e ela estava acompanhada de John Hammond, o músico de blues, uma loirinha linda, e o cara meio que se aproximou: "Oi, Paul". E perguntou: "Ei, ei, conhece minha esposa? Essa é... hã... Tracy?". E ela falou: "Não se lembra daquela nossa transa fantástica em Los Angeles?". Bem, eu tive que contar a você. Claro que tive que contar a ela. O tempo todo, eu corria, todos nós corríamos atrás das minas.

SG: Mas vocês não podiam sair do limiar da porta. Se colocassem a cabeça para fora...

PMcC: Alguém podia nos trazer e esse tipo de coisa. Nas turnês britânicas, tínhamos uma pequena rotina combinada com os gerentes da turnê. Tipo, se uma moça na primeira fila se mostrasse especialmente excitada e um de nós gostasse dela, um olheiro de suéter angorá e boa aparência se aproximava... e pronto. Ele dizia: "Quer ir aos bastidores conhecer os meninos?", esse tipo de coisa, e então elas vinham aos bastidores para nos conhecer, e a partir daí, claro, nada mais que vida social.

SG: Mas nas turnês americanas, havia centenas de...

PMcC: Era diferente nas turnês americanas. Em Los Angeles, por exemplo, era clássico – os empresários promoviam festas com muitas garotas. E se alguma vez tivemos dançarinas em nossas turnês, foi por esse motivo. Às vezes, dançarinas acompanhavam as turnês, e isso era tudo atmosfera. A gente curtia umas dançarinas bonitas. Elas apareciam e davam uns pontapés no ar, e pronto. Mas estavam por perto durante a turnê, sabe, havia muito disso. Mas em essência era coisa de jovem de sangue quente. Aconteceu muito disso. Fato que me deixa muito alegre, na verdade. Porque não faço mais. O que vem a calhar, porque é tão... não consigo lidar com o ritmo, com os fuxicos... Hoje eu não ia conseguir lidar com isso tudo, não ia conseguir lidar com alguém aparecendo. Já me diverti bastante. Eu me lembro de que uma vez o meu pai me disse que sentia muita inveja de mim. No tempo dele, as doenças venéreas eram um temor. Não éramos diferentes de ninguém, com a exceção de que podíamos fazer uma pausa. É uma linha muito tênue. Mas foi uma grande curtição. Eu tive grandes momentos.

SG: Quando a poeira baixou, você compôs "Girlfriend" pela primeira vez, se eu bem me lembro, segundo as revistas das fãs – em homenagem à babá da Marianne Faithfull.

PMcC: Não, não foi... você leu a informação errada aqui. Maggie... era só uma dama. Na real, é assim que eu penso nelas. São muito boazinhas e não quero ser sexista aqui, mas tenho que admitir, eu era meio atirado... E hoje, fico nervoso ao ver as minhas filhas chegando à adolescência... e, meu Deus do céu, hoje sou o pior dos pais, porque sei o que eu buscava aos 15 ou 16, e aos 16 não era casamento. Então era isso que a gente fazia, só isso.

SG: À exceção de Jane. A Jane foi um caso sério...

PMcC: Não, quando eu estava em Hamburgo, eu tinha uma namorada, a Dot, a Dorothy Rhone, minha primeira namorada fixa, ou séria, e quase noivamos... está rindo de quê? Rá-rá.

PB: Fala sério! O namoro era firme então?

PMcC: Pois é. Na real, foi um grande momento em minha vida. Eu me lembro de me sentir muito maduro, porque ia deixar pra trás todos aqueles pirralhos do rock and roll, todos aqueles moleques em jaquetas de couro, prestes a me tornar um marido. E isso me insuflou uma boa dose de dignidade. Eu me sentava com ares de alguém mais velho, porque eu agia com seriedade. Mas, no fim, não se concretizou. Mas meio que foi a minha primeira namorada e acabou se casando com um alemão no Canadá. Muito simpático.

SG: Quando você conheceu Jane?

PMcC: E depois Jane Asher foi a minha segunda. E, basicamente, Linda foi a minha terceira. Só tive três relacionamentos assim tão sérios.

SG: Jane apresentava um programa de TV?

PMcC: A BBC enviou Jane para fazer a cobertura de nossos shows para o *Radio Times*, que é o... Ela ficou sentada lá no fundo, e nos mandaram posar pra uma foto pra ela no *Radio Times*. Fizemos isso no meio de um show em que Billy J. Kramer também ia tocar... acho que foi no meio do show, não sei como nos desvencilhamos de todos os fãs... Talvez tenha sido no final da apresentação. Se não me engano foi no meio do show. Todos nós entramos correndo, tiramos a tal foto com Jane Asher, e foi isso. Acho que mais tarde consegui dar uma palavrinha com ela: "Está a fim de um café?". Uma prática social perfeitamente normal, era assim que a gente fazia. O fato é que mais tarde eu a levei a um hotel pra tomarmos um café. E o pessoal foi gentil o bastante e convenceu todo mundo a nos deixar em paz, entre risadinhas sarcásticas e tudo mais. E, sabe, não chegou a ser uma cena de sexo. Foi meio que o início de um longo relacionamento com ela, e nós meio que começamos a namorar. Então fui morar na casa dela – hoje mal posso acreditar nisso, mas aconteceu. Por motivos razoáveis. Meio doido, mas tudo certo. E depois a gente ia se casar. Jane e eu pretendíamos nos casar.

SG: Vocês anunciaram o noivado. A notícia circulou na mídia.

PB: No Dia de Natal.

PMcC: Creio que nós tínhamos a sensação de que a coisa já durava tanto tempo que deveríamos nos casar, ou... Então me dei conta de que eu não queria me casar com ela, e ela também se deu conta de que não queria se casar comigo.

SG: No livro *Apple to the Core*, eles comentam sobre Francie Schwartz. Não sei se você se lembra.

PMcC: Sim, eu me lembro dela. Como eu poderia me esquecer?

SG: Bem, a história é que Jane voltou de uma turnê nos EUA e se deparou com Francie.

PMcC: Sim, ela voltou de algum lugar, e Francie estava lá, sim. Mas, seja como for, nós não iríamos ficar juntos de qualquer maneira. Pelo visto eu não havia deixado isso claro o suficiente. Sim, Francie estava lá... sabe, essas coisas ficam muito nebulosas para mim. Essas coisas não são...

PB: Bem, vamos em frente.

PMcC: Acho que tínhamos terminado, acho que Jane talvez estivesse meio...

SG: Francie Schwartz escreveu um livro de memórias.

PMcC: Escreveu, sim.

PB: Essas três semanas renderam a ela uma carreira.

PMcC: Sim, isso foi meio engraçado. Ela era... o problema é que eu... Vocês sabem que eu não sou...

PB: Acho que foi muito escândalo por nada.

PMcC: Eu também. Não sou tão escandaloso assim. Não foi tanta coisa.

SG: Peter se lembra de ter apresentado você a Linda.

PMcC: Ela mostrou umas fotos pra você.

PB: Isso mesmo, e eu dei filme ao Paul, certo.

PMcC: Ela queria fotografar [The Animals], várias fotos.

PB: Eu a convidei para ser um dos dez fotógrafos do lançamento de *Sgt. Pepper*, na casa do Brian, com a presença de todos os Beatles. Por uma razão ou outra, Linda e eu simplesmente nos demos bem logo de cara.

PMcC: Ela também sabe o que quer. A nossa Linda é inteligente, ela dá um jeito de entrar nos lugares. Ela ainda faz isso. Ela entrou no evento dos Rolling Stones ao aceitar o convite que na verdade era para a *Town & Country*. E a Linda, na verdade, era a recepcionista. Como nós, ela sabia o que queria fazer, queria fotografar os Beatles, fotografar os Stones, e os caras da *Town & Country* nem conheciam os Stones, mas para ela era algo tipo, ebaaaa! Ela era recepcionista e chegou um convite dos Rolling Stones para algum fotógrafo da *Town & Country* estar lá, e ela realmente colocou o convite em sua mesa, não disse mais nada, esperou um tempo, alguém o encontrou na mesa dela: "Oh, o que é tudo isso? Tá bem, OK, se você está tão interessada assim, é melhor ir, então", e ela ficou sendo a única fotógrafa no barco, porque todos viram essa menina. E expulsaram todo mundo [do barco], e ela conseguiu as fotos exclusivas.

PB: E quando ela voltou para pegar o portfólio dela, eu disse outra coisa: "Olha só, tenho que ser honesto com você, peguei uma", porque eu adorava o Brian Jones, eu gostava muito dele. Linda disse: "É aquela com o Brian?". Falei que sim e perguntei se poderia ficar com a foto.

PMcC: Incrível como tudo funciona. Já viu as fotos de Brian Jones...?

PB: Presta atenção, uma noite viemos do Abbey Road Studios após uma sessão de gravação, foi bem cedo, e você me disse: "Vamos comer em algum lugar". A gente foi ao Bag o' Nails e ela estava lá no Bag o' Nails.

PMcC: Essa foi a primeira noite em que eu realmente disse "peraí um pouquinho", sabe?

PB: Isso foi quanto tempo depois da recepção do *Sgt. Pepper*?

PMcC: Não tenho bem certeza, mas sei que fomos lá... e ela estava com o Chas Chandler e a galera do Animals. Entramos, Mal, você e eu...

PB: Não, foi só você e eu.

PMcC: Só nós dois? A gente foi até o Bag e meio que...

PB: A Linda veio até mim.

PMcC: E disse oi para você e depois voltou para fazer as coisas dela. Eu estava ali de boas e tal, daí ela passou [por nossa mesa] e falei: "Gostaria de ir a outro clube? Que tal irmos ao Speak?". Tudo bem, ela disse, então eu a levei ao Speakeasy, e foi assim que começou todo o nosso relacionamento.

PB: Assim que eu me lembrava.

PMcC: É, sim, o Bag o' Nails, lá no Bag o' Nails.

SG: Sentiu que estava incentivando a revolução das drogas?

PMcC: Na verdade, não. A gente meio que foi na onda.

SG: Li um artigo em que você admite que tomou alucinógenos. E deu o motivo para falar isso publicamente, o de ser honesto ao responder a essa pergunta.

PMcC: O lance do LSD? Sim, com certeza. Na época, esse lance todo sobre ácido, como qualquer pessoa da época vai se lembrar, tinha a ver com ser honesto. Não tinha como não ser honesto nesse aspecto. A única maneira de lidar com isso era com honestidade. E então foi um tipo de coisa muito... na real, acho que a palavra meio que foi cunhada nessa época. E eu lembro que do nada alguém disparou numa entrevista: "E aí, como é que é, você já tomou LSD?". E eu falei: "Olha só, não sei bem se você quer ouvir a resposta verdadeira. Porque, tipo, se eu contar a você, não sei bem como vai se sentir ao publicar a história, sinto que talvez você se saia pior ao publicá-la". E, sabe como é, a imprensa ou alguém... daí ele insistiu: "Tomou ou não tomou?". E eu meio que falei: "Sim, umas quatro vezes" ou coisa parecida, e ele me pediu detalhes, e basicamente contei a ele como foi. Nem sei mais como eu me senti em relação a isso. O pessoal me disse mais tarde, olha só, não deveria se sentir responsável, deveria ter dito que não tomou. Mas, na real, senti que não fui só eu quem divulgou isso. Fui a pessoa intimidada a responder a uma pergunta. E dei a resposta. Na real, a responsabilidade de publicar ou não foi deles. Se achassem que isso acabaria por encorajar algum tipo de revolução pró-drogas, poderiam ter dito, vamos descartar esse trecho e colocar outras fotos da casa dele. Mas você conhece bem a imprensa, o furo de reportagem, uma intriga... ele nunca iria abafar essa história, não é?

SG: Consegue pensar em mais alguma coisa, Paul? Acho que você foi espetacular.

PMcC: Ah, obrigado... Quando começo a falar, muitas vezes descubro que me sinto totalmente livre e à vontade, e vira uma matéria impressa. Prefiro ver algo que eu falei do que colocarem palavras em minha boca. Em especial se é algo que falei sobre John. Recentemente, a *Newsweek* publicou uma entrevista, e as moças pegaram uma das minhas falas e a levaram adiante: "É verdade o que Paul falou? Que você fez tudo, menos ser você mesmo?". E não foi bem isso o que eu disse. Eu disse: "John nunca teve uma família. Ele tinha uma família, um filho e uma esposa, e nunca os visitava. E acho que agora ele se dá conta de que precisa cuidar disso. E está curtindo e levando numa boa... e acho que é por isso que ele está fazendo tudo o que está fazendo". E, é claro, a resposta de John foi algo do tipo: "Ele não sabe bulhufas sobre o que estou fazendo, cara. Está apenas tão curioso como os demais". E eu simplesmente não preciso... [término abrupto da fita]

ALISTAIR TAYLOR

Alistair ocupava um cargo inusitado na NEMS, a empresa que gerenciava os negócios dos Beatles. "Oficialmente eu era o gerente geral", explicou ele. "Na realidade, o mais próximo da verdade seria dizer administrador-solucionador de problemas. Uma vez, Brian me elogiou dizendo a alguém que para fazer o impossível eu demorava 24 horas, mas para fazer milagres, um pouco mais." Alistair fazia não só que aviões a jato surgissem no céu e que vistos de trabalho se materializassem em pleno domingo, mas também deslindava alguns dos empreendimentos mais bizarros dos Beatles, como adquirir resorts para escapadelas nas Ilhas Gregas. Criado em Liverpool, Alistair foi assistente pessoal de Brian Epstein na loja de discos da rua Whitechapel, e teve a honra de acompanhá-lo no histórico dia em que o futuro empresário foi ao Cavern Club para assistir a um show dos Beatles pela primeira vez, em 9 de novembro de 1961. Um tempinho depois, Alistair se transferiu com a esposa para Londres, onde se tornou gerente geral da NEMS.

STEVEN GAINES: Você conhecia bem os Beatles?

ALISTAIR TAYLOR: Maravilhosamente bem. Claro, em retrospectiva, hoje às vezes me pergunto se os conhecia mesmo. Para ser sincero, nunca pensei neles como empregadores. Eu trabalhava para eles, mas eram grandes amigos. Em especial, o Paul. Às vezes, ele voltava pra casa comigo, depois me ligava: "Olha só, aparece aqui na Cavendish

Avenue, sabe, estou entediado". Saíamos de férias, e eu ia à fazenda [na Escócia] com ele e Jane naquela época. E passamos férias na Grécia com eles. Vi os inícios de uma verdadeira rixa [entre os Beatles]. Esse momento sempre foi esquisito. Tipo, a gente perdeu George aos poucos, não foi? Ele não [só] se enfureceu, mas sumiu de vista, falou que estava cansado daquilo. Sabe, ele não aguentava mais. Não tolerava mais ser um peixinho dourado no aquário. Pelo que me recordo, isso aconteceu no mínimo em duas ocasiões. Pura pressão. Quero dizer, tenha em mente que esses meninos não podiam nem colocar o pé pra fora da porta. Não podiam fazer suas próprias compras. Nas vezes em que fui com eles, se abaixavam no carro e escalavam latas de lixo. Essas coisas ficaram impressas em minha mente. Uma loucura.

SG: Você disse que Paul e você se encontravam quando ele se sentia entediado, na casa dele, no bairro St. John's Wood. Isso foi quando ele morava com Jane Asher?

AT: Sim, era uma boa caminhada da casa dele até a minha. Muitas vezes, ele só voltava para casa comigo e subia para tomar um café. Então, por um tempinho após o relacionamento com Jane, ele ficou com Francie Schwartz [de 23 anos].* Todo mundo se lembra de Francie. Depois de Jane Asher, ela foi a primeira a ter alguma permanência.

SG: Mas ela não foi lá tão permanente assim.

AT: Não foi, não, mas durou mais do que o normal naquela época. Até hoje nunca descobri por que ele terminou com Jane, e essa é a

* Alistair se confundiu. A bela morena Francie Schwartz não veio após Jane Asher; ela aconteceu simultaneamente com Jane Asher e foi o pivô do fim do relacionamento entre Jane e Paul. Francie Schwartz vendeu a história dela à *Rolling Stone* e, mais tarde, escreveu *Body Count*, seu livro de memórias.

verdade absoluta. Eu estava viajando quando isso aconteceu. Para ser sincero, eu adoro Jane até hoje. Ela é uma garota sensacional. Talvez soe estranho, mas eu me sentia muito próximo aos dois. É uma dessas coisas inexplicáveis. Paul nunca tocou no assunto, e eu não me senti apto a indagar a ele o motivo.

Tenho uma historinha favorita, mas nunca contei pra ninguém antes. Paul, Jane e eu fomos à fazenda na Escócia. Fomos num avião particular. Paul agia de modo muito estranho, mandou Jane lá fora procurar uma coisa e me puxou para o lado: "Pode ir ao boticário? Estou com piolho-da-púbis. Pelo amor de Deus, me consiga alguma coisa. Jane não pode saber. Diga ao farmacêutico que é pra você."

Só comentei: "Ai, meu Jesus". Jane voltou e pensei: "E agora, que diabos eu faço? Chamei um táxi. Fui à cidade e consultei Bob Graham, nosso advogado, que cuidava de tudo para nós na Escócia. Falei: "Bob, eu tenho... uma infestação de chatos".

"Caramba", disse ele com um sorrisinho. Eu disse: "Me consegue um remédio". Daí ele falou: "Deixa comigo. Vá tomar um drinque e retorne daqui a meia hora". Voltei e lá estava ele com um frasco de líquido transparente. Ele me disse: "A nota fiscal". Lia-se: "*Para ovelhas, banho de imersão, três libras e quinze*". Achei simplesmente adorável, sabe, o banho de ovelhas.

Outra vez, uma sexta-feira à tarde, Paul me telefona. Numa tarde de sexta. Estamos no estúdio, ele me liga do Abbey Road e diz: "Alistair, quero pegar um sol neste fim de semana e voltar na segunda". Daí eu respondo: "Quer ir pra onde?". Ele me disse: "Não tenho ideia. Escolhe você. Consegue o jatinho. Quero um jatinho particular. Me pega em Abbey Road hoje à meia-noite". Isso às três da tarde. Foi depois de Jane. Ele me disse que conheceu uma moça, garçonete em algum maldito clube em Chelsea, e será que eu podia encontrá-la pra ele e dizer que ela ia viajar em um jatinho particular com Paul McCartney? Ele tinha uma vaga ideia de onde ela morava. Eu conhecia o clube, fui lá e perguntei: "Sabem onde ela mora?".

E, tipo, ela não sabia quem diabos eu era. Só avisei: "Certo, vou buscá--la hoje à noite, por volta das dez horas, de carro". Sabe: "Fique de mala pronta". Providenciei o jato, descolei a moça, entramos no avião e partimos. Champanhe, revistas... Pousamos nas Bahamas às quatro da matina. O jatinho mergulha num campo de aviação mal iluminado. Um breu. Na alfândega, um homenzinho engraçado esfrega os olhos para afastar o sono. Vou atrás de um carro para Paul, mas nesse meio--tempo entramos num ambiente parecido com um bar. Escuridão, uma cafeteria intimista. Quatro e dez da manhã.

De repente, a luz se acende e surge um cara de jaqueta branca imaculada. "Querem tomar algo?" Quatro da manhã e nem sabiam quem ia chegar. Pensei: serviço padrão continental. Isso é incrível.

Paul me falou: "Ah, volte para nos buscar". Claro, eles se envolveram na grande multidão ali com o Aga Khan, sabe, ele construiu esse bonito vilarejo turístico do outro lado da ilha, e devem ter passado momentos monumentais lá.

SG: Só não entendo por que o Paul se deu ao trabalho de pegar uma garçonete no Soho. Tanta mulher dando em cima dele...

AT: Outra ocasião clássica foi com a única pessoa que nunca me incomodou. Ritchie [Ringo]. Estava sempre se desculpando e nunca me incomodava. Eu descobria que ele tinha feito algo. Aí eu costumava indagar: "Olha só, por que diabos não me pediu para resolver isso para você?". "Não esquenta, não quero ser um incômodo." O fato é que ele foi tirar umas férias... na Sardenha. O telefone toca, é o Ringo, em frenesi: "Olha só, a coisa está péssima. Sabe, tenho que sair daqui. Tô voltando pra casa". Com a Maureen, a babá e o Zak. Mais a bagagem e a sogra. E continua: "Consegui passagens até Paris, mas não de Paris a Londres".

Respondi: "Não se preocupe, nos vemos em Paris". Liguei pro meu pessoal no aeroporto e me disseram que o jato estava disponível.

Corri até o aeroporto de Luton – e nada do jatinho! Problema burocrático. Eu sem avião e Ringo e a família dele pousando em Paris.

Fretei um velho avião a hélice e enfim decolei. Aterrissamos no Orly uns cinco minutinhos após o avião dele. Saio correndo como louco pelo maldito corredor. Nem sinal de Ritchie. Nem sinal de ninguém. Perambulo nos saguões, nos bares. Nem sinal deles. Entro na sala VIP, chamo um pessoal da Air France e digo: "Vamos lá. Temos que encontrar Ringo Starr, ele está em algum lugar deste aeroporto".

Bem, ninguém vai acreditar que alguém poderia perder Ringo, mas nós o perdemos por umas duas horas. Vasculhamos todos os bares, restaurantes, salas VIP, sem sucesso. Falei: "Isso é patético". Sabe? "Se ele estava no voo..." "Sim, ele estava a bordo." "E ele desembarcou?" "Desembarcou, sim." "Não voou a Londres?" "Não, ele não voou a Londres."

E, de repente, eu relanceio o olhar pra cima e lá está Maureen, vagueando no saguão. E o Ringo estava lá, sentado, totalmente despercebido, e todo mundo passou por ele. Ficou ali sentado por duas horas, em meio à bagagem, sem que ninguém tivesse notado. E ele jamais me perdoou por isso. Jamais. A gente brincava com isso, mas ele sempre me dizia: "Que beleza. A única vez que eu telefono pra você...". Isso me deixava aborrecido, pois raramente ele me pedia algo.

SG: George era uma pessoa muito distante?

AT: Bem, não. Quer dizer, é muito estranho. Sempre que eu estava com George (eu costumava ir à casa de George de vez em quando), era sempre maravilhoso. Eu sempre curtia. A gente sentava e filosofava, à beira da piscina se o tempo estivesse bom. Um bate-papo sobre coisas indianas e orientais. Também tive muitos momentos divertidos com o John e o Mal Evans. Certa vez alguém perguntou a Mal: quem era seu Beatle favorito? Ele pensou um tempo e disse: "Aquele com quem estive por último". Achei uma resposta magnífica, a resposta que eu gostaria de ter pensado. Mas eu era mais chegado ao Paul.

QUEENIE EPSTEIN

"Antes de começarmos, quero que você saiba que o Brian amava a verdade", disse a mãe dele, Queenie Epstein. "Por isso, eu quero a verdade aqui. Vá em frente. Pergunte o que deseja saber." Se você quiser compreender Brian Epstein, primeiro tem que conhecer a admirável Queenie Epstein, mistura de Bette Davis e Golda Meir. O prenome Queenie é a tradução inglesa do nome dela em iídiche, Malka, ou "rainha". Filha de ricos comerciantes de Lancashire, frequentou os melhores internatos da Inglaterra para estudantes judeus. Queenie cresceu para ser uma mulher firme, que defendia com rigor seus ideais e sua ética. Dela Brian herdou seu infalível senso de justiça. Os dois tinham aquele vínculo especial que muitos filhos gays têm com suas mães. Alguns a consideravam dominadora, mas ela sentia que era responsabilidade dela proteger Brian de quem pudesse magoá-lo. Era importante para ela que Brian estivesse em companhia de pessoas que entendessem que ele era diferente. A entrevista ocorreu num entardecer de outubro de 1980, na sala da casa dela, em Liverpool. O telefone tocou durante a entrevista. Ela foi atender e disse: "Ai, não. Espere...". O psiquiatra dela havia morrido.

STEVEN GAINES: Quando a senhora fez terapia? Após a morte de Brian?

QUEENIE EPSTEIN: Não. Na verdade, eu comecei em meu pior momento... [Queenie aponta um artigo de décadas atrás.] Escreveram que [o Brian] incomodava terrivelmente os pais dele. Uma coisa tão falsa. Sim. Ou seja, isso nos deixou entristecidos por ele. À exceção do sonho de se tornar designer de moda, nós sempre o apoiamos. Mas aquele foi o meu período mais difícil. Sabe, não entendíamos Brian. Nem eu o entendia. Imagino que fosse o seu senso dramático. Ele apreciava dramatizar que teve uma infância infeliz. Ah, mas não foi tão má assim.

SG: Talvez para ele tenha sido mais infeliz?

QE: Acha isso? Mas ele foi muito, muito feliz... Com certeza, tinha um humor excelente. Em especial, quando jovem, era muito feliz. Aos 16 anos, estudava em regime de internato no colégio Wrekin. Mandou uma carta dizendo que achava que não seguiria a carreira acadêmica. Encasquetou com a ideia de ser estilista de moda. Escreveu: "Já estou vendo vocês ficando horrorizados com isso". Mas quando ele veio nos visitar, falamos que de jeito nenhum ficamos incomodados ou horrorizados. Na verdade, imagino que poderíamos tê-lo levado a Paris para se tornar um aprendiz no ramo de design de moda, mas eu achava tudo isso muito distante de nosso modo de vida.

SG: Em vez de se tornar estilista, ele começou a cuidar dos negócios da família?

QE: Sim. Aos 17 anos. Brian teve muitas dificuldades ao ingressar nos negócios da família. Honesto demais, Brian odiava ser obrigado a vender algum produto que ele mesmo não aprovasse. Quando o assunto era decorar as vitrines, ele tinha ideias fabulosas. Teve alguns atritos com o avô dele. A onda era mobília contemporânea. Brian deve ter sido o primeiro a dispor os móveis de costas para a vitrine.

SG: Brian estudou em várias escolas diferentes.

QE: Na realidade, foi culpa da guerra. Quando estourou a guerra, em 1939, Brian tinha apenas 5 aninhos. Durante a Blitz, o Brian teve que operar o olho. Sabia que o Brian tinha um estrabismo gravíssimo? Uma coisa grave mesmo. O estrabismo de Brian deixava Harry e eu muito angustiados, em pleno bombardeio, e todo mundo perguntava: "Por que vocês se preocupam tanto com esse estrabismo?". Mas eu aguentei aquilo. Levei Brian ao hospital. Ah! Sabe, sequer me liberaram um leito. Mandaram buscar uma cadeira para eu me sentar. E tínhamos que ir até o abrigo antiaéreo porque a Blitz já havia começado. Todas as noites, eu descia ao abrigo e chorava.

SG: Mais tarde, Brian foi convocado para o serviço militar.

QE: Sabe, ele não descansou até conseguirmos um posto pra ele no setor administrativo. Brian ganhou de nós um carro bonito, e uma noite ele passou pelos portões do quartel, de carro bonito e chapéu-coco, a cobertura dos oficiais na época. As sentinelas no portão bateram continência. Quando se deram conta de que bateram continência a um soldado raso, ele foi para a detenção.

SG: Por que ele foi desligado como psicologicamente incapaz?

QE: Ele só estava sendo ele mesmo, eu suponho. O exército agiu muito mal. Mas, nessa época, ninguém comentava essas coisas. O exército nos ligou. Eu disse: "Bem, o que o meu filho tem de errado?". Eu estava sozinha em casa quando tocou o telefone. Eles disseram: "Pobre coitado". Meses depois, Brian nos contou. Não quero autopiedade, mas a situação foi bem difícil. Sabe, éramos judeus de classe média. Meu marido teve muita dificuldade para absorver. De minha parte, senti um horrível complexo de culpa, porque eu tinha a sensação de que deveria ter acontecido algo. Seja como for, viramos a página. E, a partir daí, eu senti que tudo o que Brian quisesse fazer, ele deveria fazer.

PETER BROWN: O Clive [irmão de Brian] tinha conhecimento do problema de Brian?

QE: Sim. Ele nos revelou tudo.

[*Brian foi alvo de um chantagista após um encontro sexual em um banheiro público. Com a ajuda de Brian, a polícia arquitetou uma armadilha. O homem foi detido e levado a julgamento. Ao longo do processo, Brian foi chamado de sr. X, seguindo os preceitos da lei inglesa. No fim, o chantagista acabou condenado à prisão, e Brian, à beira de um colapso psicológico, foi à Espanha para se recuperar.*]

QE: Ele passou umas cinco semanas de férias na Espanha. Fiquei preocupada quando ele voltou. Percebi que algo estava por vir. Eu sempre sabia, eu notava quando ele estava cansado de alguma coisa. Você se lembra de como foi terrível aquele inverno de 1962/1963?

SG: Brian consultou um psiquiatra? Não há nada de vergonhoso nisso.

QE: Desconfiávamos da psiquiatria na Inglaterra. Ele odiava.

SG: Foi ao psiquiatra por ser homossexual? Ou por ter sido espancado e chantageado? Isso deve ter causado muitos sofrimentos e traumas para ele.

QE: Sim. Como sabe disso? Ele tinha uns 23 anos na época.

SG: Queenie, você sabia que o Brian tomava tantos comprimidos?

QE: Bem, eu sabia que ele tomava pílulas para dormir. E eu sabia que ele tomava Dexedrina. Ah, você vai querer tocar nesse assunto... nesses últimos 10 dias? Harry [o pai de Brian] sofreu um infarto. Após a morte de Harry, Brian fez tudo ao alcance dele para me deixar muito feliz. Sei que isso vai soar uma tolice, mas ele falou que adorava morar comigo. E eu falei: "Bem, Brian, você saiu de casa e está feliz". Essa era a única coisa que o Harry e eu queríamos saber. Brian era muito ansioso. Mas daí o Brian alugou pra mim um apartamento em Londres. Nos últimos dez dias... foi verdade... todo aquele cacau. Chocolate quente. Ele trouxe isso de volta. Todas as noites, eu o levava para jantar fora.

SG: O fato de ele ter descoberto os Beatles e ter se tornado uma celebridade internacional tão amplamente admirada... acha que isso aliviou alguns dos sentimentos ruins que ele tinha em relação a si mesmo?

QE: Sim, claro! Não acha?

SG: No fim de semana em que morreu, Brian esperava visitas na casa dele em Surrey e o pessoal cancelou. Ficou chateado com esse cancelamento. Acha que isso pode ter desencadeado uma depressão nele?

QE: Sim. Com certeza. Daí ele voltou, voltou [a Londres], e acho (tenho quase certeza) – acho que eu deveria ter ficado nesse último dia. Brian deixava recadinhos para mim... quando ele se envolveu a primeira vez com os Beatles: "Não perturbe, por favor".

SG: Acha que foi suicídio ou acidental?

QE: Nunca vou saber.

PB: Não tenho qualquer dúvida de que nessa ocasião em particular foi um engano.

SG: Freud diz que não há enganos.

QE: Bem, existem pedidos de ajuda. Meu psiquiatra me disse... mas simplesmente não percebi. Sempre tive a sensação de ter fracassado com Brian. Mas ele foi um homem incrivelmente maravilhoso. Na noite em que o pai dele morreu – foi repentino demais, acordei e me deparei com ele morto... Na noite em que o pai dele morreu, Brian veio até mim e disse: "Preciso de você muito mais do que você precisa de mim". Mas sempre tive a sensação de ter fracassado com ele. Bem, eu gosto de fazer o máximo que eu posso, porque ainda sinto que... Sei lá. O pessoal me diz que Brian era muito querido, mas quero que disso só resultem coisas boas.

NAT WEISS

Diretor da NEMS nos EUA (onde a empresa se chamava Nemperor), Nat Weiss era um dos poucos amigos íntimos de Brian e também um sábio conselheiro. Um dos principais advogados do universo musical, conhecido por sua integridade e habilidade, Weiss também era um solucionador de problemas. Bem-sucedido quando atuava como advogado de divórcios, tinha o dom de negociar situações delicadas, inclusive a tentativa de chantagem sofrida por Brian em 1966, na última turnê dos Beatles. Ele tinha conhecido Brian Epstein dois anos antes, por intermédio de um amigo em comum, num coquetel privado no Plaza Hotel.

NAT WEISS: Brian falava comigo, mas sem prestar atenção. O olhar dele focava um rapaz no outro lado da sala. Mas jamais tomou iniciativa. Brian era péssimo para caçar parceiros. Nunca pegava ninguém. O pessoal vivia me perguntando sobre ele ser homossexual, e eu comentava: "Ele é o pior homossexual do mundo". Tipo, realmente não conheci homossexual menos predador do que ele. Só voltei a me encontrar com Brian semanas depois. Hospedou-se no Plaza e me convidou para o café da manhã. Batemos um papo, e daí o Brian me perguntou se eu poderia ajudá-lo com um problema. Meses antes, um moleque chamado John [Dizz] Gillespie o havia roubado. Gillespie pôs uma faca na garganta de Brian e levou a grana. Esse tal de Gillespie era americano, mas Brian o conheceu na

Inglaterra. Veio à Inglaterra, teve um caso com Brian, roubou a grana dele, viajou à Califórnia, voltou e fez as pazes. Brian gostava muito dele, por isso o perdoou. Na visão de Brian, o relacionamento com Gillespie era sério. Em minha vida adulta já me deparei com tudo que é tipo de vigarista... Mas esse Gillespie era um expert. Ali estou dando ouvidos a Brian sobre o tal vigarista. Ele andava preocupado, pois naquele verão tinha uma viagem prevista aos EUA, para acompanhar a turnê dos Beatles. Brian me falou: "Olha só, não quero vê-lo", porque a turnê dos Beatles estava se aproximando. A primeira turnê grande, a do Shea Stadium, a turnê de 1965. Brian falou: "Quero que você o tire do meu caminho. Não quero que ele apareça na turnê". Então fui me encontrar com o tal garoto, o Gillespie. Uma gracinha. Moreno e bonito. Na época, ele tinha uns 20, 21 anos. Logo protestou, dizendo: "Eu amo Brian, sabe" e "Não quero nada de Brian". Mas daí ele disse: "Bom, se eu tivesse um carro, porque afinal de contas ele tem muita grana, e eu só quero um carro". Sujeitinho calculista. Brian era uma pessoa muito crédula, sabe? Mas eu simplesmente encarava esse moleque, sabe, como alguém que saiu da rua 54 e que deu sorte. Levei a proposta ao Brian, e o Brian me deu 3 mil, que repassei a Gillespie. Quando o Brian e os Beatles chegaram a Nova York, instalamos o Gillespie no Warwick Hotel, e eu o mantive ali, trancado a sete chaves, até Brian sair da cidade.

Depois do show no Shea Stadium, Brian passou a noite inteira acordado no meu apartamento. Fez uma coisa da qual nunca me esquecerei. Deixou o meu número pra que fossem encaminhadas todas as ligações pra ele no Waldorf Towers ao meu telefone residencial. Quem ouvia rádio sabia que Brian Epstein estava hospedado no Towers. Ora, o telefone não parou de tocar. E lá estava o Brian, sentado, se divertindo à beça com todas aquelas ligações entrando. Atendi uma e era um fã de Nova Jersey, ansioso por dar um Cadillac aos Beatles, e Brian comentou: "Ah, veja primeiro se é de ouro". Sabe, o Brian ficou ali, só fazendo todos esses comentários de bate-pronto.

Nesse meio-tempo, um pesadelo. Brian começou a dizer: "Veja alguns truques para levarmos ao Shea Stadium". Ali estou em meio à confusão de encontrar truques, o pesadelo do Shea Stadium e os telefonemas [risos]. Tudo isso ao mesmo tempo. O mais incrível em relação a Brian é que ele ficou dando risadinhas a noite inteira, e do nada a gente via um Brian totalmente formal, com aquele ar afetado, como se você não o conhecesse antes. Era como se a cortina caísse e erguesse de novo.

Dizz Gillespie sumiu do mapa até ressurgir em agosto de 1966. Os Beatles faziam uma turnê pelos EUA, e Brian e eu estávamos hospedados no Beverly Hills Hotel. E eis que, surpresa, aparece ninguém menos que John Gillespie. Em vez de ficar receoso, Brian se delicia com a ideia. Brian me confidenciou: "Sei que ele me ama de verdade, e é por isso que está aqui". Brian era o tipo de pessoa que... você não tinha coragem de dizer a ele: "Ele não te ama". A gente sempre queria satisfazer a fantasia de Brian, porque se falasse a verdade ele ficaria horrivelmente deprimido.

Brian era sensível como uma coluna de mercúrio. Uma palavrinha errada fazia o ânimo dele despencar num piscar de olhos. E ele afundava. Uma palavrinha errada bastava para deixar Brian instantaneamente contrariado. E ai de quem duvidasse dos instintos dele. Ouvia dele uma de duas frases: "Você está enganado" ou "Você está com raiva". E mergulhava na depressão. Por isso, a gente não conseguia ser honesto sobre certas coisas, para não o desiludir.

Mas esse lance com o Gillespie ficou muito sério. Os Beatles alugaram uma casa em Beverly Hills, um casarão, e Gillespie, eu e Brian passamos o dia na casa. Os Beatles foram a São Francisco fazer aquele último show, no finzinho de agosto. Durante a tarde, Brian falou: "Tenho um anúncio a fazer. Esta noite será a última vez que os Beatles vão fazer um show". Ele declarou isso só para quem estava na casa aquele dia, só para Gillespie e eu.

SG: Por que o Brian não compareceu ao último show?

NW: Ele não estava disposto a isso. Sequer foi ao Dodger Stadium. Simplesmente não quis ir. Nem havia necessidade da presença dele. Na manhã seguinte, quando voltamos ao Beverly Hills Hotel, Brian e eu notamos que as nossas pastas haviam desaparecido. Além de 20 mil dólares em dinheiro vivo, a valise de Brian continha frascos de Seconal e Valium, e [alguns] analgésicos, pelos quais ele começava a se interessar. Gillespie furtou também algumas recordações dos primórdios dos Beatles; Brian sempre levava junto um telegrama ou uma carta de aceitação. Brian sempre carregava essas coisas com ele na valise. Na minha valise, eu não tinha nada. Uma papelada e uns doze dólares.

Brian ficou muito chateado por ter sido roubado e enganado outra vez por Gillespie. Voltando a Londres, mergulhou numa forte depressão, logo após a derradeira turnê. Nessa época, ele afundou mesmo numa depressão extrema. Não quis fazer escândalo nem publicidade sobre a coisa toda. Mas, quem diria, três dias depois, recebo de Dizz um pedido de resgate no valor de 10 mil dólares para devolver a valise de Brian e o material que ela continha. A valise seria deixada na rodoviária de Los Angeles. Mas não foi o Gillespie quem apareceu na rodoviária; foi outro moleque. Ele nos levou até a valise com um frasco vazio de Seconal, mas com apenas 12 mil. Ao que parece, Gillespie pegou 8 mil e comprou um carro [risos].

ALISTAIR TAYLOR SOBRE A MORTE DE BRIAN

STEVEN GAINES: Você foi pego de surpresa pela morte de Brian Epstein?

ALISTAIR TAYLOR: Com certeza, eu não contava com isso. Ele tinha ameaçado, uma ou duas vezes. Nesse aspecto, eu não era tão íntimo de Brian, como provavelmente Peter [Brown] e outras pessoas. Mas sei que algumas vezes... Tipo, uma vez ele ligou e disse... disse que estava farto e que ia cometer... Eu me lembro de ter saído correndo e lá estava ele, sentado. E ele falou: "Por que diabos veio aqui? Seu tolo".

A morte de Brian foi estranhíssima, porque na semana anterior tivemos uma briga feia. Naquela época, o Robert Stigwood [suposto parceiro de Brian na NEMS] estava conosco. Ele atuava como empresário da banda Cream, e eles iam tocar no Fillmore em São Francisco e pegar o voo domingo de manhã. Na sexta-feira, eu disse ao *road manager*: "Tem os seus A-2 na mão, certo? Os vistos de trabalho?". Não tinham providenciado nada. Então falei: "Jesus, nosso Senhor. Sabe, vocês não vão passar nem pelo aeroporto". Tive que ir até a embaixada americana para resolver o problema. Na realidade, convenci-os a abrir a embaixada americana em plena manhã de domingo. Robert Stigwood falou: "Acho melhor você acompanhar a banda". Eu disse: "Nem pensar. Só com a permissão de Brian". No dia seguinte, por volta das cinco horas, achei um telegrama por baixo da porta. Guardo ele até hoje lá em casa. Dizia: "Sob hipótese alguma você partirá aos EUA. Epstein". Fiquei fulo da vida. Agarrei o telefone. Eu estava uma fúria. "Após todos esses anos", eu disse a Brian. "Como se eu estivesse tentando descolar uma viagem para os EUA!" Ele pediu desculpas. Eu disse: "E agora, eu vou a São Francisco ou não?". Ele disse: "Não vai. Definitivamente, não vai. Preciso de você aqui". Eu disse: "Beleza. Continuamos amigos? Sim? Passe bem".

Às duas da madrugada, toca o telefone. "Alistair, aqui é o Brian. Você não ia adorar estar em São Francisco amanhã?". Eu disse: "Meu Deus, Brian, você deve estar de brincadeira". Ele disse: "Eu ia adorar que você fosse. Vai gostar muito. Fique por lá alguns dias. Vou ficar contente. Tchau-tchau". Típico de Brian. Lá estou eu no aeroporto naquela manhã, tomando café, e quem entra pela porta? O Brian! "Eu vim aqui me despedir de você e desejar boa sorte", disse. Ele sentou à mesa e conversamos. Desculpou-se de novo pela discussão e disse que falou as coisas da boca pra fora. Desde aquele dia, isso me deixou intrigado. Só fui chegar em casa na manhã do domingo seguinte. A secretária de Brian me liga. Tinham achado Brian morto, e ela não conseguia encontrar Peter Brown nem Geoffrey Ellis, porque estavam fora da cidade, então eu era o próximo da fila. Brian estava lá, deitado. Na gigantesca cama de casal, Brian meio enrodilhado, e umas correspondências por perto. Um prato com biscoitos de chocolate e meia garrafa de bitter de laranja, alguns frascos de comprimidos, com comprimidos dentro, e ele parecia apenas adormecido.

Chegou o médico e logo telefonou ao gabinete do investigador. Dez minutos depois, toca a campainha. Um repórter. Em dez ou quinze minutos já tinha um repórter tocando a campainha. Qual jornal chegou primeiro? Acho que alguém do [*Daily*] *Express*. Obviamente, alguém no gabinete do investigador deve ter recebido umas quinze libras. Não que isso não seja algo comum, não mesmo. Para ser sincero, não me surpreendi nem um pouco. Em seguida vieram outros. Depois não parava mais de chegar repórteres. Eu ia atender a porta, e eles diziam que tinham ouvido falar que Brian estava doente. "Não", eu falava. "Acabou de sair para tomar um ar fresco."

O maior pânico foi tentar entrar em contato com o irmão de Brian, Clive Epstein, em particular, para ele dar a notícia a Queenie em primeira mão. Bateu o pavor quando notamos o risco. E se a notícia vazasse na imprensa e algo fosse transmitido pelo rádio, e Queenie ouvisse? Seria horrível. Clive, o irmão de Brian, estava lá em Liverpool. Nunca vou me esquecer dessa ligação até o dia em que eu morrer. Uma coisa assustadora. Ah, quando tento me lembrar... eu não tinha palavras, para ser sincero. Clive atendeu ao telefone e falei de chofre: "O Brian sofreu um acidente terrível". Ele perguntou: "Qual é o problema? Ele está bem?". E respondi apenas: "Ele está morto". Clive deixou escapar um grito, que eu escuto ainda hoje. Eu disse: "A imprensa está aqui". Aquela ligação foi horrenda.

PETER BROWN SOBRE A MORTE DE BRIAN

NO DIA SEGUINTE AO FUNERAL DE BRIAN, Paul insistiu para que fizéssemos uma reunião. Pensei que era muito precoce. Mas cada um de nós lida com o luto à sua maneira, e a de Paul era carregar o peso nos ombros. Creio que ele receava que, sem Brian, a banda acabasse desmoronando, sem ninguém para os manter ocupados. Eu queria evitar que a mídia nos visse chegando ao escritório para uma reunião no dia seguinte ao funeral de Brian. Por isso, marcamos a reunião para o flat de Ringo em Londres.

Estiveram presentes apenas os liverpudlianos originais: John, Paul, George, Ringo, Neil Aspinall, Mal Evans e eu. A intenção de Paul era não permitir que a morte de Brian cortasse o embalo ou prejudicasse o sucesso do *Sgt. Pepper*. Tínhamos que decidir logo os próximos passos, para não dar a impressão de estarmos atrapalhados. Paul já concebia um programa de TV sobre um ônibus lotado de uma coleção excêntrica de personagens, mistura de Ken Kesey com Roald Dahl. Mas só Paul aprovou e, quando a discussão esquentou um pouco, sugeri uma pausa para o café.

Fui até a janela, olhar fixo na rua. Do nada alguém se aproximou por trás de mim e me deu um abraço. Era o John. Ele indagou:

"Tudo bem com você?"

"Na verdade, não", respondi.

"Nem eu, Peter. Nem eu."

ALLAN WILLIAMS

Dono de um clube noturno em Liverpool, Allan Williams promovia shows e contratava grupos de rock and roll para os clubes locais. Foi ele o responsável por agendar as primeiras temporadas para os Beatles em clubes de Hamburgo, na Alemanha, no sórdido distrito da luz vermelha da cidade. E Williams também foi o primeiro a se arriscar como empresário dos Beatles. Não deu certo. Ele alega que não recebeu a comissão. O conselho que deu a Brian Epstein ficou famoso: "Eles não são flor que se cheire". William conta os bastidores no livro The Man Who Gave the Beatles Away *[ainda inédito no Brasil,* O homem que abriu mão dos Beatles, *em tradução livre].*

ALLAN WILLIAMS: Acho que os anos 1960 foram a década mais mágica deste século. Os anos 20 foram dos ricos, certo – os alegres e loucos anos 20 –, e os anos 30 foram da Grande Depressão. Mas os anos 60 foram para todos. Sem barreiras de classes ou de raças... A galera *flower*, por exemplo. Tinha gente milionária envolvida. E a coisa afetou todo mundo. Desde então, eu diria que os anos 70 floparam, e os anos 80 não empolgam ninguém.

STEVEN GAINES: No seu livro de memórias, *The Man Who Gave the Beatles Away*, você retrata os Beatles como artistas picaretas. Eram isso mesmo?

AW: Sim, em especial o John, que era um pouco brutal. Naquela época ele era um cara meio cínico. Hoje creio que ele está melhor, já amenizou bastante.

PETER BROWN: Nem tanto.

AW: Não mesmo? Sabe como é, de todas as pessoas, ele teve que enfrentar umas barras. Ou muita gente no meu livro pensa que ele enfrentou umas barras pesadas. Mas é como o John se comporta. O comportamento dele é ultrajante. E digamos que Paul costumava colocar panos quentes. Mas, de todas as pessoas, só o John, de todos os Beatles, afirmou que o meu livro é o único que passa uma visão autêntica do que era ser um Beatle nos primórdios da banda. Por esse motivo, eu o admiro.

SG: É verdade que você escreveu sobre uma travesti que você conheceu em Hamburgo e que, segundo você, transou com alguns dos Beatles?

AW: Na real, ela afirmou com todas as letras que transou com John Lennon, mas, sabe, eu não ponho a mão no fogo, porque os Beatles são mentirosos descarados. Veja só, fazia parte da diversão dos anos 60, quando uma banda nova chegava a Hamburgo, essas travestis eram tão lindas... eles não sabiam. E, claro, elas tinham seios. E não tinham barba. Uma inclusive era parecida com a Veronica Lake. Todo mundo ficava vidrado nela. Natural que os rapazes vindos de Liverpool ficassem um pouco desconcertados. Nunca tinham visto algo parecido.

Hamburgo era o turbilhão do vício na Europa. E, claro, os Beatles foram tragados pelo redemoinho. Nos EUA, muita gente acha que os rapazes eram todos bem-vestidos, vestidos com terninhos, mas em Hamburgo testemunharam tudo que é degradação possível. Hamburgo foi a escola deles. Em Hamburgo, foram apresentados à bebida, aos comprimidos e a tudo mais. Começaram a tomar anfetaminas. As pílulas estavam em voga, e nem mesmo a *Cannabis* era tão popular naquela época. A maconha veio depois, lá por 64.

SG: Se bem que a Cilla Black afirmou que eles fumavam maconha ainda no Cavern Club.

AW: Como eu ia dizendo, caíram na armadilha em Hamburgo. Ficavam bêbados e viam aqueles seios balançando... E claro que as travestis sempre tinham uma voz de Marlene Dietrich. Diziam aos meninos: "Como você é bonito. Gostaria de ir pra cama agora?". E, claro, pensavam que era o dia de sorte deles, e iam pra cama, e em geral... E daí ficávamos todos lá fora [risos], esperando o rugido de raiva. Só que às vezes não acontecia, eles ficavam [risos].

SG: Mas foi essa travesti de Veronica Lake que disse que dormiu com John?

AW: Pois é. Ela que falou que transou com o John.

SG: Em Liverpool os meninos eram mulherengos?

AW: Sim, eu diria que sim. Eram muito promíscuos. Muito promíscuos.

SG: Você avisou Brian para não se tornar empresário deles. Eles não pagaram a comissão combinada, foi isso que aconteceu?

AW: Steven, o que aconteceu foi que, na primeira vez que foram a Hamburgo, tocaram no Kaiserkeller, clube de um sujeitinho desagradável, o Bruno Koschmider. Esse clube do Koschmider era um típico ambiente de showbiz, com decoração de barcos a remo e bar feito com madeira de navio. E o palco lembrava um convés. Que um dia eles destruíram porque era horrível.

SG: Os Beatles?

AW: Sim. Hamburgo desempenhou um papel importante na formação da carreira deles. Cumpriram seu estágio de treinamento em Hamburgo. Em Liverpool, para ser sincero, eram um grupinho de bosta. Quase nunca tiveram um baterista consistente. E basta você ouvir as fitas de Hamburgo para notar como eles tocavam mal.

SG: Mas você disse que Hamburgo foi como um aprendizado.

AW: Aprendizado para a vida. Conheceram gente rude. Não estou dizendo que não tiveram lá suas noites. A maioria das bandas voltava de Hamburgo com um pouco de "sangue verde" [risos]. Levei um pito da sra. Best, a mãe do Pete Best, não soube? Ela fez uns comentários interessantes. Por fim, mandou um advogado me intimar, porque supôs que eu estava alegando que os Beatles consumiam drogas. E falei que não. Eu tinha falado apenas em termos gerais. Eu nunca falei nos Beatles. Mas ela ficou muito chateada e tentou bloquear o lançamento do livro.

BOB WOOLER

Wooler atuou como disc jockey, mestre de cerimônias e dono de um restaurante em Liverpool. Acompanhou a carreira dos Beatles desde quando eram uma das centenas de bandas que tentavam chamar atenção em Liverpool. Entrou para os anais como o cara que John Lennon espancou por ter difamado as férias de John e Brian na Espanha. A entrevista a seguir é um sucinto retrato de um homem sempre assediado pela imprensa em busca de informações sobre os Beatles. Na entrevista, ele menciona merecer um "cheque polpudo".

BOB WOOLER: Se tem algo novo pra contar? Sim, tem coisa nova pra contar, porque ninguém contou a história, tim-tim por tim-tim. É meio como *Cidadão Kane*. Você encara essa entidade de ângulos distintos, e por isso ela se torna ainda mais fascinante.

STEVEN GAINES: Quando começou a trabalhar como disc jockey?

BW: Eu era frustrado como servidor da rede ferroviária. Quem não é? Louco de vontade de me tornar um compositor, e surge o cenário do skiffle. Estamos em 1956. Uns colegas do escritório formam um grupo de skiffle. Dei força a eles, agendei umas datas de shows e, aos poucos, fiz eles migrarem ao "circuito jive". Em todos os aspectos, os Beatles foram precursores. Liverpool tinha umas 350 bandas, e todas faziam parte dessa diversidade chamada Merseybeat. Eu sentia que essas bandas subiam ao palco e ninguém sabia quem eram. Era uma pena que o *promoter* não se dignava nem a pegar o microfone e fazer a apresentação. Então comecei a assumir esse papel. E daí em diante, passei a ganhar mais trabalhos. Até que, em dezembro de 1960, acabei abandonando meu emprego como ferroviário. Mais tarde, consegui um trabalho fixo no Cavern. Também conheci os Beatles. Por coincidência, eles estavam no mesmo barco, recém-deportados de Hamburgo.

SG: Por que tinham sido deportados?

BW: Foram acusados de atear fogo a um cinema. Conheci os Beatles em seus primórdios, no Jacaranda, o clube-cafeteria de Liverpool, pertencente a Allan Williams. Agendei para eles uma data no Liverpool Town Hall, show cantado em prosa e verso. Pedi um cachê de oito libras e nos contentamos com seis. Então isso dava uma libra por pessoa, porque os Beatles eram um quinteto... O Neil Aspinall, sabe, o motorista... Então foi uma libra por pessoa. Era esse o tipo de grana que recebíamos na época. Mas aquela noite no Liverpool Town Hall foi uma reviravolta, sabe? Não usávamos ainda o termo *Beatlemania* (que surgiria em 1963, cunhado pela imprensa). Mas na verdade esse foi o pontapé inicial de grandes façanhas. Aquela noite alcançou uma histeria e uma febre sem precedentes. E a partir daquele momento, não pararam mais de evoluir. Eu os levei ao Cavern, onde fizeram 292 shows. Esse é o número registrado. Muita gente me pergunta: "Quantas vezes os Beatles já tocaram aqui?". Daí resolvi conferir meus registros e somar o número de shows. E o número correto é 292. Também acompanhei shows deles em outros locais, então, no total, calculo que fiz cerca de 450 shows com os Beatles nesses três anos, os anos de treinamento em Liverpool. O pessoal nem pensa em algo como, por exemplo, quem é que estava naquele porão do Cavern? Estavam naquele porão. Imagine uma daquelas sessões ali, na hora do almoço. E eu ali, no prato, na época era só um toca-discos, e eu ali no microfone.

SG: Pode nos contar o famoso incidente em que John Lennon acertou um soco em seu nariz?

BW: Bah, já me fizeram essa pergunta muitas e muitas vezes, e a resposta sempre foi não, então me desculpe, nessa vou ter que decepcioná-lo. Não vou falar desse assunto.

SG: Posso contar o que ouvi falar?

BW: Olha só, não quero saber, na verdade, porque só estou interessado no meu relato, OK? Puxa vida, você está insistindo nisso de um modo bastante provocativo. Que vergonha.

SG: Vou escrever sobre o assunto e prefiro que você nos dê os fatos e esclareça as coisas. Não quero citar coisas incorretas.

BW: É mesmo? Vai escrever sobre isso? Acha o assunto importante?

SG: Não de uma importância crucial, mas já que aconteceu e houve um acordo...

BW: Houve um acordo? O livro é sobre isso? Certas pessoas acham que podem tirar proveito financeiro disso, mas, ao mesmo tempo, correm o risco de levar um processo. Sabe, eu fico me perguntando o que os Beatles vão achar desse livro finalizado. Peter, acha que continuará sendo amigo dos Beatles?

PETER BROWN: Sei lá. Talvez eu continue.

DICK JAMES

Na indústria fonográfica, Dick James foi uma das primeiras pessoas com quem Brian e os Beatles tiveram contato pessoal. Nascido Reginald Leon Isaac Vapnick, Dick James mais parecia a versão hollywoodiana de um editor musical dos anos 1950 – careca, baixinho, armação dos óculos preta e grossa, charuto entredentes. Ex-vocalista de grupos de baile, ele compôs e cantou um hit: a canção-tema de Robin Hood, *produzida por um jovem e inexperiente funcionário fixo da Parlophone Records, George Martin. Dick James havia recentemente entrado no mercado da publicação musical. Teve muita sorte por ter conhecido Brian em 1963, quando Brian ansiava por encontrar uma editora musical. A transcrição da entrevista dele realça a florescente indústria editorial musical na década de 1960 e como as novas tecnologias a transformavam.*

Dick James formou, com John Lennon e Paul McCartney, a empresa Northern Songs Ltd., da qual possuía 50%. Na época, eram 50% de quase nada, mas mesmo assim foi um deslize da parte de Brian Epstein concordar em ceder a James metade daquela que se tornaria uma das maiores parcerias de composição musical da história, com um catálogo bilionário. A favor de Brian, a música moderna estava se inventando como negócio, e não existiam muitas diretrizes ou precedentes a serem seguidos. Mesmo assim, ao assinar com os Beatles, em vez de normalmente adiantar uma parte dos royalties ao novo grupo, ele emprestou-lhes dinheiro "a juros baixos", afirmou, para que comprassem trajes novos. Sete anos depois, ao farejar a turbulência entre os Beatles, James vendeu o catálogo. Assim, os Beatles perderam o controle sobre os direitos de publicação de suas músicas. A transcrição a seguir traz a versão de Dick James, e ele prometeu que esta seria a última vez que ia contar essa história.

DICK JAMES: Conheci o Brian por volta de novembro de 1962. Eu tinha composto uma canção e [o produtor musical] George Martin me falou: "Estou fazendo umas experiências com uma banda de Liverpool. Vou enviar sua canção a eles". Fui ao escritório dele para ouvir essa canção minha, gravada pelos Beatles, e George Martin me indagou: "O que é que você acha?". Eu disse: "Horrível. Um crime".

Ele disse: "Se quiser, eu a coloco no lado B". Depois tocou "Love Me Do", e falei: "Bem, é razoável, mas não gostei muito. Não tem melodia. Nada que possa durar, sabe? Não passa de um riff".Também fizeram "P.S. I Love You", que ele transformou no lado B.

Avance agora para o final de junho, quando "Love Me Do" foi lançado. O mundo não se abalou. Acho que alcançou o número 19 das paradas. Por volta de novembro, recebi uma ligação. Era George Martin. "Dick, os Beatles chegaram ontem com novas composições, algumas muito boas. Vou te apresentar o empresário dos Beatles, Brian Epstein. Ele está atrás de uma editora para trabalhar no próximo disco deles." As gravadoras fecharam as portas a ele. A maioria dos editores não teve oportunidade de escutar o material. Daí ele dá o play na fita e escuto "Please Please Me". Na hora eu pergunto: "Quem compôs isto?". E o George Martin: "John Lennon e Paul McCartney, dois meninos da banda". Eu digo: "Os mesmos que fizeram 'Love Me Do'? A canção é bem diferente, é fantástica. Vai chegar ao número um. Se tivermos as oportunidades, deve alcançar o topo das paradas".

O próprio Brian assinou o contrato de publicação, porque tinha procuração para assinar se fosse uma canção única. Mas quando chegou a hora de John Lennon e Paul McCartney assinarem com a editora, que se chamaria Northern Songs, Paul tinha menos de 21 anos.

O pai dele, Jim McCartney, levantou uma objeção ao fato de ser uma editora londrina. Disse a Brian: "Por que ele não pode publicar com uma editora de Liverpool?". Brian respondeu: "Ora, pela simples razão de que não existe nenhuma. Você sabe disso. E não tem nenhuma em Manchester, e não tem nenhuma em Birmingham. Todas as editoras musicais são de Londres".

Jim bateu pé e se recusou a assinar. Eu me lembro de John dizendo a Paul: "Vamos lá, assine o maldito papel". Brian falou: "Não pode, não tem 21 anos. É assim que se faz". Paul questionou: "Podem ter um pouco de paciência? Em junho eu faço 21. E no dia em que eu fizer 21 anos, assino o contrato".

Tudo que veio após "Please Please Me" e "Ask Me Why" foi para o catálogo da Northern Songs, com 50% pertencentes à Dick James Music. Os outros 50% eram divididos assim: 20% de John Lennon, 20% de Paul McCartney e 10% da NEMS. O que refletia mesmo a comissão de 25% de Brian nos Beatles.*

SG: Por que você acabou não dando um adiantamento aos Beatles?

DJ: Um compositor picareta que vendia canções de editora em editora recebia em geral um adiantamento de cinco ou dez libras. Sabe, você fazia uma refeição por cinco libras ou comprava um terno com dez libras, coisa impossível de fazer hoje em dia. Não houve qualquer adiantamento na ordem de milhares de libras. Após uns quatro meses, quando começaram a fazer muito sucesso, demorava vários meses para o dinheiro passar pelo sistema, da gravadora até a editora, e depois pela

---

* Da forma como Dick James contabilizava os Beatles, ele recebia royalties em dólares nos EUA e pagava a eles 50%. Mas era dono integral de uma empresa de Nova York com um contrato de subpublicação com sua própria empresa na Inglaterra. Todas essas empresas pertenciam a Dick James e à Dick James Organization. Embolsava cinquenta centavos aqui, remetia cinquenta centavos e pagava aos Beatles 50% do que recebia na Inglaterra (50% dos 50%).

contabilidade. Daí Brian disse: "Os meninos querem comprar trajes novos e alguns equipamentos. Pode arranjar um dinheiro para mim?".

Respondi: "Bem, eu também não recebi nada ainda. Mas vou dar um jeito [de emprestar]". E vamos ser sinceros. Naquela época emprestar dinheiro também não era esperado. Pegaram o dinheiro emprestado da Dick James Music, a juros baixos, £ 10.000. Dez mil libras era uma boa grana, equivale a umas £ 100.000 de hoje. Um banco não faria isso. Segurança nenhuma. Na época, os catálogos não eram segurança. E tudo em questão de uma semana.

PETER BROWN: Foi em um mês.

SG: Acha que o fato de os Beatles nunca terem recebido um adiantamento, ou de você ter cobrado juros sobre o "empréstimo", ou de ter 50% sobre o valor das publicações deles, isso causou alguma animosidade entre você e eles?

DJ: Não. Isso não foi a base do que mais tarde, infelizmente, gerou uma certa animosidade. As ações flutuaram. Ficamos com... acho que com uns 36%. A minha intenção era fazer a Northern Songs crescer. Eu sempre tocava no assunto com Brian, mas ele andava sempre muito ocupado. A essa altura, vários meses antes de ele morrer, a pressão sobre ele era enorme. Não vou ficar inventando desculpas sobre como ou por que ele morreu. Sabe, ele morreu, e foi uma coisa trágica. Sei que foi um acidente... [apesar de] seja lá o que as pessoas pensam. Na realidade, fui um dos primeiros pra quem Joanne, a secretária de Brian, ligou. E eu meio que avisei a família etc. etc. Fui um dos primeiros a saber. *[Não é verdade.]*

Simplesmente incrível ter acontecido isso. Mas ali está o empresário dos Beatles, Gerry and the Pacemakers, Billy J. Kramer e Cilla Black, gerenciando uma organização quase impossível de controlar. Dá pra entender o quanto a pressão sobre alguém vai aumentando, e ele simplesmente não conseguiu escapar da pressão.

GEOFFREY ELLIS

"O homem do terno", Geoffrey Ellis dirigia o lado comercial dos Beatles na NEMS. Ninguém associado aos Beatles tinha melhor visão geral dos negócios e das finanças da banda. Era ele a pessoa que assinava os cheques e cuidava da loja. Quer conhecer um homem? Repare na carteira dele.

Foi em Liverpool, sua cidade natal, que Ellis conheceu Brian Epstein. Advogado formado em Oxford, passou uma década no setor de seguros em Londres e Nova York, antes de Brian lhe oferecer um emprego na NEMS. Logo ao entrar na empresa, Ellis descobriu que Brian havia cometido um erro que custou caro aos Beatles.

Em 1964, todos os dias chegavam ofertas de endossos e produtos, como lancheiras, bonecos bobblehead, perucas dos Beatles e babadores para nenéns. No universo musical, o merchandising e os endossos eram um comércio totalmente inovador. Brian consultou o advogado David Jacobs, que representava Judy Garland e Liberace, entre outros. Jacobs aconselhou Brian a abrir uma empresa só para lidar com o licenciamento nos EUA, e recomendou um amigo dele, Nicky Byrne, ex-dono de clubes noturnos, para gerenciá-la. A empresa ganhou o nome de Seltaeb, ou seja, Beatles escrito de trás para a frente. Byrne realizaria todo o trabalho, desde as vendas até a remessa, e, sem mover uma palha, os Beatles ficariam com 10% dos lucros.

Para Brian, a oferta soou justa; no setor fonográfico, um royalty de 10% seria atraente. Brian ficou muito feliz ao receber o primeiro cheque, no valor de US$ 9.700. Só então caiu a ficha de que a Seltaeb havia arrecadado

US$ 97.000. A proporção deveria ter sido invertida, com os Beatles ficando com 90% das vendas. Brian abriu mão de dezenas de milhões, talvez centenas de milhões em merchandising. Passou meses sem contar aos Beatles sobre seu erro, temendo a reação deles. Cabisbaixo, enfim revelou isso numa reunião. John o consolou dizendo: "Não é grande coisa, Brian".

GEOFFREY ELLIS: Quando me encontrei com Brian em Liverpool, ele me disse que estava agenciando esse grupo maluco – deve ter sido por volta de 1962 –, como todo mundo, pensei que era uma doideira. Eu me lembro da mãe dele comentando: "Você tem que tirar essa ideia da cabeça". Brian me falou que estava transferindo a empresa dele, a NEMS, de Liverpool a Londres, e que não gostava da parte administrativa. Cercado de pessoas ansiosas para trabalhar com ele, não confiava em nenhuma delas. Muita gente só queria ganhar dinheiro rápido [com os Beatles]. No entanto, para Brian, os Beatles eram a sua vida. Ele me perguntou se eu poderia trabalhar com ele e respondi: "Você está doido". No fim das contas, ele melhorou a proposta, e ela se tornou parcialmente interessante do ponto de vista financeiro, porque estávamos no ápice da Beatlemania, uma loucura. No que diz respeito aos negócios – ao escritório e à administração –, ele criou uma espécie de pesadelo. Tudo necessitava de controle. Contratar e demitir, contas bancárias, fluxo de caixa, tudo isso precisava ser administrado e controlado.

STEVEN GAINES: Brian tinha mais talento como *showman* do que como gestor de empresas?

GE: Como negociador, ele tinha um talento considerável, mas não tinha pendor para ficar lá sentado, fazendo todas aquelas tarefas administrativas. Tipo assim, ele entrava no escritório e dizia: "Que cheque é este que você está assinando?". E em seguida analisava o panorama inteiro. Ele sabia onde estava pisando.

SG: Mas a Seltaeb, o acordo de merchandising nos EUA, foi um grande equívoco. Perderam dezenas de milhões de dólares. Como foi que isso ocorreu?

GE: Foram concedidos direitos de merchandising iguais, talvez inadvertidamente, a mais de uma área. A situação era esta: os direitos de merchandising mundial poderiam ter sido concedidos a uma empresa inglesa de relógios, por exemplo. Daí quando a Seltaeb concedeu os direitos exclusivos na América do Norte a outra empresa para várias categorias de merchandising, os direitos sobre joias também foram concedidos, e então eles subcontrataram uma empresa em Chicago para fazer joias dos Beatles. A firma de Chicago fabricava relógios, vendia nos EUA e exportava para a Grã-Bretanha. Na real, ninguém se sentou numa sala e falou de modo fraudulento: "Você tem o direito exclusivo de vender relógios mundo afora". Havia mal-entendidos, falta de comunicação. Quando a fábrica de Chicago, que pensava ter adquirido direitos mundiais, descobriu que alguém vendia relógios na Grã-Bretanha, naturalmente ficou chateada com isso e reclamou da Seltaeb. E quando o camarada britânico descobriu que Chicago vendia relógios nos EUA, isso provocou uma briga ferrenha, porque o merchandising movimenta um dinheiro grosso. Esse tipo de situação se repetiu um punhado de vezes, com diferentes variações. Além desses aspectos técnicos, o pessoal da Seltaeb nos Estados Unidos [com quem Brian fazia negócios] parecia estar se aproveitando da situação, recebendo adiantamentos vultosos, os quais deveriam ter sido contabilizados pelo concessor dos direitos. Pareciam estar gastando todo o dinheiro em um nível de vida elevado. E a porcentagem da comissão negociada não foi lá muito satisfatória para os Beatles. Com certeza, nos dias de hoje não teria sido aceita.

SG: Mas o problema foi que os sócios da Seltaeb se voltaram contra a NEMS e começaram a processá-la. E deixaram a coisa rolar, e a NEMS perdeu a ação na justiça.

GE: Sim, a NEMS foi processada por ter concedido direitos supostamente exclusivos em diferentes lugares. E estou inclinado a dizer que o motivo dessa sentença à revelia foi culpa do advogado americano responsável pelo caso. Nessa etapa, Brian e eu chegamos a pegar um avião rumo aos EUA.

SG: Brian contratou Louis Nizer.

PETER BROWN: Na história da NEMS, o principal era que Brian não cobrava dos Beatles os honorários advocatícios. A NEMS pagava e descontava da comissão dele.

GE: Bem, sabe, eu não me lembro de o Brian ter feito os pagamentos por meio da empresa dele, em vez de pelos Beatles.

SG: Também, no início, os royalties da EMI eram especialmente baixos. Como foi que isso aconteceu? Outro negócio malfeito?

GE: Na época que o contrato original foi assinado, e isso foi antes de eu começar a trabalhar com o Brian, ele enfrentou dificuldades em obter um contrato para os Beatles, fato sabido e consabido. No fim das contas, ele ficou para lá de satisfeito em aceitar um contrato em termos então corriqueiros para novos artistas. Nos padrões de hoje, até podem ser baixos, mas na época eram os termos normais. Um centavo por disco, se não estou enganado, um royalty bem padronizado. Obter algo melhor do que isso era praticamente impossível. Na realidade, Brian não escondeu a satisfação quando teve oportunidade de renegociar o contrato. Chegou num Rolls-Royce com motorista, entrou na sala de reuniões e negociou com o presidente, Sir Joseph Lockwood. Estremeci de horror com as exigências dele. "Ah, eles nunca vão topar isso", avisei ele. Mas, nessa época, a EMI lucrava muito com os Beatles. Brian foi arrogante nas negociações. Eu sempre estremecia com o que ele pedia, não só nos contratos de gravação, mas também nas apresentações ao vivo. Nas turnês americanas, exigiu garantias amplas e irrestritas. Dei a real pra ele: "Não tenho ideia de como você pensa que vai se safar dessa". Ele respondeu que o cálculo dele era bem simples. "Se Elvis obtém uma garantia de meio milhão de dólares, eu mereço três quartos de milhão, porque estamos falando dos Beatles". Tanto Brian lutou que Sir Joseph deu a ele quase tudo. E Brian não deixou de lutar até o fim. Empurrou as negociações com a barriga. As conversas se estenderam por meses a fio. E, no fim das contas, Brian ganhou praticamente tudo o que queria.

É verdade, o ramo fonográfico deve muito ao que ele fez nessa época. Brian mostrou a força dos artistas de um jeito que ninguém tinha feito até então. Transformou também a natureza de certos aspectos do negócio, em especial no que tange ao produtor musical. Nos dias de hoje, o produtor do disco entra na empresa valsando e de cara exige 2%, 3% e até 4% de royalties.

E naquela época nem existiam produtores independentes. O George Martin pediu um aumento à EMI. A empresa pagava apenas £ 3.000 por ano, mesmo ganhando uma fortuna com os discos que ele produzia. Ele recebeu uma oferta irrisória, decidiu sair da empresa e se tornar autônomo. Antes disso, consultou Brian: "Vou me demitir da EMI. Os Beatles vão continuar comigo?". E Brian garantiu: "Vão, sim".

Daí George pediu as contas e disse à EMI: "Estou saindo da empresa. Mas os discos dos Beatles só serão produzidos por mim. Por isso, vocês vão ter que me pagar para produzi-los de forma independente". Dito e feito. Até onde sei, com certeza essa foi a primeira vez no mundo pop que um produtor se tornou independente da gravadora em vez de mero funcionário. Na verdade, isso abriu caminho para muita gente que, hoje em dia, deve seus proventos ao Brian e aos Beatles, por terem apoiado George nessa manobra.

SG: Brian gastava muito?

GE: Na superfície, ele vivia uma vida muito bem regrada. Curtia ter criadagem e manter uma certa elegância. E um pouco de *rough trade* de onde pilhar. Queria o sucesso para ter uma vida elegante. E sem dúvida ganhou reputação em Londres. No mundo pop, estava na crista da onda, tinha estilo, casa bonita, mordomo e carrões.

SG: Quando foi que a vida pessoal de Brian começou a se arruinar?

GE: A meu ver, a ruína da vida pessoal dele está muito alinhada com a ruína de sua vida profissional. Ao longo dos anos, pensei bastante nisso, pois no último ano de vida ele andava extremamente inseguro. Ele sempre foi um pouquinho inseguro em relação aos Beatles, talvez por nunca ter percebido o quanto a banda dependia dele. O contrato com eles chegava ao fim, e acho que até agora isso não é do conhecimento geral, que na época da morte de Brian... o contrato deles havia expirado. E acho que ele se sentia extremamente inseguro sobre o que ia acontecer no futuro, porque os Beatles já tinham fundado a Apple e indicavam o desejo de fazer mais coisas por conta própria. Eu me sinto bem confiante em afirmar que, caso Brian tivesse continuado vivo, ele teria mantido o vínculo com eles, mas é provável que numa associação menos forte que a de antes. É provável que isso tenha contribuído para a sua ruína.*

Acho que a vida pessoal dele, as partes mais capciosas e mais sórdidas de sua vida aumentaram nessa época. Acho que ele não tinha um caráter durão, apesar de tudo o que eu disse sobre a arrogância

* A história tem outra versão sob o prisma de Sir Joseph Lockwood: pela estrutura do contrato, Brian deixava de ser o empresário da banda em setembro de 1967. Mas pelo contrato da EMI, assinado no começo daquele ano, tinha nove anos de duração. A renda seria paga integralmente à NEMS, e a NEMS deduziria então os 25% e repassaria os 75% restantes. Há controvérsias se Brian teria agido de modo plenamente honroso ao conceder renda à NEMS por oito anos, mesmo após seu contrato como empresário ter expirado.

dele e sua aparente energia no mundo dos negócios. Sob a superfície, ele era mole. Sempre o achei, com raras exceções, muito charmoso. Aliás, na minha função, creio que boa parte de meu valor é o ar de respeitabilidade. No fim das contas, acho que ele precisava de tudo que é tipo de apoio, e é possível que todos nós não tenhamos dado.

SG: Brian não fez constar secretamente o contrato de gerenciamento da NEMS no contrato da EMI? Era algo que eles não sabiam? Não era incomum embutir o contrato de gestão no contrato com a gravadora? A EMI pagar 25% diretamente à NEMS por mais nove anos, mesmo quando a NEMS já não mais os gerenciava? Esse não foi um ato desonesto da parte de Brian? Uma parcela das pessoas considera que isso foi um pouco ardiloso, o fato de o contrato de gravação não estar ajustado com a duração do contrato empresarial revelaria ter sido um ato desonesto.

PB: Bem, foi um ato de quem estava assustado, mas não um ato desonesto.

GE: Concordo com você. Provavelmente foi mais um ato de insegurança do que de desonestidade.

SG: Alguém tentou impedi-lo de tomar comprimidos?

PB: Com certeza.

GE: Brian tinha tendências suicidas, isso é certo. Mas a morte de Brian foi acidental, estou convencido disso porque não era a hora certa. Se a pessoa vai cometer suicídio, planeja isso com sensatez. O veredicto médico indicou baixos níveis de intoxicação medicamentosa. Ultrapassou o limite minimamente. Se tivesse sido proposital, com certeza teria feito isso de forma mais eficaz.

PETER BROWN SOBRE MANILA

A EXPERIÊNCIA DOS BEATLES EM MANILA, no verão de 1966, é de especial importância porque contribuiu substancialmente para a decisão de interromper as turnês. Também foi apavorante. Sei muito bem, porque estive lá. Como de costume, há controvérsias em cada relato sobre por que e como as coisas aconteceram. Estimulo os leitores a conferir as transcrições das entrevistas com George Harrison, Neil Aspinall e Ringo, em que cada um deles dá a sua versão sobre os fatos.

Na turnê de 1966, em nosso derradeiro dia em Tóquio, Brian Epstein e eu almoçávamos no restaurante do hotel, quando o maître do restaurante trouxe à nossa mesa ninguém menos que o embaixador das Filipinas no Japão, Jacinto C. Borja. O embaixador só queria confirmar se Brian havia recebido o convite de Madame Imelda Marcos, a esposa do presidente das Filipinas, Ferdinand Marcos. Em homenagem aos shows dos Beatles em Manila, a sra. Marcos tinha convidado 200 crianças ao Malacañang, o palácio presidencial, para se encontrar com os Beatles. Os Beatles e 200 meninos e meninas. Os Beatles e uma criançada de 200 cabeças parecia a receita para o caos.

Brian foi obrigado a dizer: "É muita gentileza da sra. Marcos nos convidar, mas a banda não participa de eventos nem de festas durante a turnê". Ao recusar o convite, Brian não tinha ideia do quanto

Imelda Marcos era destemperada, e o quanto o marido dela era um ditador – tinha chegado ao poder só um ano antes, em parte assassinando ou prendendo seus rivais. Sobre Manila sabíamos apenas que seríamos recebidos de braços abertos por um público de cerca de cem mil fãs, em dois shows, com a bilheteria garantida de US$ 1 milhão, talvez a etapa com maior bilheteria da turnê de 1966.

Quando o nosso avião pousou em Manila, a porta se abriu e a escada sobre rodas foi encostada. Um sujeito uniformizado subiu a bordo e exigiu que os Beatles descessem, com Neil Aspinall saindo atrás deles em desabalada corrida. Viram-se cercados pelo "Ejército Filipino", a infantaria filipina, portando fuzis automáticos. O quarteto foi instruído a deixar as sacolas na pista e entrar num dos carros que esperavam. Foram separados do restante de nós. Inglês, que é bom, ninguém falava para explicar o que estava acontecendo. A bagagem de mão deixada pelos Beatles na pista continha um pouco de maconha e anfetaminas. Rápido como um raio, Neil as recolheu e pulou dentro de uma segunda limusine. O chofer perguntou aonde ele queria ir, Neil esbravejou: "Aonde estão levando os Beatles!".

Brian ficou apavorado por ter sido separado dos Beatles, assim como eles ficaram por terem sido separados de nós. No interior da limusine, bombardeavam o motorista com a pergunta: "Aonde é que estamos indo? Aonde é que estamos indo?". Pelo que se lembram, essa foi a única vez que foram separados de Brian, Mal e Neil, sem apoio algum. Sentiram-se vulneráveis e indefesos, como crianças repentinamente separadas dos pais. Nesse meio-tempo, de volta ao aeroporto, Brian ficou emputecido com as autoridades, que, das duas, uma: ou não entendiam as palavras *Cadê os Beatles?* ou nos ignoravam de modo intencional. De enlouquecer.

Os meninos foram conduzidos a um aglomerado de prédios em ruínas, na baía de Manila, onde uma multidão de repórteres os aguardava, aos gritos, com as mesmas perguntas idiotas sobre o corte de cabelo, o nome de Ringo, e todas foram respondidas de bom grado pelos meninos. Ainda sem Brian, Neil ou Mal. A situação se tornou ainda mais enervante para eles ao serem embarcados à força no *Marima*, o iate pertencente a Don Manolo Elizalde, fundador da Manila Broadcasting Company. Elizalde também era amigo do produtor de shows local, o filipino Ramon Ramos, o qual negociava com Vic Lewis, o agente oficial de reservas da NEMS.

Sem o nosso conhecimento, Vic Lewis tinha prometido mundos e fundos, e esse pessoal com quem ele fez acordos também fez acordos sem o conhecimento dele. A corrupção grassava em Manila e entramos de gaiatos numa sinuca de bico. Lewis combinou com Ramon Ramos que os Beatles passariam a noite no *Marima* em vez de na suíte do Manila Hotel, reserva que Lewis havia cancelado na surdina. Não por coincidência, nesse dia, Fredrick, o filho de 24 anos de Don Manolo Elizalde, fazia aniversário, e convidou uma turminha de amigos, incluindo a então Miss Filipinas, para festejar a bordo com os Beatles.

Quando fomos levados ao estaleiro naval, Brian subiu nas tamancas. Nem sinal dos Beatles por perto. Súbito alguém apontou em direção à baía, onde, ao longe, se avistava o *Marima*. A essa altura, Brian estava tão transtornado que achei que ele ia sofrer um derrame. Fomos levados ao *Marima* de lancha, e, embora os meninos estivessem de boas, sentados à mesa, prestes a jantar, Brian tomou a decisão de interromper aquele sequestro. Insistiu que os Beatles desembarcassem na mesma hora. Fomos levados de volta ao cais e, por fim, ao nosso hotel, onde fomos informados de que Vic Lewis havia cancelado as nossas reservas. Mas, felizmente, as suítes permaneciam vagas.

Os dois shows seriam no dia seguinte. De manhã cedo, militares uniformizados bateram à porta da suíte de Brian. Queriam saber que horas os Beatles iam marcar presença no palácio presidencial. Brian avisou os emissários que não seria possível o comparecimento dos Beatles e mandou pedir desculpas. Meia hora depois, toca o telefone da suíte. No outro lado da linha, o adido diplomático da Grã-Bretanha nas Filipinas, Leslie Minford, tentou convencer Brian a mudar de ideia, sem sucesso. Os Beatles tinham que fazer dois shows naquele dia e precisavam descansar.

Sem demora, descobrimos como era estar à mercê da sórdida vingança da sra. Marcos. Os shows transcorreram bem, mas quando voltamos ao hotel, a TV anunciou que os Beatles não tinham comparecido ao evento da primeira-dama, entristecendo centenas de órfãos. Brian ligou para a TV Manila a fim de assumir a culpa e fazer um pedido de desculpas oficial pelo mal-entendido, mas a transmissão foi interrompida, e ele não pôde dar a sua versão dos fatos. Eis que a estação pertencia a Don Manolo Elizalde, em cujo barco os Beatles tinham sido sequestrados.

Na manhã de nossa partida, os jornais estamparam o assunto nas manchetes. Os Beatles tinham insultado o povo das Filipinas e seus anfitriões, que os receberam com tanto carinho e os trataram com dignidade. De repente, o serviço de quarto não veio, ou quando veio, trouxeram cereal com leite azedo, e o Neil ficou com medo de que tivessem cuspido na comida e não quis comê-la.

Chegou a informação de que o nosso avião da KLM aguardava no aeroporto e decolaria no horário, com ou sem a gente. No lounge, antes do embarque, homens com camisas brancas de manga curta nos empurravam, gritando: “Passageiros comuns! Passageiros comuns!”. Alguns deles tinham paus – não cassetetes – e, se não chegaram a nos bater, pareciam ansiosos por isso. Pra ser sincero, foi assustador. Sofremos agressões verbais e ficamos sendo pressionados de um lado para o outro.

Na varanda, lá em cima, uma multidão enfurecida balançava os punhos, gritava “Beatles, voltem pra casa!” e cuspia em cima da gente. De tão apavorados, não falamos nada. O grandão Mal Evans foi o primeiro a ser atacado pelos capangas. Um deles o empurrou e outro passou uma tranca nele. Outro brutamontes tentou acertar o Neil, que ergueu os braços para se defender.

Quando enfim nos deixaram embarcar no avião, Brian se sentou perto da janela, suando em bicas. "Jamais vou me perdoar", ele me disse. "Coloquei os meninos em perigo." O avião começou a taxiar na pista, e vi que Brian estava perdendo a compostura. Vic Lewis veio pelo corredor e perguntou se Brian tinha recebido a grana que o promotor do evento deveria nos pagar. Mas, depois do incidente com a primeira-dama, o promotor filipino se negou a repassar a nossa parte do dinheiro da bilheteria. Já tínhamos embolsado os US$ 500 mil transferidos como adiantamento e esperávamos receber outro tanto, a maior parte em dinheiro vivo. Auditores da Receita ameaçaram não nos deixar sair do país caso Brian não pagasse um montante considerável em impostos. O promotor de shows local nunca nos repassou os valores.

Vic Lewis, preocupado com sua comissão, ficou ali, no corredor, importunando Brian: "Você recebeu a grana? Recebeu a grana?". Brian estava à beira da histeria, e Vic Lewis se inclinou sobre mim e quase acertou uma bofetada em Brian. Agarrei o braço dele e o empurrei para trás no corredor.

VIC LEWIS

Espalhafatoso, abelhudo e irritante, Vic Lewis nunca se encaixou direito no panorama da NEMS, mas exerceu um papel crucial ao agendar todas as turnês dos Beatles mundo afora, em particular a turnê Japão-Manila. Antes de se tornar um agenciador de shows, Lewis atuou como líder de banda e cantor. A clientela de sua produtora, a Vic Lewis Organization, incluía Shirley Bassey e o astro do rock Donovan, além de todos os artistas da NEMS, que abrangiam a superestrela britânica Cilla Black, os Moody Blues, The Cyrkle, Gerry and the Pacemakers e Billy J. Kramer. Em 1965, Brian Epstein adquiriu a empresa de Lewis e deu-lhe um cargo no conselho administrativo da NEMS, além de salário e comissões.

VIC LEWIS: Brian e eu, a gente brigava como cão e gato. Eu nunca me encontrava cara a cara com ele. E ele nunca se encontrava cara a cara comigo. Reconheço que ele acabou tendo sucesso, mas no início não foi assim. Brian de empresário não tinha nada. Bem ao contrário de muita coisa que escreveram sobre ele. E em muitos assuntos, quando ele me contratava para usar as minhas habilidades como agente, ele resistia a me dar ouvidos. Falei: "Olhe, se não quer que eu diga o que você me perguntou, por que me chamou? Tome você suas próprias decisões".

STEVEN GAINES: Você organizou as famosas turnês no Japão e em Manila. Pode me contar algum detalhe da turnê japonesa? É verdade que uma gangue estudantil de camicases queria matar os Beatles?

VL: Chegamos lá sob ameaças. Imagino que o motivo era que o auditório onde íamos tocar, o Budokan, só era usado para a luta real dos heróis de guerra, um ritual de dança especial. E para eles o Budokan era um ambiente sagrado. Esse grupo de jovens dizia que tocar num santuário era um insulto. E juraram que os Beatles jamais deixariam o Japão. Milhares deles fizeram piquetes na cidade, brandindo porretes. Ficamos hospedados nos cinco últimos andares do Hilton Hotel. E a situação era que os Beatles não tinham permissão para sair nos cinco dias que ficamos lá. Todos os dias, na hora do show, eles desciam de elevador. Três carros nos esperavam. A 120 por hora, só parávamos ao chegar na porta do palco. Atiradores de elite em todo o ginásio, homens armados na rodovia, nas pontes, por toda parte ao longo do trajeto.

O maior problema foi nas Filipinas. Os Beatles não compareceram à festa oferecida pela esposa do presidente às crianças no jardim. Fui acordado no hotel por dois generais batendo à porta do meu quarto: "A que horas vocês vêm à festa?". Respondi: "Festa? Que festa?". De pijama, fui à suíte de Brian e avisei: "Brian, é melhor sair da cama. Estamos em maus lençóis. Temos que ir a uma festa ao ar livre". Brian retrucou: "Nem pense nisso. Não recebi convite algum. Não sei de nada". Insisti com ele: "Brian, cai na real, estamos nas Filipinas". E os generais continuaram no meu pé, mas os Beatles não foram. Brian sequer contou a eles sobre isso.

SG: Lembra do nome do produtor de shows em Manila?

VL: Torço para que esteja morto. Ele veio atrás de mim. Veio até aqui. Foi por intermédio de Don Blake. Ele queria contratar Matt Monroe, que fazia muito sucesso em países de língua espanhola, e agendou shows dele no estádio Ariana, o maior das Filipinas. Adiantaram a grana para reservar os hotéis. Deixei tudo certo com Monroe, tudo 100% acertado. Por isso, não tive nenhum escrúpulo em dizer ao Brian: para conseguir a maior bilheteria, tínhamos que ir lá por um dia. Esse cara precisa ter o dinheiro no banco.

SG: Quanta grana havia no saco de papel pardo?

VL: Ah, uma fortuna. Na base de US$ 400.000 por show. Seriam dois shows num dia, então estamos falando de quase um milhão de dólares. Cada show teve 65 mil [pagantes].

SG: Então era essa a grana no saco de papel?

VL: O pagamento legítimo.

PETER BROWN: Tiveram que deixar para trás a grana legítima? Nunca viram a cor do dinheiro?

VL: Só o depósito de 50%. Eu sempre colocava essa cláusula em qualquer contrato de qualquer coisa. Metade do pagamento tinha que ser feito antes mesmo de sairmos rumo ao aeroporto. Deve ter sido o saco pardo e um complemento qualquer. Não me preocupei muito com o saco de papel pardo. Não que eu realmente sinta pena deles. Não sinto muito nem por mim, sabe?

PB: Não, mas, na verdade, perdemos muita grana naquele show das Filipinas.

VL: Ainda defendo e quero deixar isso bem claro... A culpa foi de Brian. Não cabia a ele tomar aquela decisão. Quer dizer, os meninos estavam prontos para tudo. Eu teria apostado as fichas nisso, mas corremos o risco de ser mortos. Sem dúvida. Corremos um sério risco de sermos cortados em pedacinhos. Eu tinha planejado tudo... E chegamos ao portão com uma carreata de policiais que trancavam o acesso. E aqueles milhares de pessoas vindo em direção ao carro, ai, temos que ir agora, sabe, ou seremos explodidos ou mortos ou coisa parecida. E o Brian continuou nessa postura intransigente, sabe, em relação ao que gostaria de fazer. Que droga. Sujeito pra lá de estúpido. Quero dizer, ele bem que poderia ter ido lá. Poderia ter ido [à festa] e talvez tocado algumas músicas, mas não... Acho que o produtor local era um tal Rome alguma coisa. Não me lembro direito, Rome, Romero... Sei que foi uma história muito interessante. Muita coisa bizarra aconteceu.

GEORGE HARRISON

George Harrison permaneceu um enigma para muita gente, mesmo quem era próximo a ele. Embora apaixonado por dissertar sobre carma e o significado da existência, ele agia de maneira fechada e autoprotetora. Espirituoso quando chamado para falar, também sabia ser bem rude quando queria. Talvez agisse dessa forma porque tinha apenas 20 anos quando os Beatles viraram uma sensação mundial. Pode não parecer muito precoce no atual mundo da fama nas redes sociais, mas na época esse tipo de adulação que ele estava experimentando era um território ainda não mapeado. Viver à sombra de Paul e John também não era fácil. No início, eles o desdenhavam abertamente. Paul declarou que sempre pensou em George como um irmão caçula. A princípio, John fingia não saber o nome dele. Referia-se a ele sarcasticamente como "aquele moleque". Ironicamente, uma composição de George, "Something", é a canção no catálogo dos Beatles que mais recebeu covers. A entrevista a seguir foi realizada em Friar Park, o palacete de George Harrison, em Henley-on-Thames, em 5 de novembro de 1980. George foi gentil, mas frio. Preparou um bule de chá na ampla e arejada cozinha de sua propriedade com 120 cômodos. Passou duas horas dissertando sobre Meditação Transcendental e os detalhes de uma edição limitada de sua autobiografia, I Me Mine *– com certeza, foi assim que ele se sentiu quando a banda terminou.*

Em 2000, George foi diagnosticado com câncer de orofaringe. Após se tratar sem sucesso na Grã-Bretanha e em Nova York, transferiu-se secretamente a

*Los Angeles, para uma casa em Heather Road, em Beverly Hills, a convite do proprietário, Paul McCartney.** *O ex-companheiro de banda foi visitar George, sentou-se serenamente ao lado da cama e segurou a mão dele com suavidade. Em 29 de novembro de 2001, George faleceu na companhia da mulher, Olivia, do filho, Dhani, e do citarista Ravi Shankar, enquanto devotos Hare Krishna entoavam estrofes do Bhagavad Gita (canção do bem-aventurado). Aos 58 anos, deixou uma herança de quase US$ 100 milhões.*

Como falou George na entrevista: "A morte é inevitável, diz Krishna. Você sempre existiu e sempre existirá. Só muda a condição corporal. A mesma alma que deixa o corpo na morte é a que estava no corpo ao nascer". George comentou com Olivia que não queria ser lembrado por ter sido um Beatle, mas sim um bom jardineiro.

STEVEN GAINES: Na história das turnês mais apavorantes dos Beatles, Manila se destaca.

GEORGE HARRISON: Manila é um dos momentos mais horríveis que já passei. Uns gorilas nos arrancaram do avião – homenzarrões de camisas brancas de manga curta. Logo confiscaram as nossas malas diplomáticas (bagagem de mão da qual nunca nos separávamos, e que têm imunidade, não podem ser revistadas). Privilégio dos Beatles. E [esses caras] levaram só nós quatro – John, Paul, Ringo e eu – sem Brian, Neil ou Mal.

SG: É verdade que vocês podiam transportar drogas? Vocês não tinham imunidade diplomática.

GH: Bem, naquela época não havia guerrilhas, sequestros e coisas desse tipo. Fomos conduzidos a um barco na baía de Manila, cercados de poli-

---

* Segundo consta, mais tarde Paul McCartney se recusou a vender a casa em Heather Road, receoso de que ela se transformasse em uma atração turística, por ter sido o local de onde a alma de George partiu.

ciais armados por toda parte. O calor infernal dos trópicos. Logo de cara pensamos que íamos ser presos, porque a gente sempre levava em nossa bagagem de mão, além de aparelhos de barbear, cigarros e várias outras coisas, um pouco de *Cannabis*. Nada de feio nisso, mas... Achamos que iam revistar a bagagem de mão e encontrar a maconha. Lá estávamos nós nesse barco, nessa cabine, cercados de policiais, algo muito deprimente. Brian veio nos resgatar e nos levou de volta à terra firme. Mas primeiro estávamos nós quatro sozinhos no meio daquele barco. Eu me lembro de que me indignei e exigi que nos deixassem ir embora. Enfim nos liberaram, e alguém nos colocou em nosso hotel. A gente não sabia por que tinham levado as nossas malas, por que nos tiraram do avião nem por que nos colocaram no barco. Ninguém nos explicava nada.

Lembrando que, no caso dos Beatles, uma salvaguarda essencial era a presença de um séquito reduzido, experiente e sutil. Se houvesse alguma exposição pública, Brian Epstein sempre estava disponível [para assumir o comando], ou, na maioria das vezes, no máximo talvez um assessor de imprensa. Em geral, o Neil [Aspinall] e o Mal [Evans] já resolviam o caso. Alguém tinha que estar por perto para providenciar tudo e afastar a multidão, cheia de loucos de pedra. Vale mencionar que, em geral, a segurança dos Beatles era mínima e restrita. Além do mais, esse conceito de criadagem desagradava a nós quatro. Um segundo motivo é que estávamos na década de 1960, época com pouco terrorismo, sequestros etc. Outro motivo é que a música pop não tinha se tornado rock, com toda a sua arrogância e presunção, máscara e equipes de subordinados. A gente só tinha um ou dois roadies para cuidar de nosso equipamento e nossa bagagem. Tipo, imagina como o pessoal é hoje – precisa de um comboio de caminhões para levar os equipamentos. Não sei se isso explica direito, mas, enfim, foi o que aconteceu.

SG: Você tinha consciência de quanto os Beatles eram influentes? Para imitar vocês, o público usava as mesmas roupas, se interessavam por Meditação Transcendental ou tomavam LSD.

GH: O LSD é simplesmente uma experiência tão violenta que parece acelerar o processo de percepção. Algo que normalmente leva anos de experiência para resultar em conhecimentos – com o LSD acontece em dez horas. Quer dizer, pessoalmente foi assim que isso me afetou. Antes disso, eu era um ignorante completo. Depois, eu sabia que era um ignorante completo, mas estava a caminho de obter alguma espécie de conhecimento. Não precisei debater a ideia de Deus – só a palavra inteira, Deus, eu não conseguia aceitar isso. Relacionava isso com a experiência infantil do catolicismo, de ir à igreja aos domingos e ver todo aquele papo furado. E no momento em que tomei LSD, tive que dar risada disso, porque entendi tudo por dentro – num piscar de olhos. Entendi todo o conceito de Deus ou religião, só por vê-lo. Eu enxergava isso na relva, nas árvores e na energia no meio de tudo. Foi só uma tomada de consciência. Esse tipo de percepção não trazia qualquer tipo de pergunta ou resposta. Estava lá, apenas. Estava lá. Era uma verdade absoluta; o acender das luzes. Você não precisava ficar questionando se era ou não era, apenas era. Na minha primeira viagem com ácido, foi esse tipo de percepção que eu tive. Daquele momento em diante, fiquei perfeitamente satisfeito com a existência da criação, de uma consciência suprema que a controla. Não me pergunte um motivo, uma explicação, porque foi uma experiência transcendental, que alcançou além da mente.

Antes do ácido, sempre tendíamos a ser um pouco contra a norma, seja qual fosse. Por vários anos já vivíamos nesse tipo de postura *antiestablishment*. Para mim, a experiência do ácido só mostrou que o amor é uma força que conecta tudo ou repele tudo para longe, mas é uma força incrível. E nos permite sentir as coisas e ver as coisas com mais profundidade. Foi algo difícil de compreender porque, depois que tomei o ácido pela primeira vez, demorei no mínimo uns seis meses para tentar reorganizar o meu cérebro. A experiência na prática implode com todos aqueles padrões de pensamento que você programa desde o nascimento. Você achava que ia ter uma rota definida e adotar esses padrões de pensamento, mas aquilo simplesmente é apagado do mapa.

Por um lado, foi algo fantástico, como o astronauta que vai à Lua e volta com todos os conhecimentos que adquiriu – como ainda pisar neste planeta em meio ao mundano, à ignorância transbordante, e como aceitar isso sem pirar. O mais difícil foi isso. Após algumas viagens de LSD, percebi como isso afeta o cérebro.

SG: Consumiu bastante LSD?

GH: Na real, não... Fiz três viagens muito fortes – grandes e importantes. Depois fiquei um pouco indeciso porque tive que deslindar as coisas. Continuei tentando. Continuei achando que poderia deslindar as respostas para tudo isso, mas a resposta girava em círculos até o ponto de partida. Era como uma arapuca – como ficar preso outra vez no Memphis blues. E a frustração foi essa.

E após a terceira vez, não tomei mais ácido – naquela época, eu já tinha me envolvido com a música indiana e passado um tempo na Índia. Porque teve outra coisa que o ácido aflorou – ou o ácido foi como a chave que abriu a porta, e quando a porta se abriu, a música indiana, ela simplesmente passou a fazer todo o sentido para mim. Quando fui à Índia, muita coisa me fez sentir em casa. Não a superfície que a gente vê, toda aquela pobreza, as moscas e o esterco por toda parte. Foi além de tudo isso. Os aromas na atmosfera, a atitude das pessoas, a música, a comida, a religião – tudo naquilo parecia uma casa dentro de uma casa. Um lar.

SG: Esse deve ter sido o fim de todas as drogas. Você parou?

GH: Não. Porque aí também se descortinou na minha cabeça esse outro lance que eu precisava saber – essa coisa sempre aflorava em minha consciência, ou subconsciência, esse desejo de conhecer os iogues do Himalaia. Parte da minha jornada à Índia foi para tentar estudá-los e descobrir a causa absoluta dessa outra coisa, chamada relativo, e de novo o Memphis blues, preso no interior do mundo físico relativo, onde tudo é dia/noite, sim/não, acima/abaixo, bom/ruim, isso/aquilo...

Tudo vira uma comédia dramática. Quem aceita o ganho está pronto para a perda. Quem abraça o dia, automaticamente espera a noite. Não tem escapatória. Só há um modo de você não ser influenciado por essas coisas, mas com uma boa dose de sorte: é não pensar que é maravilhoso porque consegue lidar com isso. Você herda automaticamente o fracasso se aceita o sucesso.

Depois veio o Maharishi, que à sua maneira explicou isso com muito mais simplicidade, mostrando a flor e dizendo que a seiva faz a pétala: você enxerga a corola, o pecíolo e todas as diferentes partes da flor, mas a seiva faz a pétala. A seiva faz a folha. A seiva faz a haste. Tudo é seiva. A seiva é a causa, o efeito é a pétala, a folha e a haste. Percebe? Portanto, eis essa causa e efeito. O efeito é relativo – a folha tem relação com a pétala e com todos esses pedacinhos. Mas a causa absoluta de tudo isso é a seiva. Da mesma forma, na consciência, temos um estado absoluto de consciência que é puro, e não é isso ou aquilo, bom ou mau, sim ou não. Por isso, quando dizem que somos todos... Que Deus vive no interior de todos nós... Que um átomo é igual, seja de um objeto metálico ou de um pedaço de madeira ou seja lá o que for – você pode reduzir todos esses átomos ou toda essa matéria em energia. Deus, ou como você quiser chamar, é essa energia que está dentro de cada átomo. Que é a causa absoluta da relativa manifestação da relatividade.

Então, quando me dei conta disso outra vez, também li alguém que disse: "Se você o encarar de frente, o medo não vai mais te incomodar". Eu sabia que precisava tomar ácido de novo para isso não se tornar um medo no fundo de minha mente. Por isso, tomei muito ácido, até que no fim joguei tudo no vaso sanitário porque só me dava dor na nuca. Literalmente. Sabe, só ughhh. Depois saí guiando uma Ferrari no horário de pico na Hyde Park Corner sob efeito do ácido, e aprendi que eu controlava o corpo, mas também tinha um lado negativo, porque a gente não passava mais pela parte da *Alice no país das maravilhas*, do tapete voador e pelo cômodo...

Não sei bem que ano foi, mas ultrapassei o ácido e toda a história da Índia, e depois tomei mais ácido para superar aquilo... Daí não precisei mais pensar no assunto. E então apenas continuei...

SG: Você se decepcionou com o Maharishi?

GH: Não. De jeito nenhum. A única coisa que não foi positiva nisso – hoje entendo perfeitamente, levei anos para descobrir, mas agora eu sei... Não quero mencionar isso em sua fita porque o que estou fazendo é estabelecer outro personagem [Magic Alex] em seu maravilhoso enredo dos anos 1960, que, na verdade, é um inútil e que, através de suas fabulosas conspirações e intrigas, por conta de ciúmes e várias outras paixões mundanas, fez com que o Maharishi perdesse a reputação perante os nossos olhos. Mas a reputação do Maharishi é e sempre foi 100% honrada, até onde me diz respeito. Nada do que ele fez me causou decepção. Tudo o que fizemos foi nos decepcionar porque nos deixamos influenciar por um idiota. O Maharishi foi prejudicado, nós nos magoamos e, em última análise, no carma disso tudo...

PETER BROWN: Você voltou a falar com o Maharishi?

GH: Com o Maharishi? Não, nunca... é isso que eu ia abordar mais tarde. É que embora os anos 60 tenham acabado, e ao que parece todo o potencial amoroso também foi defenestrado, e todo mundo tenha se transformado em monstros feios de novo, na verdade os anos 60 criaram uma base sólida. Tem muita gente que pratica meditação, ioga e zen ou coisa parecida. Em dez anos, esse pessoal evoluiu, e tem muita gente boa, mas não gosta de aparecer, são *low profile*, porque os mais discretos tendem a não ser notados entre os espalhafatosos...

SG: Quando caiu a ficha de quão influentes os Beatles tinham se tornado?

GH: A ficha não caiu. Sabe, acho que foi passo a passo. A gente foi percebendo que estava ficando cada vez maior, até percebermos que não podíamos ir a lugar nenhum... Era só pegar um jornal ou ligar o rádio ou a TV que a gente se via. Quer dizer, ficou exagerado. Ficamos presos numa arapuca, e é por isso que teve que acabar, é o que eu penso. Porque, de novo, como digo em meu livro, é preciso ter espaço. Éramos como macacos na jaula.

Acho que ajudou um pouco o fato de sermos quatro compartilhando a experiência. Bem, éramos mais que um quarteto. Tinha o Peter Brown e o Brian Epstein, mas na prática nós quatro que éramos os Fab Four. Por sua vez, o Elvis tinha uma comitiva de uns quinze caras, parças dele, mas só um homem teve a experiência de como era ser Elvis Presley. Acho que isso foi bem mais solitário do que ser um dos Fab Four, porque ao menos um fazia os outros rirem ou chorarem ou qualquer outra coisa. Sem dúvida, estar em uma banda foi uma vantagem.

SG: Fale um pouco sobre o histórico cenário do [clube noturno] Ad Lib.

GH: A gente costumava frequentar o Ad Lib, mas tinha um problema. Provavelmente, éramos muito vaidosos e admirados conosco mesmos. Saíamos bastante com gente como Mick Jagger e os Rolling Stones, e também a Chrissie Shrimpton, que andava com Mick e David Bailey. Eu os conhecia um pouquinho porque me casei com uma modelo [Pattie Boyd] – que sem dúvida você vai entrevistar –, e ela passeava sempre com eles, carregando sacolas cheias de sapatos. Vivenciei o mundo das modelos principalmente por ter me casado com uma. Ela não tinha a aparência igual à das revistas. Quando o David Bailey tirava as fotos, elas estavam todas maquiadas. Outro que andava conosco era o Brian Jones.

SG: E o Brian Jones, como ele era?

GH: Eu curtia muito o Brian. Acho que é porque nós dois éramos do signo de Peixes, como me dei conta mais tarde. Compartilhávamos naturezas semelhantes. Outra coisa parecida era que ele tinha um Keith e um Mick, enquanto eu tinha um John e um Paul. Os dois enfrentávamos o problema de lidar com dois egos poderosos apenas para tentar sobreviver. Parecia uma competição constante. De novo, em vez de você ter seu espaço ao natural, por ser quem você é, ainda precisava lutar e ter que dar provas. Eu apreciava muito o Brian [Jones] – como todo bom pisciano, ele vivia se metendo em problemas. Não inventei isso, eu li e vivenciei, e tendo a concordar com isto: quem é [de Peixes] tem por um lado a tendência a ser bastante espiritual. Mas, nos outros extremos, os dois indo em direções opostas, esse outro lado é muito propenso a ser drogado. Sabe que há muito tempo eu tenho esse problema na minha vida – eu era muito suscetível às drogas, e o Brian [Jones] ainda mais suscetível. Ele vinha [à minha casa], e eu escutava a voz dele choramingando, tipo, às cinco da manhã: "George, Geeooorrggeeee". Daí eu acordava, olhava pela janela para ver o que estava acontecendo. Lá estava ele, pálido e transtornado, caminhando no jardim... só buscando um lugar para ficar. Sempre que eu o encontrava nessa hora do dia, eu tentava acalmá-lo. Antes de ele morrer, eu o vi muitas vezes nesse tipo de circunstância. A última vez que o vi, se não me engano, foi quando baixei ao hospital para retirar as amígdalas. Ele foi me visitar. E na outra semana, ele se foi.

Foi como todos aqueles que esticaram as canelas – uma coisa triste, porque havia realmente muitas pressões. Não só a pressão de ser famoso, a imprensa te perseguindo dia e noite, fãs te perseguindo dia e noite. Também as drogas te perseguiam dia e noite. Uma perseguição contínua, dia e noite. Ele sofria muitas pressões.

PB: Ele abandonou os Rolling Stones.

GH: Há controvérsias. Diferentes escolas de pensamento sobre o assunto. Saiu ou levou um pontapé? Para manter as aparências, falou que estava saindo para formar uma banda própria. Não sei ao certo e não é da minha conta. Mas, sabe, o Mick ficou indignado em relação a isso.

SG: Perguntinha filosófica: quando os anos 60 terminaram?

GH: Na realidade, nem sei se um dia começaram. Acho que a gente ainda vivia na década de 50, pelo menos tentávamos. Foi nessa década que começaram todas as nossas influências na música pop e nas roupas, por isso ainda estávamos nos anos 50. No começo, só queríamos conseguir grana suficiente para comprar um jeans estilo James Dean. Realizar o sonho de igualar os nossos heróis dos anos 50. Os anos 60 só servem para ganhar um nome. É subdividir o dia em horas.

SG: Teve algum momento em que a energia se dissipou?

GH: Não só a energia, mas os nossos cérebros também se dissiparam. A energia se dissipou porque crescemos e alcançamos certos desejos que tínhamos. Como falei, nos anos 50, existiam "heróis do rock and roll", esse tipo de coisa. Só pra estar com guitarras lá no palco. Nesses desejos, provavelmente, ganhar muito dinheiro devia estar na mistura. Eu me lembro de quando era um pirralho de uns 12 anos, sonhava com grandes lanchas e ilhas tropicais, coisas que nada tinham a ver com a gélida e sombria Liverpool. Eu me lembro de ter ido ao show de Cliff Richard e pensado: vai se foder... eu consigo tocar melhor do que isso.

Eu não sabia por que é que eu gostava de música indiana nem nada. Hoje eu sei. É o lance do carma, sabe – atingir o lado espiritual é a única resposta. E isso é difícil de explicar. É mais fácil dizer pra todo mundo sair e comprar a *Autobiografia de um iogue* e um pacotinho [de maconha].

A morte é inevitável, diz Krishna. Você sempre existiu e sempre existirá. Só muda a condição corporal. O neném nasce, passa pela infância, torna-se um jovem como todos nós, e conseguimos ser adultos, idosos, e daí a gente morre. A mesma alma que deixa o corpo na morte é a que estava no corpo ao nascer. Só uma coisa mudou, a condição corporal. E nas 24 horas de nossa vida, isso são poucos minutos. Para entendermos isso plenamente, digamos, a morte meio que, sabe, pega os créditos e débitos de sua conta bancária, vai somando como um tipo de reação cármica. Quando você entra em seu próximo corpo, leva junto todos os créditos e débitos que tinha. Sabe que o carma é tal e que tem de ser resolvido.

É preciso batalhar para dar a volta por cima de novo. Leia um exemplar do meu livro,* eu descrevo que a gente nasce com um pedaço de barbante cheio de nós, e o que a gente tem que fazer antes de morrer é desfazer todos eles. Você tenta desfazer um nó e cria outros vinte. É o carma. O motivo pelo qual nasci nessa época específica, filho daqueles pais, naquela casa, naquela parte da Inglaterra, naquele ano. Penso que nessa ideia está a diferença básica entre o pensamento ocidental e o oriental. Sabe, é como ter uma moeda ou todos aqueles bastões da sorte. Do ponto de vista ocidental, você os esparrama, ou faz cara ou coroa, e dá cara, ou dá coroa, é mera coincidência. Na visão oriental, tudo na criação naquele exato momento exerceu influência sobre as razões que levaram aquela moeda a dar cara ou coroa. É cara ou coroa porque reflete todo um conjunto de influências que operam sobre isso. Sabe, então a coisa se diversifica. Todas as circunstâncias e características que definem por que nasci naquela casa e não na casa de John Lennon. Porque ele nasceu lá. A gente sabe esta noite por que alguém nasceu no

* Na época desta entrevista, o livro de George, *I Me Mine*, estava prestes a chegar às livrarias.

Vietnã ou por que a pessoa está em Hiroshima no dia em que a bomba cai. Sabe, é uma coisa dificílima de entender, mesmo que seja entender o suficiente apenas para escapar do labirinto mental. Porque a gente teve isso na Índia, quando fomos à Índia pela primeira vez.

Quando fomos à Índia pela primeira vez, tínhamos ido tocar no Japão e nas Filipinas. Depois fomos à Índia. E levamos umas câmeras Nikon que nos deram, embarcamos num velho Cadillac para sair de Délhi e passeamos nos vilarejos. Foi a nossa primeira experiência verdadeira de como a Índia era na realidade. Somente no nível de rua. Uma pequena aldeia com o povo todo descamisado e sujo. Uma multidão de criancinhas, e se você puxava uma moeda para dar a alguém, só para se livrar dele, a criançada caía em cima como um enxame de moscas. Eu me dei conta de que a câmera Nikon que eu tinha provavelmente valia mais dinheiro do que qualquer um naquele vilarejo ganhou em toda a vida. E como lidar com isso, então? Com esses contrastes que acontecem no mundo? Eu moro nesta gigantesca mansão enquanto outras pessoas não têm casa.

Na Índia me deparei com portadores de lepra. Vimos um sujeito sem braços e pernas, os cotos escamosos e horríveis, e sentado numa caixinha de madeira sobre rodas de patins, e a neta dele o puxava pela rua. Ou às vezes você via alguém sem pernas sobre um desses carrinhos, deslizando pela rua com a ajuda dos braços. Em um país empobrecido como a Índia, o povo tem muitas doenças, e as pessoas que ficam aleijadas ganham a vida mendigando. Aí comecei a perceber: que droga, sou relativamente bem-apessoado, saudável, rico, e esse sujeito é apenas, sabe... Como se consegue administrar isso? Não precisa, necessariamente. Apesar de servir como ajuda, você não consegue ajudar o povo dando algo. Se todo mundo que tem alguma coisa doasse um pouco do que tem, não haveria problema algum. É como algo que vi esses dias na TV, sobre pedir às pessoas se estariam dispostas a abrir mão de uma refeição por dia para assim alimentar o restante das pessoas no mundo. Esse tipo de coisa, sabe? Seria até muito fácil abrir mão de uma refeição diária, mas pessoalmente acho desnecessário fazer isso. Tem comida suficiente no planeta para todos, eu acho.

Sabe, a maioria das pessoas não precisaria sequer trabalhar se a produção dos alimentos fosse devidamente organizada. Mas isso englobaria itens como altruísmo, algo que falta em nosso planeta. Todo mundo gosta é de pegar para si tudo que pode. E tem alimento suficiente para dar ao povo, mas em vez disso a produção é queimada e jogada no oceano para manter os preços altos. Sabe, nem seria preciso deixar de fazer uma das refeições diárias. Só uma distribuição adequada, uma gestão dos recursos mundiais com visão humana. Tudo ia ficar bem. O meu jeito de administrar isso foi entender a lei do carma, segundo a qual toda ação tem uma reação igual, mas oposta. Nas palavras de Jesus: "De Deus não se zomba porque você colhe o que planta".

Daí você se dá conta de que o carma passado é a razão de eu ter nascido naquela casa, neste corpo, naquela época, e de eu não ter nascido nas barrancas de Calcutá. Então, você começa a perceber: o que somos hoje resulta de ações passadas, o que seremos no futuro resulta de nossas ações presentes. Se bem que isso não vai ajudar ainda o cara com a corcunda, ao menos você só lida com a sua – só podemos lidar com os nossos próprios atos. E só pra nos tornarmos íntegros talvez tenhamos feito algumas boas ações.

SG: Ao voltar a Nova York, vou entrevistar John.

GH: É provável que você ache [John] desprezível, sabe? Tão negativo em relação a tudo.

SG: Por que após todo esse tempo ainda permanece tanta tensão?

GH: Sei lá, porque após cinco anos com ele sempre em casa... por mim, eu achava que ia me sentir muito bem. Quaisquer sentimentos ruins sobre fatos do passado foram esquecidos há tempos. E o John, após cinco anos, eu pensaria que estaria ótimo, e [daí] ele aparece no jornal, e nem é tanto o que eu sinto, mas sim o que todo mundo está falando. O que tem de errado com John é que ele se tornou tão desagradável. Parece que estagnou, não se mexeu um centímetro de onde estava cinco, seis anos atrás.

SG: Talvez ele sofra com as más influências ao seu redor.

GH: Bem, esse lado do John Lennon também sempre me deixa impressionado. Desde muito tempo atrás.

SG: Por que o novo livro escrito por você, *I Me Mine*, é tão caro?

GH: Porque eu não queria escrever um livro especificamente. Essa editora só lança obras luxuosas, em tiragens limitadas. O retorno financeiro que ganhei com isso gastei comprando cópias para distribuir aos amigos. Basicamente é um item adorável, olhe só para isto.

PB: Por coincidência, Paul fez um livro. O título é *Japanese Jailbird*. Colocou no papel todas as lembranças do cárcere no Japão, desde o momento em que desembarcou do avião até o momento em que foi solto. Explicou que fez isso porque a prisão foi uma situação tão assustadora que não queria se esquecer dela. Não queria que o evento se perdesse na memória a ponto de fingir que não foi tão horrível assim.

GH: Enviei uma cópia do meu livro a Ringo, John e Paul. O Paul me ligou. Ligou só pra contar que havia gostado bastante. Eu deveria ter escolhido outro título, porque *I Me Mine* foi um pouquinho de exagero. Enviei uma cópia ao John. Fico me perguntando se ele chegou a receber; se recebeu, vai ver que não gostou ou se ofendeu com alguma coisa.

ALEXIS MARDAS

Também conhecido como Magic Alex, alcunha dada por John, tão fascinado andava pelas invenções de Alexis Mardas. Bonito, charmoso e charlatão, Alex processou o Times *na Grã-Bretanha por chamá-lo de charlatão e fechou um acordo fora do tribunal. (Hoje ele está morto.) Moderno vendedor de óleo de cobra, o seu carrinho de invenções extravagantes incluiu o sol artificial capaz de pairar no céu noturno e iluminar as ruas, a tinta que muda de cor, a máquina de escrever compositora que canta à medida que o compositor datilografa a letra e a máquina de luz que transforma letra e música em cores, para os surdos escutarem por meio da visão.*

Em geral, John desconfiava de gente de fora, mas de alguma forma se deslumbrou com o fascínio exercido por Alex. Entretanto, Alex não era só mais um talentoso vigarista tentando embolsar uma grana de um crédulo astro de rock. Bebeu na fama de John Lennon. Apaixonou-se por John, o Beatle, e guardava zelosamente seu cargo de melhor amigo e conselheiro ao pé do ouvido de John. Alex quase convenceu os meninos a comprar quatro ilhas gregas, Alex jogou os Beatles contra o Maharishi, alegando que ele molestava jovens acólitas. Alex mostrava também um invejável talento para evitar problemas. Na noite em que seu apartamento foi alvo de uma batida policial antidrogas, ele estava em Paris, mas Jenny Boyd, que repeliu seus avanços amorosos, foi detida. Alex ainda fez papel de herói: pagou a fiança para libertá-la.

Foi Alex também o enviado de John à Itália, onde Cynthia passava férias, com o ultimato de que John a processaria por adultério, nomeando Magic Alex como conotificado (em outras palavras, a pessoa com quem o cônjuge cometeu o adultério), e Alex cumpriria a missão de seduzi-la. Aconteceu mesmo. Cynthia reconheceu ter sido seduzida por Alex uma noite, em um jantar à luz de velas, regado a vinho. Sabiamente, Cynthia e John retiraram as queixas e fizeram um divórcio consensual preliminar, que se tornou definitivo em maio de 1969. Por seu incômodo, John presenteou Alex com um automóvel italiano Rivolta preto de £ 6.000.

A entrevista de Alex teve uma bruma de mistério. Ele enviou um chofer numa limusine de vidros fumê. O escritório dele ficava em um enorme complexo industrial nos arredores londrinos. Na porta dupla frontal, segurança armada. Na recepção, formulários a serem assinados, conferência da identificação pessoal, para só então receber o crachá de identificação. O traje de Alex e a sala dele pareciam muito caros. Contou que estava no ramo de "armas pessoais" e que fazia o design de equipamentos à prova de balas, incluindo carros blindados. Segundo Alex, a versão dos acontecimentos é a seguinte:

STEVEN GAINES: Pode nos contar como conheceu os Beatles?

ALEXIS MARDAS: Conheci os Beatles por intermédio de John Dunbar, o sócio da galeria Indica. Fiz uma máquina luminosa que ele vendeu aos Rolling Stones. John Dunbar conhecia John Lennon. John Dunbar ofereceu o estroboscópio a John Lennon para ver se ele comprava. O famoso estroboscópio, não sei se você recorda. Basicamente, uma grande luz estroboscópica. Foi na casa do John Dunbar que fui apresentado ao John pela primeira vez. Eu nem sabia que John era um Beatle. Quando ele surgiu, nem aparentava ser um Beatle. A inteligência e a presença de espírito dele me deixaram fascinado. Uma pessoa de grande senso de humor, o John. Conversamos por umas quatro horas a fio. John me convidou para jantar com ele. Tinha um baita Rolls-Royce.

Acho difícil de explicar o que acontecia com os Beatles. Sempre que a gente saía, milhares de moças [estavam disponíveis]. Uma mais linda que a outra. Eu morria de medo de que elas me matassem, quando eu estava sentado ao lado dos Beatles e [as moças] nos cercavam. Rasgavam suas roupas por amor. Sempre que os Beatles queriam transar com uma garota, era a coisa mais fácil do mundo. Só entrar na discoteca ou no restaurante, apontar para as garotas e dizer que gostamos desta. E é desta de quem gostamos.

Pessoalmente, creio que é por esse motivo que John está com Yoko hoje. Talvez seja por isso que Paul estava com Linda na época. Perdidamente apaixonados, com certeza. Até onde me diz respeito, e não chega a ser um grande elogio a Yoko e Linda, mas essas duas garotas não são exatamente as garotas mais femininas que já vi na vida. Tipo, um Beatle poderia ter, sabe, a garota mais linda do mundo. Eles tinham tudo. O dinheiro, a glória, tudo que você imagina. Eu conhecia o John muito bem. Creio que a única razão de ele ter escolhido a Yoko foi [a de querer] uma reação negativa. Tipo, a reação foi puramente negativa porque, na verdade, ele não suportava mais nenhuma garota no mundo. Ele sabia que poderia ter qualquer garota. E as garotas bonitas... ele não as aguentava. Tipo, de manhã à noite, um monte de garotas, não de meninos... corriam atrás deles. A gente costumava ir à casa dele e pensar que estávamos em paz. Do nada, uma jovem de perna quebrada pula o muro de John e pede um autógrafo. Um pé no saco. John queria a companhia de uma mulher. Mas também precisava muito de um amigo. Muito. Precisava de um amigo homem. E, na minha opinião, a Yoko conseguiu de alguma forma combinar os dois. Ele receava ter lindas mulheres correndo atrás dele. Yoko não era lá muito bonita, argh, e a mulher que ele escolheu na vida dele substituiu um homem.

SG: E quanto a Linda, os outros Beatles não gostavam dela com a mesma intensidade que não gostavam de Yoko?

AM: Isso, não gostavam. Sim, com a mesma intensidade. Talvez antipatizassem até mais com ela do que com Yoko. "Talvez" é modo de dizer. É verdade, mesmo. Por vários motivos, antipatizavam mais com ela do que com Yoko. E um dos motivos é que antipatizavam com Yoko. Mas, na época, ninguém pensou que esse lance do John com a Yoko fosse durar. Yoko era um bicho singular. No geral, porém, ela é uma das, digamos, excentricidades de John. Mas isso vai durar por quanto tempo? Com a Linda, o caso não foi assim. O que existe de comum entre Linda e Yoko é que a Yoko fazia as vontades de John. E Linda fazia as vontades de Paul. Mas a gente nunca pensou que a Yoko um dia estaria em alguma casa de arte. Ela não tem nem chance. O mesmo aconteceu com Linda.

O outro detalhe é que, bem... Tipo, a certa altura, pensei que iam cometer suicídio ou algo assim. A mudança para eles foi muito rápida. Começaram do nada em Liverpool. Num piscar de olhos tinham tudo no mundo. Com os Beatles tudo é rápido demais. Tudo. Ganharam todo o dinheiro. George Harrison se tornou o milionário mais jovem de todos os tempos. Conheço outros milionários. Mas herdaram a grana dos pais. George conquistou a grana por conta própria. Tinham todo o dinheiro do mundo. Mais do que conseguiriam gastar. Tinham toda a publicidade do mundo. Tinham toda a glória que almejavam. Até a própria rainha no país deles os brindou com a Ordem de Membros do Império Britânico. Se a rainha da Inglaterra passasse de carro pela Oxford Street, uma dúzia de pessoas se virava para ver o carro real e aplaudia. Mas se um carro com um Beatle a bordo passasse na rua, era engarrafamento na certa. E, puxa vida, o Beatle tinha que escapulir para salvar a pele, saltar do carro e correr para o lado oposto.

Uma vez a gente foi ao cinema. Sim, eles queriam ir ao cinema, e como queriam... Só que... não se atreviam a ir ao cinema. Mas uma noite, demos um jeito. Lá fomos nós ao cinema. Para encurtar a história, pensei que no fim do filme seríamos mortos. Alguém reconheceu um Beatle. Nem me lembro mais com quem eu fui. Um dos Beatles. Mais provável que tenha sido com o John, na realidade. Sei que, no meio do filme, alguém reconheceu que havia um Beatle e deu um grito: "Um Beatle!". Daí o pessoal se levantou das poltronas e começou a correr para chegar perto do Beatle, como se fossem ratos. Querem enxergá-lo. Nesse meio-tempo, a projeção foi interrompida, as luzes se acenderam e tivemos que sair dali em fuga. Foi como se a sala de cinema tivesse pegado fogo.

Chegamos a um ponto em que, com muita frequência, os Beatles ansiavam por privacidade. Na época, até o Ringo comentava que daria tudo na vida para ir a um pub local, uma tradição na Inglaterra, só para ficar de boas e tomar um drinque. Mas não tinha como. Por isso, construiu um pub em casa. É, o Ringo tinha um pub completo dentro da casa dele. Mas não é a mesma coisa, porque ele sentia falta do pub. Essas coisas os deixavam muito deprimidos. Por um lado, eles tinham tudo, sabe? Por outro, perderam totalmente a liberdade. E pra mim foi por esse motivo que se retiraram por completo dos palcos. Não queriam essa publicidade.

SG: Foi isso que o George falou hoje. Comentou que era demais. Era horrível.

AM: Sendo assim, cometeram um erro. Pensaram que, ao sair dos palcos pra ficar em casa e ir ao estúdio fazer gravações, o pessoal se esqueceria deles, deixaria eles em paz... Porque eram apenas artistas gravando um disco. Mas foi a mesma coisa. Isso não fez diferença alguma. A fama deles continuou igual. E era um imenso estresse para eles, uma tensão diária. Tipo, quase nunca saíam de casa, porque não podiam morar na cidade. Moravam na casa, isolados, sem amigos, sem nada. Ou seja, assim você pode pirar, afinal, tem tudo, mas não pode usar.

PETER BROWN: Em fevereiro de 1968, os Beatles tomaram a decisão de irem todos ao espartano ashram do Maharishi Mahesh Yogi, em Rishikesh, na Índia, passar um trimestre estudando Meditação Transcendental. Correu a notícia sobre o local aonde estavam indo, e o que seria um refúgio sagrado acabou virando um acampamento de verão para jovens celebridades. A glamorosa gangue de postulantes ao ashram do Maharishi incluía John e Cynthia; George e Pattie, mais a irmã dela, Jenny; Ringo e Maureen; Paul e Jane Asher; o músico de jazz Paul Horn, Mia Farrow e a irmã dela, Prudence (a quem John compôs a canção "Dear Prudence") e o cantor Donovan (na época, namorado de Jenny Boyd). A jornada envolveu trajetos de avião, táxi, jipe, burro e carro de boi, além da travessia de um rio sobre uma passarela de corda. Enfim, chegaram ao ashram do Maharishi. Não era Xangri-Lá, mas Ringo comparou aquilo com um dos acampamentos de férias da rede Butlin's.

SG: O que rolou em Rishikesh que resultou no rompimento com o Maharishi?

AM: Posso contar o que aconteceu em Rishikesh, tim-tim por tim-tim. Para começo de conversa, houve um mal-entendido entre os Beatles e eu. Sei que talvez não seja legal dizer isso, mas creio que naquela época eu exercia uma certa influência sobre os Beatles. Vou contar a você o que ocorreu em Rishikesh, mas primeiro me permita dizer uma coisa. De novo, vou deixar a falsa modéstia de lado, mas acredito que na época eu exercia uma certa influência sobre os Beatles, em especial sobre John. E o John, à maneira dele, estava saindo do grupo. Éramos muito íntimos, e [ele me deu] esse apelido, Magic Alex. John e eu tínhamos conversas muito inteligentes. John se sentiu [influenciado], hoje eu acredito, por toda essa pressão que eu aplicava nele, de que existe outro caminho [em vez das drogas], de que vale a pena experimentar esse outro caminho. Se não funcionar, volte às drogas se assim preferir. Volte às drogas ou faça o que lhe aprouver. Então foram se encontrar com o Maharishi para conferir o que mais havia por aí [em vez das drogas].

E a ideia automaticamente foi apoiada por George, e eu sabia que George apoiaria isso. Seja como for, depois disso, foram à Índia. Sugeri a John que ele fosse apresentado ao Maharishi, e eu sabia que o Maharishi viria à Inglaterra. Eu queria apresentá-los pessoalmente ao Maharishi. E creio que o Maharishi poderia ajudar, talvez não na prática, mas só distraindo a mente de John das drogas para outra coisa. Não que o Maharishi tivesse habilidades mágicas.

A certa altura, eles partiram rumo a Rishikesh. Não quis ir junto, apesar da insistência deles, por vários motivos. O fato é que partiram a Rishikesh em grupo, quer dizer, um grupo de amigos. Eu tinha um fascínio pela Índia, porque conhecia a Índia, e eles queriam que eu fosse lá porque iam visitar o Maharishi, e já estive envolvido com ele antes. Mas recusei, porque eu sentia que havia me dedicado muito à eletrônica. E por seis, sete meses absolutamente nada aconteceu, porque dividi a minha vida ao meio. Além disso, a minha equipe na área de eletrônica não conseguia tocar o trabalho sozinha... Assim que os Beatles chegaram a Rishikesh, comecei a receber cartas sem parar, me convidando pra ir a Rishikesh, e eu ainda tenho essas cartas. Cartas insistentes. Um dos Beatles logo voltou. Foi o Ringo quem voltou mais cedo. Eu me encontrei com o Ringo e ele me disse que eu deveria ir a Rishikesh. Também recebi uma carta afetuosa do Donovan. E [recebi] outra carta da Jenny [Boyd]. Ela também foi a Rishikesh. Na época, Jenny dividia o apartamento comigo em Londres. Ela morava comigo porque a polícia invadiu o apartamento dela. Quando teve a batida policial no apê dela, eu estava passando dois dias em Paris. Cheguei de madrugada e achei que havia ladrões na casa. E ao chegar me deparo com a casa toda revirada. A polícia entrou e virou a casa de pernas pro ar. Colchões picotados com facas. Tapetes erguidos. Mexeram em tudo. E também quebraram objetos. Pra completar, prenderam Jenny. Acharam no quarto de Jenny um cachimbo de Mick Jagger. Acho que o Mick deu o cachimbo pra Jenny. E Mick fumou algumas vezes nesse cachimbo. Quando Jenny foi detida pela polícia, foi interrogada se fumava [maconha] ou usava drogas, e respondeu: "Eu uso, sim". Tive que ser o fiador e assinar um documento para tirá-la [da cadeia].

A Jenny me enviou uma carta muito carinhosa de Rishikesh, dizendo o quanto era ótimo estar lá, que precisavam de mim e estavam todos juntos. John me enviou uma carta e recebi uma mensagem por meio de Ringo, e o Donovan me enviou outra carta, e daí o pessoal do escritório da Apple em Londres começou a me pressionar, porque recebia mensagens dos Beatles dizendo que eu deveria ir até lá.*

Foi tanta pressão que acabei indo. Ao chegar lá, nem acreditei. Eu tinha dito a eles que o Maharishi podia fazer milagres, mas aquilo era uma conspiração. Pessoalmente nunca acreditei que o Maharishi pudesse fazer milagres. Jamais acreditei que o Maharishi fosse um homem santo. Eu achava que o Maharishi era um impostor a seu modo. Tipo, ele é um iogue andarilho que viaja mundo afora, ganhando dinheiro e tentando ensinar. Não havia nada de errado com os seus ensinamentos, até onde me dizia respeito. Eu conhecia o Maharishi porque o Maharishi tinha vindo a Atenas para dar algumas palestras, e estive presente nas palestras e tive uma boa e longa conversa com o Maharishi.

SG: Por que você não avisou os Beatles antes de irem a Rishikesh que o Maharishi era um impostor?

AM: Boa esta [pergunta].** Eu não... Não. Preciso falar que tive vários problemas com os Beatles, e, de novo, era melhor eu não ir até lá,

* Na época não existiam celulares, então as mensagens a Alex devem ter sido enviadas por pombo-correio.

** Pergunta à qual ele nunca responde.

mas o problema era... Pessoalmente, não toquei em drogas. Não que eu tenha algo contra as drogas, morou? Mas como eu andava o tempo inteiro naturalmente eufórico, qual era o sentido de usar drogas vegetais? John fazia o possível para me drogar porque estava curtindo. Ele sentia que éramos amigos e que eu tinha que compartilhar o prazer, tentar ao menos uma vez, e tentei convencer John de que isso não era necessário. Eu não precisava. No dia que eu precisasse, eu experimentaria.

Que aventura [viajar a] Rishikesh, um trecho no lombo de um jumento, um trecho de avião, um trecho de jipe. Mas, chegando ao ashram, pensei: que piada. Tipo, [eu quis] levá-los embora na manhã seguinte, se possível. Rishikesh não era um ashram. Passei um bom tempo em vários tipos de ashrams: ashrams tântricos, ashrams hindus, ashrams Krishna Veni. Rishikesh era um hotel de luxo com serviço completo. O Maharishi mandou construir uma piscina. Foi a primeira que vi num ashram. E também chalés com várias comodidades e refeições. Um complexo todo organizado, uma comunidade privada, pertencente ao Maharishi. Logo no primeiro dia, conheci o contador dele. Nunca tinha visto um homem santo com um contador. Tipo, tem maneiras de administrar o dinheiro comunitário, por meio de um comitê... Mas um contador que mantém o livro-caixa e faz a contabilidade, isso é administração de empresas.

E como os Beatles não sabiam nada sobre ashrams, não tinham visto nada antes, porque foram até o Maharishi, não a um ashram. O Maharishi não permitia aos homens ficarem com suas esposas. Essa ideia encantou John. Adorou isso, na verdade. Mas acho que deixou a Cynthia muito tristonha. Ela queria ficar com ele, todo mundo tinha lá seus próprios problemas. Meu maior interesse era o John. Fiquei muito contente ao ver que o John aparentava estar bem mais saudável. Estava mais corado e mais feliz, levava tudo muito a sério, e se esforçava... Ficou muito animado quando cheguei, porque talvez em parte eu fosse o motivo de ele estar lá.

Hã... mas, hã, para os Beatles era... Não conseguiam enxergar o que me saltava aos olhos ali. Não que gostassem muito... O George, talvez sim, mas o John, não necessariamente. Tudo sem aqueles confortos por perto. Não creio que John estivesse preparado para arrumar a cama e preparar a comida, morou? Talvez ficasse preparado após a primeira semana, digamos, ou após dez dias no ashram, porque John se adaptava muito rápido às situações. Mas chegando lá sem ter oferta de serviços, acho que ele não ia curtir muito, embora fosse bem simples em sua rotina doméstica.

Fui visitar o Maharishi. No fim das contas, essas conversas se transformaram em propostas de negócios. Nunca imaginei que o Maharishi fosse um homem santo, mas também nunca tinha imaginado que o Maharishi fosse um homem de negócios. Que tentasse ganhar dinheiro com isso, morou? Nisso veio à tona a ideia de que os Beatles, e todas as outras pessoas naquele ambiente, deveriam pagar ao Maharishi uma parte determinada de seus proventos anuais. Por esse acordo, os seguidores do Maharishi deveriam pagar pessoalmente ao Maharishi. Tinham que pagar ao Maharishi, conforme a categoria, independentemente da situação financeira, algo entre 10% e 25% (em alguns casos, até 35%) de sua renda anual para apoiar o movimento dele. Ele pedia isso a todos. No terceiro dia, eu já estava saturado daquilo.

SG: O que você disse aos Beatles para convencê-los a ir embora?

AM: Foi só uma questão de apresentar provas aos Beatles. Não cabia a mim a decisão de levar os Beatles, porque os Beatles não me pertenciam. Por um bom tempo, adiei essa decisão porque senti que o ambiente fez bem aos Beatles. Estar ali, longe de Londres, sem drogas. O próprio John Lennon passava momentos difíceis na Inglaterra e precisava se desintoxicar. Não das drogas, das circunstâncias. Por isso, resolvi deixá-los ali o maior tempo possível, porque o ambiente fazia bem a eles.

O outro problema com o Maharishi é que ele era um sujeito inteligente. Tentou me usar. Tentou me usar assim: ao perceber em mim um inimigo em potencial, quis me bajular. Sabia de meu interesse por eletrônica e começou a discutir comigo um grande projeto a ser construído nas montanhas do Himalaia. Seria a estação de rádio mais forte do mundo para transmitir a mensagem dele.

SG: A gota d'água foi quando o Maharishi arrastou a asinha para o lado de uma jovem americana?

AM: Isso está correto. Totalmente correto. Não só para uma jovem americana, mas para várias jovens americanas. História chocante. O Maharishi nos obrigava a consumir comida vegetariana e malcozida, de certa forma, muito malcozida, mas ele mesmo comia frango. Só frango, nada mais. Bebida alcoólica não era permitida no acampamento. Tive que contrabandear álcool porque a Cynthia queria tomar uns drinques. Cynthia andava muito deprimida. John recebia cartas de Yoko Ono. Yoko planejava conquistar John. Ela escrevia cartas muito poéticas e românticas. Eu me lembro dessas cartas, porque o John me mostrava as cartas, e Yoko dizia ao John coisas como: "Sou uma nuvem no céu e, quando ler esta carta, vire a cabeça e olhe pro céu, e aquela nuvenzinha é a Yoko. Estou longe, mas de olho em você". De certa forma, muito romântico.

A Cynthia, coitadinha, estava disposta a fazer absolutamente tudo para reconquistar John. Mas nem sequer tinha permissão para visitar a casa onde John estava hospedado. Cynthia achava que ia passar 24 horas por dia com John. Mas ela não estava disposta a meditar e se deixar influenciar pelos ensinamentos do Maharishi. Ansiava por uns drinques. E muita gente ali ansiava por um drinque. Ora, a bebida alcoólica era estritamente proibida no ashram, mas quando veio à tona que o Maharishi havia tomado um drinque, eu disse: "Peraí um pouquinho, direitos iguais" [risos].

SG: Como é que você descobriu sobre o Maharishi e as jovens?

AM: Descobri sobre as jovens porque o Maharishi costumava isolar as pessoas que revelavam problemas para fazer meditação. O Maharishi prometia que se você se sentasse embaixo da árvore, fechasse os olhos e repetisse o mantra o máximo possível, entraria em meditação. A pessoa se sentava embaixo da árvore e repetia o mantra dela 25 mil vezes. Se alguém estivesse caminhando atrás dela, ela abria os olhos e virava a cabeça. De modo que o Maharishi obrigava todo mundo a meditar, mas muita gente dava a real pra ele: "Pra mim, não funciona. Não consigo meditar. A situação é essa".

Após o jantar, às onze da noite, ele dava consultas em particular, em sua *villa* luxuosa. Uma espécie de fortaleza, isolada do restante das casas da comunidade, na outra ponta. Jamais convidava uma das senhorinhas. Palestrava para as idosas, sobre os problemas delas. Mas daí falava com uma jovem de 21 anos e de repente se saía com esta: "Você tem dificuldades para se concentrar. Precisamos meditar juntos. Venha me visitar".

Mas o Maharishi tinha muito tempo livre durante o dia, porque ao longo do dia tínhamos horas livres. Tínhamos que meditar, todos nós. O Maharishi não meditava conosco. Estava em casa, trabalhando em sua [inaudível]. Nunca sugeriu a alguém: "Venha me visitar durante o dia [inaudível]". Só após o jantar. Após o jantar...

SG: Alguma das jovens contou que ele deu em cima delas?

AM: Escute. Não só me contou, também fomos até lá e ficamos espiando pelas janelas do Maharishi. Pra mim, tornou-se uma espécie de batalha pessoal entre o Maharishi e eu, digamos, uma batalha mental.

PETER BROWN SOBRE O MAHARISHI

TEM UMA COISA. Apesar de os Beatles terem virado a página com o Maharishi, a recíproca não era verdadeira. Um executivo da ABC-TV em Nova York me ligou no meu escritório. Queria confirmar se os Beatles tinham topado participar de um especial de televisão de uma hora com o Maharishi. Respondi que os Beatles não concordavam e que nunca tínhamos ouvido falar de especial de TV algum, que dirá nos comprometido em participar dele. Naquele dia, mais tarde, recebi novo telefonema da ABC. O Maharishi insistia que era verdade. Liguei ao Maharishi no hotel onde ele estava hospedado em Falsterbo, resort à beira-mar no sul da Suécia, perto de Malmö. Avisei que parasse de usar o nome dos Beatles, mas ele não entendeu ou se fez de desentendido. Resolvi que a melhor maneira de pôr um ponto-final nessa história era indo à Suécia para conversar pessoalmente com o Maharishi. Em 1967, no comecinho de outubro, fui me encontrar com ele em Falsterbo. Do modo mais veemente possível, frisei que os Beatles não iam aparecer em seu especial de TV e que ele precisava parar de usar o nome dos Beatles. Abriu um sorriso celestial e fez que sim com a cabeça. Quando voltei a Londres, porém, toca o telefone, é a ABC-TV novamente. O Maharishi continuava insistindo que poderia contar com os Beatles. Nisso recorri a George e a Paul. Assim, em 14 de outubro de 1967, nós três voamos à Suécia, onde George e Paul lhe disseram rispidamente (o mais rispidamente possível) que estavam absolutamente 100% fora de seu especial de TV. Foi a última vez que ouvimos falar dele.

PATTIE BOYD HARRISON CLAPTON E JENNY BOYD FLEETWOOD

Em retrospectiva, o termo Swinging London não fez justiça à criatividade e à empolgação da Londres dos anos 1960. Foi um termo cunhado pela revista Time, *uma descrição boba para tentar explicar a empolgação e a criatividade efervescentes. Acordar de manhã em Londres era algo incrível. Pulsava uma confluência da história. A Inglaterra se recuperava dos horrores da guerra dos anos 1940. Chegava ao fim o conservadorismo sombrio e cinzento dos anos 1950, e com ele a política repleta de escândalos que pôs em xeque o próprio e rígido sistema de classes. Uma nova aristocracia florescia em Londres, não de berço, mas de façanhas: galera na casa dos vinte anos, desbravadores nos ramos da música, arte, fotografia e moda. Por ironia do destino, a Swinging London era classista à sua maneira, da mesma forma que uma cantina escolar do Ensino Médio consegue ser. Um núcleo pequeno, umas trinta pessoas talvez, com sua própria elite social e realeza. O Monte Olimpo deles era o Ad Lib Club, que ficava lá no quarto andar de um prédio cujo térreo era uma sala de cinema. Foi nessa boate que Ringo pediu Maureen em casamento. No topo dessa nova elite, quatro jovens que, sabe-se lá como, granjearam muito mais influência sobre o público do que meros mortais de qualquer meio social antes deles. George Melly chamou a relação entre o entretenimento e a elite social da Swinging London com o resto da juventude britânica de "feudal", cujos "éditos" eram "proferidos pelo*

Ad Lib Club". No ápice talvez estivessem a modelo Pattie Boyd e o Beatle George Harrison, casal que personificava a Swinging London diante do grande público. Pattie nasceu em Somerset e passou uma parte da infância em Nairóbi. Educada em internatos para moças, ela trabalhava numa revista em Londres quando foi "descoberta" e se tornou modelo.

Rara fonte de inspiração, Pattie é a própria musa encarnada. Efeito mais bem descrito pelo dom de inspirar canções em sua homenagem. O primeiro marido, George Harrison, compôs para ela "I Need You", "If I Needed Someone", "For You Blue" e uma das canções de amor que mais ganhou covers na história fonográfica: "Something". O segundo marido, Eric Clapton, não deixou por menos: compôs para ela "Bell Bottom Blues", "Wonderful Tonight" e também uma das mais grandiosas canções de amor, "Layla".

Jenny Fleetwood, irmã de Pattie e esposa de Mick Fleetwood, concluiu o doutorado e se tornou escritora e consultora sobre drogas.

STEVEN GAINES: Você trabalhava como modelo de revistas ao conhecer George. Queria se tornar atriz?

PATTIE BOYD: Não, eu só tinha feito algumas propagandas. Achei que o meu agente tinha me enviado para fazer outro comercial [mas seria uma pontinha no filme *A Hard Day's Night*].

SG: Você conheceu George naquela cena do vagão de trem?

PBOYD: Exato. No primeiro dia das filmagens. Eu tinha 19 aninhos. George ficou tímido. No fim daquela tarde, uma terça-feira, ele me convidou para sair com ele. Tive que recusar. É que eu já estava saindo com alguém. No dia seguinte, voltamos para novas filmagens. E desta vez, acho que ele não... Ele era um gato. Sim. Um gato. E tivemos que filmar de novo, ele repetiu o convite, e falei sim. Namorei o George por dois anos antes de nos casarmos. Foi uma cerimônia discreta, só com as famílias e Brian. Sem alarde. Sem publicidade. Fomos morar numa casa em Esher, perto dali.

SG: E sua carreira de modelo, como foi afetada? Acabou se tornando uma top model, uma das três ou quatro modelos mais cobiçadas da Europa, não é?

PBOYD: Eu já fazia muitos trabalhos antes de conhecer o George. Quando nos casamos, comecei a ser mais seletiva sobre o que ia fazer.

SG: Em que contexto os Beatles se interessaram pelo Maharishi?

PBOYD: Eu li num cartaz que o Maharishi ia dar uma palestra no País de Gales. Ele ia palestrar também no Hilton Hotel em Londres. Vi o anúncio no jornal da quarta-feira anterior e contei pra todo mundo. Os quatro Beatles foram ver a palestra. A plateia ficou em êxtase, um público bem grande, em torno de 1.500 pessoas. Tiraram uma foto com o Maharishi sentado na cadeira, sorrindo, com os Beatles literalmente aos pés dele, com uma aparência mágica, sabe? Pra mim, isso aconteceu num momento perfeito, porque todo mundo andava meio perdido. Não admitíamos isso um para o outro, mas acho que todo mundo andava perdido.

SG: Quando o Maharishi surgiu, a bebida e as drogas pararam?

PBOYD: Nessa época, todo mundo consumia LSD pra caramba. Praticamente todo mundo andava perdidinho da silva. Tinham perdido o contato com a realidade. Na real, o Maharishi era o outro extremo da escala.

SG: Vocês foram assistir à palestra do Maharishi no Normal College, em Bangor, North Wales. Uma turma incrível foi ao País de Gales. Os quatro Beatles, Paul com Jane, e Mick Jagger.

PBOYD: Quando estávamos no País de Gales, veio a notícia da morte de Brian, e sofremos um grande impacto, ele era tão positivo, tão forte, tão bom para todos. Foi um impacto e tanto.

SG: John declarou à imprensa que encontraram na meditação a capacidade de superar um choque desses. Todo mundo sabia que Brian andava tão perturbado assim?

PBOYD: Não, não... Ele guardou segredo. Não me dei conta disso. Só de vez em quando a gente se via. Sabe, íamos à casa dele em Londres, todo mundo ficava muito [chapado], e Brian era um cavalheiro. Mas fazia coisas como picotar jornais e coisas assim. Era meio engraçado, mas, sabe, eu suponho que estivesse bem.

SG: Por que ele picotava jornais?

PBOYD: Suponho que estivesse muito chapado. Era só algo pra fazer. Só uma tolice. Tipo, com todo mundo chapado ao mesmo tempo, não tinha ninguém para... traçar um caminho firme...

SG: Você e o George foram os últimos a ir embora da Índia. Por que todos os outros foram embora? Mas teve alguém que voltou logo dizendo o quanto o ashram era nojento. Acho que o Ringo já tinha debandado porque a Maureen tinha fobia de moscas. Por que o John debandou?

PBOYD: Porque alguém, não sei se inventou ou se era verdade, mas correu um boato sobre o Maharishi, de que ele tentou fazer sexo com uma das moças. Isso nos pegou de surpresa, em especial o John, que, seja lá como for, só queria um motivo para ir embora. Por isso, foi embora. O tempo inteiro estava apaixonado por Yoko. A Yoko o influenciou. Acho que ela escrevia ao John na Índia.

SG: Onde é que o Magic Alex entra nisso tudo?

PBOYD: Magic Alex tinha uma amizade muito próxima com o John, e não curtia a ideia de John com o Maharishi. Ele queria ser o guru. Sei que rolou uma fofoca sobre a Mia Farrow e o Maharishi.* E também de outra moça bem importante no grupo da Meditação Transcendental. Uma americana de origem indiana. Logo de cara o Alex se tornou amigo dela. Acho que a intenção dele era fazer intriga. Desde os primeiros dias, senti muita animosidade em relação ao Maharishi. Não embarquei nessa. Eu me lembro que cheguei a pensar: todo mundo acha que ele é legal, então devo ser eu. Eu me lembro que o George veio me dizer: "Escute, você é a responsável por isso", porque eu que tinha visto o pôster.

JENNY BOYD: A Pattie teve um sonho. Ela disse que o Maharishi estava arrastando a asinha para uma das moças. Pattie me falou que, como ela e George eram responsáveis por mim, não iam me deixar ficar lá. "Vai embora com a gente. Estamos indo para casa". Daí eu me lembro que [um dia] depois do café da manhã, eles obviamente contaram ao Maharishi e todos foram até o portão. O Maharishi lá, com os meninos, embaixo do guarda-chuva. Quando fomos embora, ele gritou: "Voltem, voltem, voltem". Crianças em idade escolar acenavam.

Dirigimos por quilômetros e mais quilômetros, centenas de quilômetros. Teve uma hora que, eu me lembro, todos os carros pararam. E John de repente deu um grito! Só deu um grito repentino. Louco para sair dali. Não tenho ideia por quê. Mas, olhe, ele acreditava no Maharishi, acreditava incondicionalmente. O negócio era o seguinte, você passava o maior tempo possível em meditação, e essa imersão supostamente permitia se livrar de seus principais problemas. Mas John enfrentava momentos críticos e chegava dizendo: "Tentei meditar, mas não rola". Ele bem que tentou. E isso o afetou para pior. Porque

* Anos depois, Mia Farrow confirmou que estava a sós com o Maharishi e "de repente, dois braços peludos e surpreendentemente másculos me envolveram". Ela foi embora do ashram imediatamente.

no começo ele suspeitava, mas depois começou a acreditar. Acho que ele chegou ao limite da crença espiritual, algo bem mais perigoso [de perder] do que qualquer outra crença. Eu me lembro de que paramos nos carros que nos levavam embora e fizemos a pergunta: "O que é que vamos dizer?". Obviamente, tudo o que os Beatles diziam nessa época era importantíssimo. Vamos ter a ousadia de contar ao mundo? Era uma questão relevante: "Ele é uma fraude; não, ele não é". Outras pessoas no ashram eram viciadas em Maharishi e já estavam com o Maharishi havia uns sete anos.

SG: Hoje, todos esses anos depois, acha que o Maharishi não fazia nada de bom?

PBOYD: Até hoje, ninguém sabe. Ninguém sabe de verdade. A principal meta do Alex era provar ao John que esse guru não era o guru que ele pensava ser. Muito orgulhoso, Alex conquistou a confiança e a amizade de John, e isso para ele era muito importante.

JBOYD: Eu alugava um quarto na casa do Alex. Na época, eu meio que estava namorando o Donovan. Alex, um cara muito ingênuo e inteligente, ouviu falar que Donovan estava indo para a Índia, e eu disse que ia me encontrar com Donovan lá, porque iria com a minha irmã e o George. Donovan falou que queria me levar com ele. Alex meio que rivalizava com Donovan. Uma disputa por mim. Mas o Alex não me queria de verdade. Era quase porque o Donovan era tão... John Lennon também frequentava a casa. E foi então que tentaram pegá-lo no flagrante. Obviamente que a polícia ficou de tocaia lá fora. Sabiam que John [Lennon] também aparecia e tentaram incriminá-lo. Um mês de tocaia. No dia em que a polícia fez a batida pra valer, todos nós partimos rumo à Índia.

SG: O Magic Alex foi detido?

JBOYD: Não. *Eu* fui detida, porque só depois de voltar da Índia eu soube que drogas tinham sido encontradas no apartamento. Conforme a legislação inglesa, o dono do imóvel, Alex, é responsabilizado. E não eu, a inquilina. Mas como o pai dele é um oficial de alta patente no exército grego, disseram: "Se tocarem nele, muitos ingleses vão se dar mal na Grécia". Então servi de bode expiatório.*

SG: Como era a aparência de Alex?

PBOYD: Um astro. Bonitão. Com ideias fantásticas, maravilhosas. Alto-falantes no papel de parede. Acho que sim. Mas nessa época ainda eram muito ingênuos. Tinha muita gente querendo uma carona. E dava pra notar que eram meio vigaristas.

PETER BROWN: Vou te falar, o Magic Alex me deixa intrigado. Nunca pude apontar qualquer delito de Alex. Mas, em retrospectiva, parece que sempre estava presente quando algo errado estava acontecendo. Eu me lembro perfeitamente de que o Alex voltou da Itália e contou ao John que a Cynthia estava aprontando com alguém.

PBOYD: Acho que o Alex se ofereceu para ir à Itália. Acho que ele perguntou ao John: "Que tal eu ir lá e dar um confere na Cynthia?". Acho que o Alex só queria ser um amigo leal ao John. Queria chamar a atenção de John. Muita gente queria a atenção dele na época. Não só física, mas mental. Ficavam quase desesperados, os heterossexuais. Alex tinha visto a Cynthia na Itália com o Roberto Bassanini, com quem ela acabou se casando.

* Por sorte, Alex estava em Paris na noite da batida de busca e apreensão. Por mais que ele alardeasse o contrário, o pai dele, embora fosse oficial do exército, não tinha poderes para protegê-lo da polícia de Londres, que dirá ameaçar com retaliações aos ingleses que moravam na Grécia.

SG: Quando foi que você e o George terminaram? Você se lembra qual ano foi? Por um bom tempo, você ainda estava com George, e Eric já estava apaixonado por você. E naquela altura George teve uma briga com Eric por sua causa.

PBOYD: Eu contei ao George, sabe. Eu queria morrer e nada mais. Os dois brigaram mesmo.

SG: Mas li que você foi a uma grande festa, e você e Eric estavam numa trilha da floresta, ou coisa assim, de mãos dadas, daí o George chegou e os faróis do carro iluminaram vocês na floresta.

PBOYD: Bem, não foi assim, na verdade saímos para conversar. Tinha uma tênue neblina perto do chão.

SG: Me disseram que você era fiel a ele e fiel a George, e foi daí que Eric compôs "Layla".

PBOYD: Porque ele queria me convencer a ir morar com ele. Eu não podia.

SG: Por que você acabou terminando com o George?

PBOYD: Porque cada um estava indo numa direção diferente.

SG: Não foi porque George declarou que estava apaixonado pela mulher do Ringo, a Maureen?

PBOYD: Não. Foi só que a gente estava, sabe como é, indo em direções diferentes.

SG: No ramo do rock and roll, casamentos não duram. Algumas mulheres sempre se envolvem com músicos. Mas, por exemplo, se uma moça se casa com um alfaiate, e o alfaiate é o primeiro marido... ao se separar quase nunca casa com outro alfaiate.

PBOYD: Acho que se você curte música, sabe, não quer morar com alguém e sair com alguém que dorme às dez da noite e no dia seguinte vai dar aula na escola.

SG: George andava muito frustrado porque não conseguia espaço nos álbuns para as canções dele? George encarava isso como um pomo da discórdia?

PBOYD: Sim, encarava. Paul era particularmente seletivo e preferia as canções que ele mesmo compunha.

SG: O que foi que separou os Beatles no final das contas?

PBOYD: Acho que discordam um do outro um pouco demais.

SG: Qual foi a causa das hostilidades?

PBOYD: As pessoas do quarteto se tornaram indivíduos, talvez. Sabe, precisavam diversificar, satisfazer as necessidades individuais. E agora tinham tempo e dinheiro para diversificar, e para individualizar suas personalidades, sabe? O principal foi isso.

SG: Acha que a Yoko e a Linda ajudaram a polarizar a situação?

PBOYD: Sim. Mulheres de gênio forte. Sem dúvida.

SG: Acho que, até certo ponto, o John acabou ficando em segundo plano, isso há um bom tempo. O George começou a ganhar confiança como músico e o Paul tinha assumido o controle. É provável que o

George tenha se sentido mais forte do que antigamente. E isso desembocou em um conflito com Paul. Todo mundo anda muito seguro de si, todos ao mesmo tempo. Como é que o George foi com a cara do Allen Klein?

PBOYD: O Klein era um espertalhão. Quando precisava, sabia usar seu charme. Veja bem, na época, parece que foi uma escolha entre os Eastman e o Klein. Acho que George não ia com a cara do John [Eastman].

SOBRE A VIAGEM A HAIGHT-ASHBURY

PBOYD: Todo aquele movimento hippie, o qual, aliás, os Beatles achavam enojante. Acho que o movimento hippie... Fui a Haight-Ashbury com o George.* Não teve graça nenhuma. Foi durante o verão e nos disseram que era um lugar bonito e aprazível, um lugar charmoso para se visitar. Mas não me lembro direito o porquê, só sei que o motorista da limusine se recusou a nos levar até lá. Preferiu estacionar numa estradinha no topo da colina. Falou que a gente podia descer até Haight-Ashbury, e ele ficaria nos esperando. Fomos a pé e entramos numa loja, e o pessoal começou a reconhecer George e a andar em nossa direção, e nos reconheceram. Daí a coisa ficou bem assustadora. Só me lembro de ter dito às pessoas que parassem de nos seguir. Alguém falou: "Vamos entrar no parque. Vamos rápido". E a gente bem que tentou continuar, mas fomos obrigados a parar, tinha uma multidão atrás de nós. A gente tentou caminhar até que dissemos: "Tá bem, vamos parar aqui". Do nada surge um violão e o

* Pattie se esqueceu de que todos tinham tomado LSD naquele dia.

colocaram nas mãos de George. Insistiram para que ele tocasse para eles. De repente nos caiu a ficha, toda aquela gente havia rompido com o sistema, decidido que eram hippies e assumido esta ou aquela atitude, essa era a interpretação deles, mas deu tudo errado. George devolveu o violão e nos permitiram subir a rua até o carro. Pode apostar, George não aceitou as drogas que tentaram dar a ele, daí os caras começaram a balançar o carro. *Bang!* A coisa virou um show de terror, algo muito apavorante.

NEIL ASPINALL

Se existiu mesmo um quinto Beatle, esse alguém foi Neil Aspinall. Esse codinome só cabe a ele, e a ninguém mais. Parça de Liverpool desde os tempos do Cavern Club, tornou-se um membro dos Beatles como qualquer um dos outros. Verdade, transportava os instrumentos, ajudava a carregar e descarregar os equipamentos, mas também os acompanhava a todos os lugares, em todas as suas aventuras. Participava das reuniões e opinava, e todos tinham igual respeito por suas ideias. Um cara aberto, com sotaque nortista: falava a pura verdade. Via tudo e sabia de tudo. Era confiável. Nunca dava entrevistas, e a transcrita a seguir só aconteceu por solicitação especial de Peter Brown. Após a dissolução dos Beatles, Neil assumiu a gerência da moribunda empresa Apple e a edição do filme que acabaria por ser lançado como Let It Be. *Os outtakes dessas filmagens resultaram no brilhante documentário de seis horas de Peter Jackson,* Get Back. *Neil também elaborava um maciço projeto editorial, com o qual todos os Beatles contribuíram,* The Beatles Anthology. *Para Neil, foi como cuidar de um cemitério. Em 2007, Neil foi diagnosticado com câncer de pulmão. Foi transferido de Londres ao Centro Oncológico Sloan Kettering, em Nova York, onde Paul foi visitá-lo. Quando Neil faleceu em Nova York, em 24 de março de 2008, Paul se ofereceu para pagar todas as suas despesas médicas.*

STEVEN GAINES: Pattie nos relatou a história sobre o rude despertar que você teve na visita a Haight-Ashbury, em 1967. Você, George, Pattie e a irmã dela, Jenny, no verão de paz, flores e LSD.

NEIL ASPINALL: Estive lá. O que não gosto mesmo é de tocar no assunto... Pergunte a Pattie, certo? O ponto de vista dela. OK? O modo como ela encara. E daí você me conta o que ela disse, e penso: *não foi isso que aconteceu comigo*. Olha só, todo mundo estava chapado naquela viagem a São Francisco. Pra começo de conversa, sob efeito de LSD. Embarcamos nesse jatinho [em algum lugar nos EUA] e me lembro de que fomos a São Francisco, com George, Pattie e Jenny. Pegamos a rodovia Big Sur. Eu lembro de Pattie e Jenny dançando na praia. Eu tocava uma daquelas concertinas, um miniacordeão. Chegando a São Francisco, descemos do carro e saímos andando pela rua. De repente, centenas de pessoas os seguiam. Ficaram um pouco preocupados e quiseram voltar à limusine. E esse pessoal simplesmente os cercou e disse: "Bem, sabe, nos abençoe ou coloque algo sobre nós".

SG: A história que você contou é bem parecida com a dela. Ela disse que foram a São Francisco e tinham tomado LSD. Andaram por Haight-Ashbury, e a multidão começou a segui-los. Queriam que George os abençoasse ou erguesse as mãos sobre eles. Foram até um grande parque e exigiram que George tocasse violão. Segundo Pattie, George comentou que o trataram como "objeto", o foco não era a música nem algo espiritual. A multidão foi hostil?

NA: A coisa que mais me irritou foi só andar pela calçada em Haight-Ashbury, em meio àqueles grandalhões do Hells Angels que simplesmente poderiam partir você ao meio. Sabe, era só [um olhar atravessado] e eles matavam a gente, certo? Era isso que parecia. Talvez eles não fossem assim, mas parecia. Jaquetas de couro com tachinhas nas costas. Harley-Davidsons grandes, bem grandes... e você ali passando na calçada, certo, e dois deles começavam a discutir, e daí tudo ficava: "Paz e tranquilidade. Sério, cara, você ainda não me viu bravo". Tudo tão falso. Na real, foi esse lance que...

SG: Quem convidou os Hells Angels à festa de Natal na Apple?

NA: Faça essa pergunta ao George. Sei lá. Mas sei que devoraram o peru... Mal saiu da cozinha pela porta, não sobrou nada.

PETER BROWN: Mas não ficou sabendo que teve briga? Continuaram perguntando quando a comida chegaria.

NA: George os convidou. Derek Taylor interferiu: "Olha, podem ir embora?". E o Frisco Pete falou: "Cara, não depende de você. Foi o George quem nos convidou. Se ele quiser que a gente vá embora, a gente vai". O Derek [Taylor] disse a George: "Essa galera está aqui há muito tempo, pode fazer algo?". E George se aproximou do Frisco Pete e disse: "Ei, escute, sabe, hã...". Fez uma daquelas jogadas ying-yang [risos]. Sabe quando é, tipo, ying/yang, dentro/fora, pra cima/pra baixo. "Convidei vocês. Agora estou pedindo para vocês irem embora." E o cara falou: "Beleza". E todos foram embora.

SG: George teve coragem.

NA: Nem tanto. Foi ele que os convidou.

PB: Mas eles queriam puxar briga.

NA: Com George, não.

SOBRE BRIAN EPSTEIN

NA: Quando Brian se candidatou a ser empresário dos Beatles, a minha irmã me ligou dizendo que tinha ouvido falar que ele era gay, o que era um cenário e tanto. Respondi: "Não sei de nada". Ela disse: "Bem, ele é muito discreto". Contei aos Beatles: "Ei, vocês sabiam que o Brian é gay? Mas não contem ao Brian, porque não quero problema pro meu lado". Sabe como é o Lennon. Na primeira chance, ele aborda o Brian. Ele e o Brian zarparam na porra da noite adentro [no carro de Brian] com os cérebros pilhados de pílulas. E John o interpelou: "Ei, cara, o Neil falou que você é bicha. É verdade?".

Não sei como essa conversa acabou. A única coisa que sei é que no show seguinte, num salão de baile em Manchester, os meninos tocavam no palco e Brian me puxou para o lado: "Tenho um assunto para resolver com você" [risos]. Falei: "É mesmo? Qual é?". E ele: "Bem, você falou aos meninos algo que não é verdade". E eu disse: "Falei? O que foi que eu falei?". Ele rebate: "Você sabe muito bem o que é". Respondi: "Bem, e você também. E qual o problema nisso, afinal?". Mas ele insistiu em me convencer que não era. Eu disse: "Você é, sim". E ele: "Não sou, não!". E eu: "Ora, você é". E ele: "Não sou, não. Não sou". Falei: "Bem, e o que você quer que eu faça, amigão? Isso é uma loucura". Foi nesse dia que o Brian e eu criamos algum tipo de relacionamento. Depois desse episódio, ele sempre levou de boa. Com certeza a gente não se importava. Cada um vive como quer.

SG: Na última noite da turnê, no Cow Palace, em São Francisco, os Beatles sabiam que Brian estava sendo chantageado? E que foi por isso que ele não marcou presença no último show?

NA: Ora, por que o Brian estaria lá? Ele tinha seus próprios assuntos pra resolver. E na hora em que o show acabou, ainda não seria o último show. Vou contar a vocês o que aconteceu. Não sei bem a sequência dos fatos, mas sei que [voltando do Japão e de Manila] acho que nos hospedamos no Hotel InterContinental [Taj Mahal], em Bombaim. Todos nos hospedamos lá, e o Brian se hospedou lá. Talvez o Brian tenha comentado sobre a turnê de 67 ou coisa assim. Eu me lembro de que o George disse a Brian: "Olha só, todo ano é a porra dessa turnê nos EUA, não é um evento anual, porque já não estou mais com vontade de fazer isso". E todos os outros pensam: "Sim, essa é uma boa ideia. Também não temos mais vontade de fazer isso". Nada pré-planejado indicava que Candlestick Park seria o show derradeiro. Esse papo não é verdade. Isso nunca foi planejado antecipadamente. Esse foi o último show que fizemos nos EUA. Mas, uns meses depois, se nos perguntassem: "Ei, ano que vem vamos voltar aos EUA?". [A resposta seria] "Não, obrigado." Mas nada foi pré-planejado. Nada do que fizeram foi pré-planejado. Zero de pré-planejamento. Como já falei antes, sabe, quando vocês tocaram no assunto de Candlestick Park. Como é que a gente ia saber que aquele ia ser o nosso último show nos EUA?

NEIL SOBRE MANILA

SG: Na turnê de 1966, pode me explicar o que ocorreu em Manila? Foram agredidos no aeroporto?

NA: Não. Desembarcamos do avião nesse lugar maluco. Sufocante e assustador. E todos nós portávamos drogas, certo? Bem, eles portavam. [Policiais armados mandaram os Beatles deixar as valises na pista e entrar em um dos carros que os esperavam. Foram levados embora, deixando Neil para trás.] Fiquei lá, no meio daquele bando de lunáticos. Ninguém sabia falar inglês. E meu único interesse é que aquelas quatro sacolas não sejam levadas. Elas vão comigo. Mas o caos foi tanto que acabo com as sacolas, dentro do carro, protestando: "Me levem até os Beatles!". O cara acelera e me vejo no fim de um cais, vigiado por uns caras com submetralhadoras. Cada um deles tinha uma submetralhadora, tá entendendo? Pela primeira vez na minha vida, eu me deparo com essa maldita cultura de submetralhadoras, coisa inexistente na Inglaterra. Lá estou eu, no fim daquele cais. Pergunto: "Cadê os Beatles?". Apontam uma luzinha cor-de-rosa sumindo no horizonte e dizem: "Lá estão eles". Eu disse: "Como assim, 'Lá estão eles'? Cadê o hotel?". Estão nesse iate da peste. Ao que parece, foram levados do aeroporto direto ao iate. O iate zarpa e eles se entreolham: "Que diabos estamos fazendo aqui? Cadê o hotel? O que está acontecendo?". Uma balbúrdia, uma confusão como nunca antes tínhamos visto. Manila foi uma doideira.

Daí o iate volta, vamos ao hotel. No dia seguinte, a gente acorda e espera o serviço de quarto. Os Beatles todos ali, em suas camas, assistindo à TV, e um narrador no palácio do presidente informa: "Os Beatles devem chegar a qualquer momento". Você ali na cama, à espera do café da manhã, e um apresentador de TV anuncia que você está chegando, sabe, na festinha da Imelda Marcos, a 30 km de distância. E os Beatles ali, deitados na cama, à espera do café, começando a levantar. A viagem toda foi uma bagunça. Até pra encomendar a comida. Traziam a comida num carrinho, numa bandeja grande de prata com aquelas tampas retráteis. A gente falava: "Ai, meu Deus", e baixávamos a tampa de novo, sabe. Passamos três dias sem comer porque parecia que estavam nos enviando uma porcaria pútrida. Sabe, até mesmo flocos de milho que a gente come no café da manhã, pensávamos: "Flocos de milho, não tem como errar com isso". Certo? Mas o leite era intragável. O tempo inteiro que estive em Manila não consegui comer.

Naquele dia, eles iam tocar para um público de cem mil pessoas, com partida prevista para o outro dia de manhã. No dia seguinte, Mal e eu enfiamos todo o equipamento numa van e fomos ao aeroporto. Como sempre, o aeroporto tinha uma rotatória, mas o guarda de trânsito ficou nos mandando dar voltas e mais voltas, só andando em círculos. Gritei ao Mal: “Pare! Fique na van. Eu vou descer e descobrir o que está acontecendo”. Saio da van rumo ao aeroporto, e o pessoal da recepção tinha sumido. Terminal deserto. Quase como se alguém tivesse planejado aquilo para nos deixar em maus lençóis. Daí pulei na frente da van e falei: “Pare!”. Retiramos o equipamento e na sequência o elevador quebrou. Porque todas as coisas têm que ser levadas no elevador. Tivemos então que carregar tudo manualmente até o terminal, seja lá onde fosse. Chegamos lá e todos estamos indo a Nova Délhi, muito obrigado, mas por que estão etiquetando nossas coisas com destino a Copenhague? Porque eles iam enviar a qualquer lugar do mundo. Não iam despachá-las para onde queríamos ir. Sei que acabei [pulando] por cima do balcão, onde as malas iam descendo [pela esteira transportadora], e fui arrancando todas as etiquetas e colocando as novas, dizendo Nova Délhi. Em seguida, passamos à sala de embarque. E tipo, estava tudo bem, sem rolo, nem nada. Só eu e o Mal. Sabe, estávamos todos ali. E, num piscar de olhos, uns caras invadem o corredor, todos de camisas havaianas de manga curta, tipo, num corre-corre danado, um empurra-empurra, o maior tumulto. Um espanto.

SG: Teve alguma situação perigosa após John declarar: “Somos maiores que Jesus”? A polícia espalhou atiradores de elite nos shows.

NA: Não teve situação perigosa. Alguém estourou um rojão em Memphis, e todo mundo se abaixou por uns dez segundos.

PB: Mas o George e os meninos não ficaram um pouco mais preocupados com isso do que os outros? Porque o Paul ficou impressionado com o assassinato de Kennedy.

SG: A imprensa noticiou que ocorreu uma tempestade, e o palco onde eles iam tocar não era coberto, eles tiveram medo de ser eletrocutados. Brian falou: "Vamos cancelar isso. Não vou enviá-los ao palco, sabe, para acabarem eletrocutados no temporal".

NA: Eu me lembro de que numa das etapas estava chovendo, e o produtor do show disse: "Basta não tocar os lábios no microfone que não tem perigo".

PB: Lembra que fomos àquela festa na casa de campo de Brian? Por duas vezes o pessoal se reuniu lá. A festa de inauguração foi uma loucura. Todo mundo sob efeito de ácido. E depois teve a segunda festa... Brian queria conversar com os quatro sobre a renovação do contrato como empresário deles.

NA: Eu lembro que numa festa todo mundo ia planejar o que ia fazer no futuro, mas ninguém tocou nesse assunto. Todo mundo ia se encontrar na casa de campo de Brian e planejar o que ia fazer no futuro. Algo impossível, porque nunca tínhamos feito aquilo antes em nossas vidas. Todo mundo chegou à casa do Brian sem ter o que dizer. Só lembro que o Brian me falou uma coisa: "Você tem um perfil legal". E eu pensei: do que será que ele está falando? [Risos.] Foi só um daqueles dias bobos. Um dia legal, mas não conversamos sobre nada.

SG: Acho que ele pediu para eles planejarem o futuro com a intenção de falar sobre a renovação do contrato como empresário deles. O maior medo de Brian era ser abandonado por eles. E a banda sabia que ele andava incapacitado de tanto tomar comprimidos, dormia o dia inteiro e não comparecia às reuniões?

NA: Eu não sabia, não. Eu sabia que ele tinha feito uma viagem, hã... que tentou cometer suicídio, segundo o jornal, mas na verdade só tinha ingerido muitas pílulas. Acho que a situação foi bem mais vaga do que o pessoal imagina. Ninguém deu bola. É que nem eu hoje em dia. Tomo conta da Apple e acho que o Lennon, o McCartney, o Harrison e o Starr não dão a mínima se eu acordo às duas da manhã e tomo conta dos negócios desde as duas da manhã até as dez da noite. Não estão nem aí, desde que alguém tome conta dos negócios. Quem vai se importar se isso é feito das nove da manhã às cinco da tarde, ou entre as dez da manhã e as seis? Quem vai se importar? O importante é tomar conta dos negócios. Até onde nos dizia respeito, os negócios estavam sendo bem cuidados. E não vá se esquecer: a gente ficava na cama até as três da tarde, acordava, chegava na EMI às cinco da tarde e trabalhava até as cinco da manhã. Depois a gente ia a algum clube ou fazer uma refeição em algum lugar aberto, depois ia pra casa dormir. Com um estilo de vida bizarro desses, quem é que ia reclamar da vida de outra pessoa?

SG: Após a morte de Brian, em seguida veio o projeto do *Magical Mystery Tour*. O resultado foi um fiasco pela ausência de Brian ou só um fiasco?

NA: Um pouco dos dois e uma outra coisinha ao mesmo tempo. Acima de tudo, a necessidade de continuar na estrada. Sei lá o que vamos fazer, mas vamos continuar na estrada.

SG: Ficaram surpresos com as críticas da imprensa ao filme *Magical Mystery Tour*?

NA: Na real, ficaram indignados. Tipo, se você faz um filme em Technicolor, com uma sequência de sonho em que as vacas mudam de cor, e o filme passa na tevê em preto e branco [risos], e você tem meia hora só com nuvens, nuvens pretas e brancas, tipo, você até espera receber críticas. Não se divulga um filme colorido em uma emissora de TV em preto e branco.

SG: O Magic Alex desperta a minha curiosidade.

NA: O Magic Alex sempre me trazia umas maçãs malucas com rádio dentro. Não me lembro de mais nada em relação ao Alex.

SG: A sua sala tinha papel de parede com alto-falantes?

NA: Não tinha, não. Não sei o que era, mas não era papel de parede. Era poliestireno, dessa espessura, mais ou menos, grudado com um tipo de cola assim, e parecia um alto-falante. Tinha uns fios na parte de trás e saía som deles. Olha, o Magic Alex era legal. Não era um mau sujeito.

SG: Quando os Beatles perceberam que a Apple estava degringolando, que estavam jogando dinheiro fora e outras coisas?

NA: Isso de a Apple jogar dinheiro fora é mito popular. E talvez seja verdade. Mas ainda éramos uma equipe. A coisa ainda rolava numa boa, ainda fazíamos um grande sucesso. Algum babaca até podia dizer: "Vocês estão jogando grana pela janela", e a gente dizia: "Sim, estamos. O que é que você vai fazer a respeito disso?". A Apple poderia ter continuado a gastar anualmente um milhão de dólares por mais dez anos. Em retrospectiva, manter a Apple era barato pra caralho se compararmos com o que gastamos pra sair dela.

SG: Mas, como banda, os Beatles já estavam em apuros. Paul tinha conhecido Linda, e John Eastman entrou em cena. John Lennon foi lá e contratou Allen Klein.

NA: O Allen Klein, esse rechonchudinho, parece legal, certo. Mas eu odiava aquele desgraçado. Mick ou alguém disse ao John, o Allen é gente fina. John assinou com Allen e, no dia seguinte, Mick disse ao Klein:

"Vai se foder", e ele foi para outro lugar. Não me lembro se o Mick tentou avisar o Brian. Sabe, o Mick de burro não tem nada. Pensando bem, a Apple Records durou só 18 meses. Parece que todo mundo pensava que ia durar uns dez anos. A Apple tinha uma fatia de mercado de 7,5%.

SG: Klein escolheu intencionalmente as datas de lançamento para que *McCartney* fosse lançado ao mesmo tempo que *Let It Be*?

NA: Se George quisesse lançar o álbum dele no dia 17 de novembro com a gravadora dele, tudo bem, e se o John quisesse lançar o álbum dele no dia 17 de novembro, certo, por que não podem fazer isso? Qual é o problema? Não tem problema, a menos que alguém queira transformar isso em problema. E era isso que o Klein fazia. Dizia que o Paul era um merda, que o Paul fez isso de propósito para foder com o *Let It Be*. Mas o McCartney não fez nada para foder ninguém. Isso não faz parte da natureza dele. Não vai fazer isso mais do que você ou eu faríamos.

SG: Se [talvez] eles dissessem, peraí um minuto, espere o *Let It Be*, e daqui a três meses, você vai dobrar as suas vendas porque esse outro álbum vai ser lançado, seria até razoável. O Ringo tentou falar com Paul, que expulsou Ringo aos gritos.

NA: Pra começo de conversa, o Ringo não deveria ter feito isso. Mas, em segundo lugar, você tem que entender que o *Let It Be* foi gravado entre junho e julho. O dia de lançamento ficou marcado pra 10 de novembro. Daí, entre julho e fim de setembro, McCartney foi lá e gravou o álbum solo... e decidiu que ia lançar em 10 de novembro... ou algo assim. O *Let It Be* foi feito em 1969, certo? Mas daí, por causa do filme, de juntar tudo isso e de esperar pelo contrato do filme, *Let It Be* acabou adiado por dezoito meses. Nesse meio-tempo, os Beatles entraram em estúdio e gravaram o *Abbey Road*. Fizeram, prensaram, lançaram. Estava no mercado, certo? Daí rolou a droga da dissolução.

E quando fechamos o contrato para lançar o documentário de *Let It Be* pela United Artists, já tinham se passado quase 18 meses da dissolução dos Beatles. Nesse ano e meio, o McCartney foi embora, gravou o álbum solo e queria lançá-lo. Mas a data de lançamento coincidia com um projeto do qual ele havia participado havia dois anos. E daí ele vem e diz: "Olha só, vocês estão me negando a permissão de lançar o meu álbum solo, *McCartney*, porque vão lançar esse álbum *Let It Be*. Que se foda, sabe? Não vou recuar". [Daí eles] Simplesmente lançaram os dois. Quem é que vai dar a mínima? Na época rolou algo, uma crise de personalidades, certo. Mesmo se você lançasse o *Let It Be* três anos depois, certo, quando McCartney lançou o *Band on the Run*, se o Klein ainda estivesse por lá, teria dito: "Não pode lançar o *Band on the Run* [risos], porque vamos lançar o *Let It Be*".

SG: Como é que conseguiram gravar *Abbey Road* quando no filme, hum, *Let It Be*, que veio antes de *Abbey Road*, já andavam às turras uns com os outros? Como conseguiram fazer isso?

NA: Sei lá. Pra mim, sabe qual é o detalhe mais incrível do *Abbey Road*? A última faixa do último lado do último álbum dos Beatles chama-se "The End". E depois tocaram o hino nacional... Igualzinho quando a gente era criança, na saída do cinema, tocava o hino. Nem eles sabiam que seria o fim, cara, ninguém sabia. Tipo, isso é incrível pra mim. Por isso que nunca vão tocar juntos de novo. Porque fizeram isso. Porque chegaram ao fim. E "The End" arremata dizendo que temos de "*carry the weight, man*". É isso que todo mundo está fazendo aqui. Quem teve alguma ligação com eles, não importa em qual função, e inclusive eles, certo, todos temos que carregar o peso, seja qual for. E, pra mim, isso ajuda a explicar por que eles foram únicos. Sabe, nenhuma outra banda colocou como última faixa de seu último álbum uma canção chamada "The End". Isso diz tudo. A fila anda. Muito obrigado, e arrume outra coisa pra fazer.

DAVID PUTTNAM

Nascido no norte londrino, Lorde David Puttnam veio de uma família da classe operária. Aos 16 anos, evadiu dos bancos escolares para se tornar office-boy de uma agência de publicidade. Dois anos depois já trabalhava como agente de importantes fotógrafos da década de 1960, David Bailey e Art McCain, na efervescência da Swinging London. Mais tarde, mudou de carreira outra vez e se dedicou à produção de filmes como Os gritos do silêncio (The Killing Fields), Momento inesquecível (Local Hero), O expresso da meia-noite (Midnight Express) *e o vencedor do Oscar de Melhor Filme* Carruagens de fogo (Chariots of Fire). *Por mais de vinte anos, ocupou uma cadeira na Câmara dos Lordes e, em 1983, Puttnam recebeu a CBE, a honraria de Comendador do Império Britânico.*

DAVID PUTTNAM: Construí minha carreira inteiramente ao redor dos Beatles. Em 1962, eu era office-boy numa famosa agência de publicidade. Eu era contente e ávido, mas tinha o cabelo comprido e sempre usava terno branco. Concluíram que eu espantava a clientela. Sempre que iam lançar propostas de negócios e novos clientes chegavam ao escritório, me mandavam esperar na cafeteria da esquina. Quando os clientes iam embora, um cara vinha me buscar e dizia: “Tudo bem. Já foram embora. Pode voltar ao trabalho”. Daí veio 1963, e de repente os Beatles emergiram, e o pessoal começou a me elogiar: “Verdade.

Ele é meio parecido com o Paul McCartney. Tem cabelos compridos e talvez isso seja legal".

Com a ascensão dos Beatles, de repente as comportas se abriram e me tornei uma espécie de porta-voz. Ganhei inclusive a permissão de conhecer os clientes pessoalmente. Em dois anos, eu caí fora e me tornei agente de fotógrafos. Fui bem-sucedido. Agenciei Art McCain, David Bailey, Brian Guthrie, David Montgomery. Sorte é pra quem tem. Conheci os Beatles no Vogue Studios. David Bailey estava preparando um livro, *David Bailey's Box of Pinups* [vislumbres da corte real da Swinging London], e os Beatles tinham acabado de chegar no pedaço. David Bailey me disse: "Tenho esses meninos de Liverpool. Não entendo uma só palavra do que eles falam".

STEVEN GAINES: Pode nos contar sobre o Ad Lib e a importância desse clube noturno para o meio como um todo?

DP: O Ad Lib tinha sido inaugurado havia pouco. O Max Maxwell, diretor de arte da Vogue, me levou lá uma semana após a abertura.

SG: A fama do Ad Lib veio dos famosos que frequentavam? O que esse lugar tinha de diferente dos outros?

DP: Só Deus sabe. Essa é a pergunta mais interessante de todas. O que veio primeiro, a galinha ou o ovo? A situação é a mesma. Em dois meses, os jovens e famosos adotaram a casa. Não era particularmente bonita. Nem sequer curiosa era. Local de acesso difícil. Em retrospectiva, um lugar tosco. Mesmo nessa época era um clube noturno barato, enquanto todos os outros eram caríssimos. Era singular, imagino eu, porque preenchia um nicho diferente de clube, o tipo inovador. O primeiro clube a agradar fotógrafos e designers de moda. Deixe-me reformular a explicação. No mesmo ano, duzentas pessoas como eu surgiram em diferentes ramos.

A ironia da Swinging London é que, quando eu tinha 18 anos, eu meio que sabia que ela iria acontecer. Pulsava no ar uma energia tremenda, e quando essa energia foi canalizada, foi extraordinário. Meio que precisava acontecer. Por que aconteceu do jeito que aconteceu, e por que aconteceu justo naquele ano? Paul e eu conversamos sobre isso. Ele também não sabe explicar, a não ser aquela história de "Sabe, vamos chegar ao mais top do mais pop". *The toppermost of the poppermost.* Conta que sempre souberam que iriam realmente estourar, bem como foi, mas de que modo? Por quê?

Dê uma olhada nas fotos do Ad Lib: vai ver que não era um ambiente tão sensacional. Sem mesas VIP. Na prática, a única diferença era ficar mais perto da janela ou mais perto da porta. Só um conjunto de bancos longos e um banquinho ou outro onde você podia sentar. Tudo arranjado assim, ao redor da pista de dança central, e tinha uma espécie de palco. O George quase nunca dava as caras no Ad Lib. O Ringo, sim. Na época, Pattie Boyd, a jovem modelo, namorava o fotógrafo Eric Swaine. Paul aparecia no Ad Lib, e John quase sempre estava lá. Principalmente Ringo e John, e, às vezes, Paul. A mídia inventava as pessoas. Jean Shrimpton relutou muito, não queria estar na mídia. Achava difícil lidar com isso.

Teve um incidente no Ad Lib que me deixou lívido. Madrugadão. Três da manhã, o lugar três quartos vazio, e ocorreu um fato muito bizarro. O John Lennon ali, sentado. Veio o garçom e levou embora a jarra de água quase vazia. Lennon gritou pra ele: "Eu queria isto", e o garçom respondeu: "Vou trazer água fresca". O garçom voltou com a jarra cheia d'água com gelo, e John Lennon apagou o cigarro na água, e isso me deixou lívido. Não sei bem por quê, mas achei um gesto tão ofensivo. E fez isso sem tirar os olhos de cima do garçom; ficou ali, só encarando o garçom.

Eu nunca morri de amores por John. Acho mesmo que John era um anarquista genuíno. Em qualquer outra esfera da vida, ou em qualquer outro período de tempo, ele teria soçobrado. Alguém teria dito: "Como assim?". Os Beatles aconteceram com tanta rapidez que o John, o tipo de pessoa que o John era, se tornou algo corriqueiro. Creio que em qualquer outro momento, em qualquer outro país, John não teria acontecido. Grande demais para ser parado. A insolência dele, eu achava um tipo de insolência muito cruel.

Na primeira vez que conversei com Paul, ele ficou muito impressionado por eu ser casado. Ficou intrigado, e conversamos bastante sobre o assunto, e daí ele passou em minha casa algumas vezes. A gente se via seguidamente. Eu topava muito com ele no dia a dia. Paul sempre foi educadíssimo, e eu o achava um bom papo, mas a conversa com ele sempre recaía em casamento e sexo. Toda vez que eu o via, a primeira pergunta que ele fazia era: "Você e Patsy continuam casados?". Sempre essa perguntinha cretina. Paul trepava com tudo que se mexia e ainda assim parecia não querer. Fora da banda, sempre foi considerado um boa-pinta. Acho que eu me identificava com Paul porque ele mostrava interesse por mim, seja qual for. Eu gostava dele, mesmo. Acho que ele gostava de mim porque eu era *straight*. Um rapaz de classe média, *straight*. A época em que vi o Paul mais feliz, e quando tivemos o melhor relacionamento, foi quando ele namorou a Jane Asher.

Desde o primeiro instante que nos conhecemos, Paul me tratou de igual para igual. Nunca, jamais me tratou com condescendência, nunca deu uma de difícil. Eu me lembro de uma conversa nossa. O papo era sobre décadas diferentes, e eu costumava ficar meio nervoso perto dele. A conversa recaiu em moda e eu me lembro de ter comentado: "Olha só. Já ultrapassamos os anos 40 e em termos de moda a coisa não evoluiu muito. Nem sei o que houve nos anos 40". Paul respondeu: "Só uma guerra mundial dos infernos, apenas seis milhões de judeus exterminados. Foi isso que aconteceu nos anos 40, mais nada". Como se eu fosse mesmo um tipo de fdp. Lembro que o Paul enveredava na conversa e te envolvia naquilo.

Outra coisa é que John costumava ficar muito na defensiva quando o assunto era música, enquanto Paul mal podia esperar pra mostrar o que tinha acabado de criar ou pra mostrar uma nova demo. Sempre tocava a fita demo para mim, enquanto John ficava bem mais tenso quando terceiros a ouviam. A outra faceta de Paul é que ele gostaria que o mundo acreditasse que ele compunha a música e John a letra. Acho que tentava deliberadamente passar essa impressão sobre as canções. Acho que havia atrito ali. A verdade é que o Paul compunha fragmentos maravilhosos, mas era John quem transformava os fragmentos em canções. É por isso que muitas das canções de Paul ainda são pedacinhos de diferentes fragmentos de canções. Não chegam a ser canções de verdade. Por isso que é interessante. Acho que o John, de certa forma, dava estrutura à música. Paul criava pequeninos motivos maravilhosos.

Eu me lembro de quando Brian morreu. Ai, meu Deus, parecia que iam começar a se tornar completamente autodestrutivos. Daquele ponto em diante, não me lembro de ter ouvido de Paul uma só palavra sensata, uma sequer... Eu não me lembro de uma ideia coesa sendo levada a cabo. Ficaram loucos. Parecia que tudo desmoronava. Um esquema lunático após o outro. Esquemas sempre existiram. Não esquemas fraudulentos; só esquemas. Mas nunca esquemas para ganhar dinheiro. Não eram ideias exageradas de Allen Ginsberg. Eram juvenis e nunca antes imaginadas. Percorra dez restaurantes na hora do almoço: grupos reunidos trocam ideias. Em 99,9% das vezes, vão embora, e a única coisa que acontece é que alguém paga a conta. A conta é o único resultado tangível do almoço, certo? Com os Beatles era assim, tudo meio diluído.

Brian deu uma certa estabilidade a isso. Eu lembro que ele falava que tinha uma política. Não vamos fazer isso. Não vamos fazer aquilo. Vamos abrir mão disso. A sensação que a gente tinha era que alguém havia tomado uma série de decisões que a grosso modo seriam observadas. Não parecia haver uma política centralizada.

Magical Mystery Tour foi um projeto interessantíssimo, pois, de novo, do ponto de vista esquemático, era uma ideia perfeitamente sensata. Fazia sentido comercialmente, porque sabiam o potencial de ganhar dinheiro com um especial, sem importar realmente quanto gastariam. Uma trilha forte musicalmente. Achei aquilo, sob vários prismas, um dos melhores trabalhos deles. Desde o instante em que começaram a se reunir para realizar o filme, não faltam histórias fantásticas, de loucura total. Você contrata um fornecedor e avisa que haverá cem refeições, mas aparecem mil pessoas. Então a situação fica histérica porque não há mil refeições, ninguém havia avisado ao fornecedor. Nunca sabiam o número certo de refeições.

Fui assistir à gravação de "A Day in the Life". Eu me recordo que foi um caos. Olhei para George Martin e ele só [deu de ombros]. Parecia constrangido. Muita gente lá, gente pra caramba. Na realidade, filmar uma sessão de gravação era uma ideia muito avançada; uma sacada muito inteligente. Mas pra fazer qualquer coisa na vida, até pra cultivar uma sequoia, é preciso certa organização. No caso de um filme, você tem que planejar com uma semana de antecedência. E se você quisesse algo, tinha que agendar. Depois de agendado, essa pessoa também precisava ser alimentada, e além de alimentada, transportada.

SG: Como era seu relacionamento com Linda e Yoko?

DP: Quando John e Yoko foram presos, eu lembro que o Paul fez o nobre gesto de convidá-los para ficarem na casa dele, se quisessem. Era como se Paul estivesse dizendo: "Bem, sei que o mundo está contra vocês, mas ainda sou seu amigo", uma coisa assim. Na época, Linda estava lá. Eu me senti usado, não por Paul, mas por Linda. Ela sabia tratar os outros com muito desdém. Apaixonada por fotografia, ela me pedia uns favores, e eu fazia o melhor que podia. Ela é uma moça bem exigente. No fim das contas, pensei comigo: peraí um minuto. Um dia recebo um telefonema em casa, e a minha esposa avisa: "É o Paul quem está no telefone, mas quem quer falar com você é a

Linda". Os dois também faziam uma jogada extraordinária. Um dava cobertura para o outro. Um lance muito peculiar. Fazem isso até hoje. Chegou ao ponto em que cada ligação era ao estilo: "Você tem isso? Pode fazer aquilo?". E começava sempre tranquilo, mas uma semana depois, se não estava pronto, ela se tornava muito exigente. "Onde posso revelar o filme a cores?" "Estou sendo explorada pelo sindicato?" Na verdade, ela era uma jovem muito agressiva, que lançava mão dos contatos de Paul e de quem ele era. Realmente me senti usado. Começava como um favor e depois se tornava uma obrigação. O relacionamento que eu tinha com eles foi mudando. Até essa altura, eu sentia que meu relacionamento com Paul era 50/50, e eu realmente gostava quando ele me pedia qualquer coisa. Era agradável. Eu nunca, jamais me sentia pressionado ou intimidado por ele.

Por algum motivo extraordinário, fui apresentado a John Eastman. Acho que por meio de Paul. Sempre que estava na cidade, John Eastman jantava conosco. Semana sim, semana não. Às vezes, Paul aparecia, e eu ouvia o outro lado da história. Paul ficava muito ansioso para mostrar o contraponto de si mesmo. Paul sempre dava a impressão de achar que o John tinha perdido um pouco o rumo. E de querer distância de gente como Alex, por exemplo.

SG: A relação de John e Paul se tornou amarga e vingativa?

DP: Sem dúvida. Muito. Na época, eu não tinha experiência com esse tipo de coisa. Parecia um nível de amargura que eu não conhecia. Ódio comercial autêntico, sobre uma pessoa estar roubando a outra. Eu sentia que Paul poderia matar Klein se tivesse topado com ele. Allen Klein tornou-se objeto de ódio de Paul [em vez de John e Yoko]. Era óbvio que o Paul andava muito alterado emocionalmente, muito mesmo. Eu ficava sabendo de tudo que é tipo de história. No jantar, eu me lembro de que, às vezes, eu quase caía da cadeira, num misto de surpresa e horror, com os incidentes fascinantes que Paul relatava. Às quartas-feiras, reuniões que duravam o dia inteiro. Eastman comparecia e aconteciam verdadeiras histórias de humor sangrento. Histórias inacreditáveis.

Uma vez, John Eastman me disse: "Estraguei tudo esta tarde [em referência a quem ia comprar a NEMS]. Pisei na bola. Eu tinha o Klein e percebi tarde demais". Ao que parece, Klein declarou com muita pompa durante uma discussão: "Ah, vou investir um milhão de dólares do meu próprio bolso [para comprar a NEMS]", e o John Eastman disse que não. Mais tarde, ele ponderou: "Klein nem tem um milhão de dólares. Eu deveria ter falado: 'Certo, pode comprar com grana própria', e o Klein seria desmascarado, porque na realidade ele não tinha um milhão de dólares". Eastman comentou: "Eu deixei ele se safar, e agora perdemos a oportunidade".

MARTIN POLDEN

O advogado Martin Alan Polden não acreditava na legalização das drogas, seja qual fosse. Nem da maconha. Mas acreditava, sim, que no fim dos anos 1960 a polícia escolheu como alvo astros do rock e outras personalidades importantes da Swinging London, para fins publicitários e da glória pessoal do sargento Norman Pilcher, fanático adepto do combate às drogas. Tendo como principal interesse as causas ambientais, Polden atuou na advocacia para representar dezenas de jovens proeminentes acusados de tráfico de drogas: artistas, designers de moda, cabeleireiros, fotógrafos e estrelas do rock – inclusive Mick Jagger, George Harrison e John Lennon, este último detido por porte de maconha. (Polden o defendeu no tribunal: "O sr. Lennon é um artista notável e íntegro. Trouxe um pouco de prazer a milhões. Defendeu seus pontos de vista. Tem direito à compaixão do tribunal".) Após passar a infância e a adolescência na capital inglesa, Polden se formou em direito na Universidade de Londres. Foi agraciado com o certificado da OBE (Ordem do Império Britânico) por seu trabalho contra a poluição ambiental. Em 1980, por ocasião desta entrevista, ele tinha 51 anos.

MARTIN POLDEN: Apareci pela primeira vez – o verbo *aparecer* é bem adequado – ligado a clientes do mundo do design e das butiques da área da King's Road. Do nada, a polícia os pegou em flagrante delito com problemas de drogas. Confesso que, até resolver as questões deles, eu realmente não entendia muito sobre drogas e problemas afins.

Pra começo de conversa, aquilo me interessou puramente como questão de direitos públicos e liberdade pessoal. Afinal, tudo aconteceu na esteira da legalização da homossexualidade. Agora, a polícia não podia mais deter os gays e os homossexuais. Daí descobriram esse filão maravilhoso das drogas. Isso se desenrolou assim porque a polícia, eu receio, não gosta de confiar em certos setores da sociedade, embora com os gays tenham tido um maravilhoso bode expiatório. Quando essa fonte começou a secar, tiveram que diversificar. É uma visão cínica, mas é como eu vejo. A questão das liberdades civis evoluiu, pois, conforme as leis da época, a polícia simplesmente podia entrar e revistar a sua casa, quer tivesse ou não direito.

Súbito houve esse impacto: jovens, com certeza instruídos – se não tivessem instrução, tinham voz – se envolvendo com essa bobagem das drogas. Foi assim que me envolvi pela primeira vez. Na época, defendi muitos jovens designers que atuavam principalmente em Knightsbridge, Kensington, Chelsea. Eu tinha claramente um certo interesse nesse tipo de questão. Despertava um entusiasmo colossal. Explicar como e por que isso aconteceu cabe aos historiadores sociais. Eu me envolvi nisso durante anos. Era tudo muito empolgante, porque os meus clientes eram jovens animados. O lance da maconha era algo à parte. Uma pergunta veio à tona, se alguém tem direito a beber, por que não tem direito a fumar? E outros tópicos mais sérios surgiram: drogas leves levam às drogas pesadas? Gente que usa drogas pesadas começou primeiro com as drogas leves? Todas essas questões maiores deveriam ser levadas em conta para legalizar ou não.

STEVEN GAINES: O infame sargento Pilcher era um justiceiro fanático ou apenas um sujeito cruel?

MP: Norman Pilcher pertencia ao Esquadrão Antidrogas da Scotland Yard. Esse pessoal todo começou a ganhar evidência porque uma coisa se alimenta da outra, o processo de vítima e agressor. Filosoficamente, um precisa do outro. Na minha opinião, o Esquadrão Antidrogas foi criado na Scotland Yard e não sabia que se tornaria tão grande. O efetivo do esquadrão já havia trabalhado no combate a roubos e furtos de veículos e a crimes contra o patrimônio. E, de repente, são empurrados ao Esquadrão Antidrogas. O que diabos eles sabem sobre isso? Tudo o que sabem é que existem jovens ricos e pessoas ricas mais velhas que deveriam ser mais esclarecidas, porque na época isso era uma síndrome da classe média-alta. Gradativamente, à medida que a coisa foi se desenvolvendo, moleques da classe trabalhadora se envolveram. Pilcher, na função de sargento-detetive encarregado do Esquadrão Antidrogas, operava centralmente. Fez grandes apreensões. E fazia questão de obter as grandes apreensões. Sentia prazer nisso. E de repente a imprensa passou a mostrar interesse por essas pessoas. Eu me lembro de quando o John e a Yoko foram presos: a imprensa esperava do lado de fora quando eles foram trazidos.

SG: Como foi que isso aconteceu? Foram informados?

MP: Com certeza alguém os informou. Certamente. Bem, se não foram eles, nós que não fomos. John e Yoko também não foram.

SG: Você defendeu Mick Jagger ou Robert Fraser?

MP: Na verdade, Robert Fraser me abriu a porta para que eu defendesse várias outras pessoas, e mais tarde representasse o irmão de Mick.

SG: [Lendo do jornal] 1º de julho de 1967, Robert Fraser condenado por posse de heroína após uma batida. Também o Keith Richards, dos Rolling Stones, foi condenado a um ano de prisão por permitir que a casa dele, em West Wittering, Sussex, servisse como local para o fumo da maconha.

MP: Após o caso dele, o Robert Fraser me consultou. A galeria de arte dele era fantástica. Depois, de alguma forma, tive contato com Eric Clapton. Fui visitar o Eric Clapton. Acho que uma noite o George Harrison me ligou em meu escritório, indagando se eu poderia ir à casa de Eric Clapton. Os dois eram muito íntimos. Eu me lembro que atendi ao telefone e ouvi alguém dizer: "Aqui é o George Harrison, dos famosos Beatles" [risos]. Foi uma coisa estranhíssima, porque na época eles tratavam os Beatles como algo separado deles. Meio que foi assim que tudo começou, e quando John foi preso, fui chamado para ajudar. Hum, e na sequência, teve o caso do George.

SG: Li uma declaração sua no jornal. Declarou esperar que "agora a polícia aceitasse que encerrou a temporada de caça aos Beatles".

MP: No final, Pilcher acabou acusado de perjúrio e preso por dois anos e dois meses.

SG: Em 1970, você atuou representando John e Yoko, quando eles se internaram na London Clinic? Esteve envolvido nisso, com a internação deles na London Clinic para desintoxicação de heroína? Não tenho bem certeza se houve prisão.

MP: Prisão não teve. Se eles se internaram, foi de modo voluntário. Das duas, uma. Ou você está tão mal que é interditado porque não é capaz de se internar por conta própria, ou entra como paciente voluntário, seja lá qual for o seu problema. Ela baixou no hospital em meio a uma gravidez. Perdeu o neném.

SG: Ela sofreu com o estresse do julgamento?

MP: Difícil de saber. Ajudar, não ajudou. Foi uma experiência bem desagradável. Acho que eram pessoas muito reservadas expostas de um modo gigantesco. Em parte, eles próprios foram responsáveis. Atraíam a publicidade, era inevitável, mas também gostavam de ter um lado íntimo, só pra si mesmos. Não é muito agradável ver escancarado esse lado íntimo. Na época, eles atravessavam uma crise colossal. Uma bola de neve. Pouco antes do lançamento do filme *Let It Be*. O qual se tornou uma espécie de epílogo da banda, né? Se você desse um passo para trás e contemplasse a cena, veria quatro pessoas em evolução. Eram necessários uns aos outros, e evoluíram para além dessa necessidade mútua.

SG: Qual sua opinião sobre Allen Klein?

MP: Precisavam de alguém como ele, digo isso com neutralidade. Porque negociavam com pessoas muito difíceis e estavam sendo enganados a torto e a direito. Por isso, John avaliou que precisavam de alguém capaz de ajudá-los. O pensamento dele foi esse.

SG: Ao dizer que negociavam com pessoas difíceis, você quis dizer que a Apple negociava com pessoas difíceis e estava sendo trapaceada?

MP: Bem, o pessoal vivia num mundo remoto, mas não estava acostumado a resolver as coisas mais simples sozinhos. Eu me recordo que nunca me deixei envolver na empolgação pelos Beatles antes, só a distância. E na primeira vez que fomos ao tribunal, naquele dia uma multidão enorme, colossal, se aglomerou lá fora. E demos um jeito de superar isso. Na saída, outro ajuntamento colossal. Entraram no carro, as portas bateram, aceleraram, e fiquei ali, parado, com cara de idiota. Eu me lembro da última coisa que falei: "A gente se encontra no escritório", ou seja, no meu escritório. Mas pensaram que seria no escritório deles, porque todo mundo ia até eles. Nunca iam a lugar nenhum. Voltei ao meu escritório e fiquei lá. O telefone toca, e eles perguntam: "Onde diabos você se meteu?".

Eles se afastaram de fazer as coisas por si mesmos, de fazer as coisas normais, e, nesse processo, todos ao seu redor falavam: "Deixa que eu faço isso. Deixa que eu faço aquilo". Daí você constrói um edifício inteiro de pessoas. E surge Klein, uma espécie de vassoura mágica. Mas enquanto a feiticeira aspira o pó, Klein sugava outras coisas mais.

Não me esqueço daquela vez na casa dos Harrison, quando o Klein foi lá com Phil Spector. Pattie os convidou para jogar Happy Families, um jogo de cartas. Conjuntos de famílias que passam de uns aos outros, em meio a perguntas como: "Tem o sr. Baker?". Sempre tem que agradecer. Se não agradecer, perde a carta. Klein se dedicou ao jogo como se fosse o negócio mais importante de sua vida. Uma coisa fantástica. Ele perdeu, perdeu, e isso foi um terror.

Eu estava indo a um lugar com o John e a Yoko, não me lembro aonde, e uma hora sugeri descermos do carro para fazer o restante do percurso a pé. Fomos andando pela calçada, e a aparição desse casal de mãos dadas e vestido de branco na rua sempre deixava o povo estarrecido. Os transeuntes não acreditavam nos próprios olhos. Sensação extraordinária mesmo. Chegava a ser desconfortável o quanto as pessoas se espantavam, mas foi isso que os Beatles construíram, sabe? Rolava tudo isso ao redor deles, era como experimentar a realeza, ou talvez até mais. Mas ver os dois andando na rua...

SG: Robert Fraser me contou um caso sobre uma jovem que foi à casa de John Lennon. Era a namorada de Fraser. Quando a moça chegou lá, ficou tão perplexa com a ideia de estar na presença de um Beatle que não parava de falar no assunto. Ela perdeu um pouco o controle, sabe, começou a ligar para os amigos e dizer: eu não acredito, não acredito onde estou.

MP: A primeira vez que me encontrei com John e Yoko foi na casa de Paul, em St. John's Wood, logo após a prisão deles. Não pude entrar de tantas moças lá fora. Foi impossível. Havia sempre hordas de gente. Não tive como entrar na casa. Tive que escapulir e telefonar. Eu disse: "Por favor, me deixem entrar". Enviaram um cara ao portão. Um dos assessores. Interessante o fato de John ter buscado refúgio na casa de Paul, porque, em meio a tudo isso, Paul odiava Yoko, sabe? Mas acho que na hora do aperto... Não havia outro lugar para ir. Acho que, de certa forma, Paul estava curtindo um pouco o constrangimento de John. Acho que eu talvez esteja sendo injusto porque todos ficaram muito chocados com isso. John, Yoko, Paul e Linda estavam lá, sentados na sala. Ele tinha um belo cão pastor, a adorável cadela Martha. John, Yoko e eu entramos numa salinha para debater o assunto. Depois ficamos trocando ideias gerais sobre a questão das drogas, a estratégia a ser adotada no caso e com quem eu teria que falar. Pensei que se tratava de um relacionamento muito direto. Nessa época, acho que já estavam acostumados a chamar um especialista e, digamos, tirar o máximo proveito desses especialistas. Acho que realmente classificavam as pessoas em termos de "ele é bom pra isso, ela é boa pra aquilo". E, na verdade, você era colocado numa espécie de nicho com esse propósito. E, bem, foi a primeira reunião, então, não seria... Não posso afirmar como eles reagiram.

O problema de fazer reuniões com eles na Apple é que eram reuniões intermináveis. Você ia lá pra uma reunião de duas horas, mas após quatro horas ainda estava lá. Porque nunca concluíam as coisas. Nunca formalizavam as reuniões. O pessoal se sentava, era um entra-e-sai, um abre-e-fecha de portas, uma mistura de salas. E, claro, o Derek Taylor era um vulto essencial na vida deles na época. A alma dos Beatles. O filósofo.

PETER BROWN SOBRE A APPLE

POR VOLTA DE 1967, os Beatles ganhavam milhões de libras, mas o fisco sempre abocanhava a maior parte, cerca de 90%. Quem fazia a contabilidade da banda ainda era o mesmo escritório de Liverpool que atendia as lojas da família de Brian. Essa firma recomendou um consultor financeiro, o dr. Walter Strach. Com forte sotaque alemão, bem poderia ter sido interpretado por Peter Sellers em um filme. Criou um esquema de proteção fiscal em que os royalties dos Beatles seriam pagos à empresa Beatles Enterprises, constituída no paraíso fiscal das Bahamas. Com um detalhe: a fim de driblar os impostos britânicos, o dinheiro ficaria nas Bahamas por no mínimo dois anos. Além disso, alguém da Beatles Enterprises precisava ter residência lá. Essa tarefa coube ao próprio dr. Strach, que morou nas Bahamas por dois anos com despesas pagas. Quando os Beatles souberam do esquema, acharam antiético violar as regras. Pediram a dissolução da empresa das Bahamas e o retorno de Strach. Por azar, a maioria dos bancos europeus acabou colocando as Bahamas na lista de evasão fiscal. A brecha que permitia o pagamento de rendimentos a uma holding em países estrangeiros foi revogada.

Em 6 de fevereiro de 1967, os Beatles assinaram com a EMI um contrato de nove anos, incluindo pagamentos retroativos que a EMI havia retido enquanto Brian negociava uma nova taxa para eles. Desse lucro inesperado, £ 2 milhões foram distribuídos entre os quatro

Beatles, que súbito dispunham de um enorme montante de dinheiro, com o fiscal ali, de prontidão. Para pessoas jurídicas, havia uma maneira legítima de evitar impostos: investir o dinheiro na expansão do negócio. Como sugestão inicial, os Beatles podiam expandir os negócios abrindo uma loja de discos e, por fim, uma rede de lojas de discos. Mas, na visão do quarteto, podiam investir em quase tudo, desde que tivesse conexão com os Beatles. Decidiram que a grana seria usada para financiar um empreendimento utópico, a Apple. A escolha do nome foi um capricho da parte de Paul. Conforme os documentos oficiais de incorporação, a Apple tinha como objetivo "incentivar artistas desconhecidos nos ramos da literatura, artes plásticas e atuação". Trocando em miúdos, se você tinha uma boa ideia, a Apple poderia financiá-la. Era como se os Beatles insinuassem que se tornariam uma cornucópia de dinheiro para empreendimentos que só pareciam valiosos sob a influência de LSD. Assim, The Fool, a dupla de designers de roupas que antes gerenciava uma barbearia em Amsterdã, recebeu £ 100 mil para iniciar uma grife que seria vendida na recém-inaugurada butique da Apple – logo soterrada por montanhas de dívidas, com as roupas sendo distribuídas. Também foram criadas a Apple Publishing, a Apple Films [não confundir com a empresa de George, a Handmade Films], e a Apple Records, única divisão bem-sucedida da Apple.

O melhor investimento de todos talvez tenha sido imobiliário. Em julho de 1968, os Beatles adquiriram um esplêndido prédio georgiano de cinco pisos, na 3 Savile Row, em Mayfair, por £ 500.000. Tombado pelo Patrimônio Nacional, com todo o interior original intacto e preservado, o edifício se tornou uma meca para milhares de aspirantes a trabalhar na Apple, oriundos de todo o mundo. Com a ajuda e a cumplicidade de nosso talentoso assessor de imprensa, Derek Taylor, a sede da empresa se tornou o âmago de *The Longest Cocktail Party*, o livro de Richard DiLello que narra em detalhes os dias e as noites de interminável alegria em meio a bebidas, mulheres e LSD na 3 Savile Row. Indico a leitura do capítulo com Derek Taylor, que traz relatos em primeira mão sobre a loucura da Apple.

ALISTAIR TAYLOR SOBRE A APPLE

ALISTAIR TAYLOR: A Apple começou a ser configurada antes de Brian morrer. Acho que foi em abril. A postura de Brian era muito contrária à Apple. Não gostava nada da ideia. Quer dizer, não vamos nos iludir. Em essência, a Apple era "Como vamos gastar a grana?". A Apple começou como forma de investir dinheiro para escapar da carga tributária. Um negócio pertencente à Beatles Ltd. Na origem, o conceito da Apple era uma rede de lojas de cartões comemorativos e evoluiu para a corporação Apple. Em dezembro de 1967, eu me tornei gerente geral e membro da diretoria executiva. Quando compramos o prédio na 3 Savile Row, vinha gente de todos os lugares nos fazer visitas. Porque era bacana. Um lugar onde todas as pessoas bacanas se encontravam, conversavam e discutiam o mundo, a paz e as coisas erradas da vida.

STEVEN GAINES: Os gabinetes da Apple eram assim tão *Satyricon* quanto aparentavam ser?

AT: Era ridículo. Eu conferia as faturas e a conta de bebida alcoólica era um absurdo. Eu lembro que pedi às moças responsáveis pelas encomendas que submetessem o pedido a mim antes de ser enviado. Eu queria conferir. Fiz isso durante três semanas. Peter Brown encomendava para a sala dele umas garrafas de uísque, vodca e gim, além de uma dúzia de Coca-Colas. Uma semana ou outra, duas garrafas de gim e uma de uísque. Neil pedia mais ou menos a mesma quantidade. Não vou exagerar ao dizer que o pedido para a sala de Derek Taylor somava 36 garrafas de uísque, 24 garrafas de vodca, 12 garrafas de gim e um engradado de Coca-Cola. Como alguém pode beber tanto? Nem os bêbados da Fleet Street acompanhariam. Não conseguia crer nesses números, e não estamos falando em cigarro. Estamos falando de bebida alcoólica.

SG: E quanto à maconha? Tinha uma conta pra isso também na Apple?

AT: Suponho que sim. Quer dizer, é provável que tenham escondido de mim esse tipo de fatura. Afinal, eu era o cara que tinha recebido de Paul a alcunha de "o homem dos sapatos brilhantes". O cara que sempre ficava na frente dos fãs e da multidão, e ninguém me conhecia. Precisavam de alguém para ficar junto à porta para abri-la no último minuto? O escolhido era eu, um cara desconhecido, um cara dos bastidores. Certo? Paul sempre dizia que eu era o cara do traje discreto, enquanto todo mundo usava roupas esvoaçantes e malucas. Sempre de terno cinza-escuro e sapatos engraxados. O cara discreto. Assim, como empresário, era contra o consumo de bebidas alcoólicas. Achava ridículo. Sabe? Era mesmo limpar a grana dos meninos. E me disseram pra não ser tão careta.

Quantas vezes Paul e eu atravessamos madrugadas e madrugadas falando sobre isso. Será que o mundo dos negócios precisava ser assim tão careta? Assim tão cinzento? Assim tão desagradável, com tantos perrengues e discussões? Será que o mundo dos negócios não poderia ser divertido? E amigável, com todo mundo contente? Mas batia uma certa ansiedade ao ver como o dinheiro era gasto pra decorar a Apple com quadros e móveis fantásticos. Na época em que isso estava rolando a Apple ainda não tinha feito nada. Não tinha lucrado um centavo. Instalamos o Magic Alex, que seguia trabalhando no laboratório dele em Marylebone. Contratamos Ron Kass [presidente da Apple Records], mas ainda não tínhamos um selo de gravadora. Ninguém parou e disse: "Com que grana vamos pagar isso? De onde vem esse dinheiro? Está dentro do orçamento?". Era só um oba-oba. Trabalhei na Apple de dezembro de 67 a abril de 69.

DEREK TAYLOR

Engraçado, sábio e levemente bêbado, Derek Taylor era perfeito como assessor de imprensa da Apple. Toda alma perdida que adentrava no número 3 de Savile Row acabava na sala dele, um sorriso no rosto e um baseado ou um coquetel nas mãos. (Alistair Taylor, em sua entrevista, revela seu espanto com a conta das bebidas alcoólicas.) Também havia um lado sério na assessoria de imprensa e, de alguma forma, os negócios eram concretizados. Mas parecia uma festa sem fim, e a sala de Derek se tornou a imagem da Apple. Derek presenciou desde o primeiro baseado dos Beatles até a lenta e gradual dissolução da banda. Deixou a Apple para se tornar vice-presidente de marketing da Warner Bros. Records, em Los Angeles. Cansado do sol e da falsa jovialidade, voltou a Londres, onde concedeu esta entrevista. Derek Taylor faleceu em 1997, aos 62 anos, em Sudbury, na Inglaterra.

A entrevista começa com a história em que Derek arrombou a porta do camarim dos Beatles, em Southport.

STEVEN GAINES: Você trabalhava para qual jornal?

DEREK TAYLOR: Crítico teatral do *Daily Express*. Era uma chuvosa tarde de outubro quando me encaminhei ao edifício Floral Hall, em Southport. Junto com vários membros da imprensa nacional, repórteres de renome querendo arrancar o couro dos Beatles por dizerem sim à Rainha Mãe [concordando em tocar na Royal Variety Performance, o show anual em homenagem à Rainha]. Neil Aspinall foi informado dessa visita da imprensa, naquela época havia muita imprensa. Todo mundo ali no bar, matutando como driblar Neil Aspinall e o promotor do evento, que vigiavam a porta. Neil e esse promotor não tinham qualquer relacionamento. Afinal de contas, até onde dizia respeito ao promotor, era só um bando de moleques e outro moleque cuidando deles. Eu liderava a fila prestes a formar uma cunha voadora para invadir o camarim. Neil começou um bate-boca com o promotor. Aproveitei a deixa e apliquei um chute na porta. Só sei que, ato contínuo, todo mundo tinha entrado na sala dos Beatles. Um caos parecido com o filme dos irmãos Marx *Uma noite na ópera*.

George ficou abismado (pelo fato de eu ter aberto a porta a chutes). Disparou: "Quem é você?". Respondi: "Sou do *Daily Express* e todo mundo veio aqui com uma tarefa desagradável. Viemos saber por que disseram sim à Rainha". Rabugento, John grunhiu: "É melhor perguntar ao nosso empresário", e deu as costas. Falei: "Bem, até poderíamos, mas não foi pra isso que viemos aqui". A essa altura a pressão no ambiente se tornou palpável. Ringo tomou a palavra: "Ora, não estou nem aí. Por mim quero tocar minha bateria para a Rainha Mãe". Não precisou mais nada. Chispei dali na mesma hora.

Escrevi um artigo completamente favorável. Ringo quer tocar sua bateria para a Rainha, e por que não deveria? Embora eu não soubesse, os Beatles liam jornal e tomavam nota das coisas. Todos eles tinham memória de elefante. E ainda têm.

No outro mês, em novembro, voltei a Manchester, onde fizeram um grande show, e me encontrei com os quatro Beatles pela primeira vez nos bastidores. E o George falou: "Olá, é você? O cara que abriu a porta a pontapés". Eu me tornei um sujeito legal pelo atrevimento de ter dado o chute na porta. George me confidenciou o título do próximo single: "I Want to Hold Your Hand". Isso sempre despertava um grande interesse, qual o próximo single.

Em dezembro daquele ano, o *Daily Express* decidiu contratar gente pra manter uma coluna que eu "apresentaria" (na verdade eu seria o escritor fantasma para eles). Questionei Brian se eu poderia escrever uma coluna para George, e Brian disse: "Ah, isso será ótimo para George, vai dar a ele um interesse. Os outros dois têm que compor as canções". Então eu não era mais apenas um maníaco pelos Beatles que escrevia sobre eles, agora eu era um escritor fantasma para os Beatles e George. Em suma, fui me entranhando cada vez mais, e cada vez mais depositavam confiança em mim. Daí o Brian me perguntou se eu podia encontrar um autor para ajudar a escrever o livro dele, e falei: "Deixa que eu mesmo faço".

Recebi uma boa grana. Royalties de 2% e um bônus de mil libras, pagamento adiantado. O que na época era excelente para um mero jornalista. Como crítico de teatro e colunista do showbiz do *Daily Express*, na época um jornal popular no Norte, eu não ganhava mais do que 35 libras por semana. Mil libras era um valor altíssimo.

A propósito, o título provisório é *Silver Voice*, sabia? Sugestão do Paul. Achei uma sugestão furada por ser muito cômica. John disparou em pleno elevador: "Por que não chama o livro de *Judeu bicha*?". Nunca vi Brian tão (visivelmente) magoado. Ficou com um aperto na garganta, incapaz de falar. Situação péssima.

Os Beatles faziam todo mundo se sentir bem, e Brian estava no olho desse furacão. Brian era um personagem cordial e natalino. Era tudo uma maravilha, todo mundo jovem e apaixonado pela vida. Jovens adultos realizando seus sonhos.

Um dia fui entrevistar o Brian para o livro dele e a conversa empacou. A gravação não chegava a lugar nenhum. Brian não parava de repetir: "Contei pra essa moça e ela me intimou: 'Sou eu ou eles'". Por fim, ele pediu: "Dá um pause na fita, vamos almoçar. Tenho uma coisa pra te contar". Bem, eu não era tão panaca. Eu sabia que vinha uma bomba. E no almoço ele disparou: "Sou homossexual". Eu disse: "Bem, está explicado. Tudo bem". Senti muita, muita pena dele por ele estar sofrendo essa situação ruim e eu não conseguir aliviar isso. Mas quis tirar isso do caminho. Me deu vontade de pegar a mão dele. Mas na época a gente não fazia isso. Sabe, a gente não se abraçava. Aprendi a dar um abraço em outro homem com os Beatles. E quando vou ao Norte, ainda cometo o deslize de dar um abraço em amigos pré-Beatles. Daí tentei tranquilizar Brian que estava tudo bem. Na sequência, ele me disse que seria uma ótima ideia se eu trabalhasse para os Beatles. Por isso eu me mudei para Londres, com Joan e os quatro filhos.

SG: E acabou se demitindo após um grande show beneficente no Paramount Theatre, em Nova York. Brian ficou furioso com você por ter pegado a limusine dele?

DT: Sim. Dei carona a vários jornalistas, incluindo Gloria Steinem, em minha limusine de volta à cidade, vindos do Riviera Motel, perto do Aeroporto Kennedy. Estavam lá o Dylan, o Albert Grossman, a Gloria Steinem, Steve e Eydie. Ao menos dois membros do Kingston Trio, e todos do Peter, Paul e Mary [risos]. Sem falar na Princesa Obolensky e no *National Enquirer* assombrando os corredores. Brian tomou uns drinques. Todas as limusines estacionadas lá fora. E peguei a limusine de Brian. Meu foco era levar Gloria Steinem de volta ao hotel. Mas a reação de Brian à minha atitude de pegar a limusine dele foi desproporcional à seriedade do fato em si. Foi pra cama, rasgou os lençóis e chorou. Fui até o quarto dele, bati na porta e ele gritou: "Vai embora". No dia seguinte, no voo, pedi minha demissão. Ele mandou um bilhete pra mim, rogando que eu voltasse atrás, e falei que não voltaria atrás. Fui até a poltrona dele, ele chorou de novo, eu chorei, segurei a mão dele e falei: "Podemos continuar amigos, mas não consigo trabalhar com você, não aguento isso tudo". Então recebi o aviso prévio de doze semanas. Trabalhei até o último dia porque estávamos sobrecarregados. Mas em dezembro tive o meu castigo: Brian me enviou a Los Angeles com Tommy Quickly, num tour promocional de doze dias por aquelas cidades americanas horríveis.

SG: Foi também no Riviera Motel, perto do Aeroporto Kennedy, com o Bob Dylan, que os Beatles fumaram o primeiro baseado?

DT: Não nessa mesma noite. Em 1964, estávamos fazendo os shows no estádio Forest Hills, em Nova York. A iniciação foi cerimonial, eu fui a conexão. A iniciação foi cerimonial, o Victor Maymudes estava lá, o judeu sefardita. O amigo espiritual de Bob. Altivo e bem-apessoado. Cerimonialmente, Maymudes ficou lá, enrolando um baseado. Pois é. E estou pensando além do perigo terrível em si, sabe? Um lance bem cerimonial. Luzes difusas, persianas fechadas, e o Victor fazendo isso. E o baixinho de nariz adunco ficou aceso pra valer. Quase como ligar a chave. Quando ficaram chapados, Bob entrou numas, e o Brian começou a viajar: "Tenho a sensação de estar flutuando". E Paul dizia: "Venha cá, quero te dar abraço". Mencionei isso tudo porque a minha tarefa era só ficar no corredor barrando a passagem. Todos os malditos DJs nova-iorquinos estavam lá, inclusive Murray the K., The Kingston Trio, Peter, Paul e Mary. Antes não me consta que tenham se chapado.

SG: Paul garante que não. Qual é a sua visão sobre o Maharishi?

DT: Eu estava nos EUA e não o conheci. Mas nunca, jamais fiz meditação, nem por um segundo. Nunca. Fiquei bem contente por estarem meditando, e engolia tudo o que me diziam, todo o lirismo deles. Eu era um beatlemaníaco. Sabe, eu tinha lá meus próprios seguidores, que me achavam o cara. E em todo o percurso, essa reação em cadeia de bênçãos, e as divindades, e os arcanjos, e tudo aquilo. Ficamos todos ali, em meio aos quadros psicodélicos que o Peter trouxe. A gente acreditava em nossa própria arte.

O Maharishi anunciou que eles tocariam num grande concerto em Los Angeles sob seus auspícios, mas isso os deixou furiosos, porque não tinham intenção alguma de fazer isso. Ele era um menino levado. Acho que talvez o Magic Alex tenha visitado o Maharishi. Sabe, acho que o Alex era um cara ciumento. Não mostrava isso pra mim, eu estava muito próximo pra me separar deles, mas ele aproveitava qualquer chance de se intrometer. Ele me parecia paranoico o bastante para achar que ele, só ele, era a última bolacha do pacote. Deve existir uma pessoa mais alegre para a gente falar sobre, não?

SG: Que tal falarmos sobre o caso dos Hells Angels...

DT: Hells Angels? Quem são eles, afinal de contas? Tinha esse cara pesadão, paralítico do pescoço pra baixo. Cognome Spider. E esse acertou um direto no queixo de alguém. No queixo de Donald Smith. E o Peter Brown se aproximou... Brandiu o dedo na cara dele e falou: "Olha aqui, Spider. Agora, comporte-se".

PETER BROWN: Foi no Natal de 1968, promovemos uma série de festinhas no número 3 da Savile Row, inclusive uma na minha sala, com direito a show de ventríloquo e crianças pingando sorvete no tapete. Instalados no prédio também estavam os Hells Angels, ébrios e esfaimados, impacientes para devorar o peru da ceia natalina. Frisco Pete, o líder da gangue, reclamou ruidosamente. O marido duma das secretárias pediu a ele que se acalmasse e foi esmurrado no rosto. Nisso Frisco Pete deu um passo na direção do Papai Noel (John Lennon) e lançou pragas contra ele e todos os outros por não os alimentar. John, que não fugia de uma briga, nem mesmo com um Hells Angel, estava prestes a enfrentá-lo quando eu literalmente me interpus entre os dois. Falei umas palavras ao estilo de Brian, repreendendo Frisco Pete pela grosseria. Expliquei que o pessoal do bufê estava arrumando a mesa e ele teria que ter paciência. Falei que ele poderia encher a barriga, mas que por favor tivesse paciência. Não sei como, mas aquilo conseguiu acalmá-lo.

DT: Quer ouvir uma história engraçada? A Apple recebeu uma carta da Squeaky Fromme, a moça que mais tarde foi parar na cadeia por atentar contra a vida do presidente Ford, imagina só... Eu andava sob efeito do LSD. Fiquei mal. Ameaçavam pegar a minha casa e os meus filhos. "Vou te ligar", avisava a carta. Sinistro. Dali a uns minutinhos, não estou mentindo, recebo uma ligação dos EUA, da jovem da família Manson. "Alô, aqui é a Squeaky Fromme."

Falei: "Está pedindo algo particular. Sou assessor de imprensa. Tem que falar com o Peter Brown". E ela retrucou: "Posso falar com ele?". Eu disse: "Pode esperar um minuto, Squeaky?". "Muito obrigada, querido." Tudo muito bonito, muito prestativo. Falei: "Peter, estou na linha com alguém que você conhece, o nome dela é Squeaky, fala em nome de Charles Manson. É particular. Vai atender a ligação?". E pasme, ele atendeu a ligação. "Alô, Squeaky?" Não escutei o que ele falou, mas pergunte a ele quando ele estiver sóbrio.

Ah, claro, claro. Sem dúvida, os almoços de Peter Brown devem entrar no livro de vocês. Peter deveria entrevistar ele mesmo, sobre os almoços de Peter Brown. Porque ele é... um camarada esplêndido. E todos os sujeitos que vinham almoçar eram bichas, todos menos um. Sempre vinha um "Bertie Woofters", gay no dialeto cockney. Uma porção deles, mas sempre uma boa companhia. Sempre gostavam de mim, eram simpáticos. Não tenho preconceito, tá ligado? Liberal sempre.

Vou bater na tecla porque é importante – esse absurdo tão louco na Apple só poderia ter acontecido porque estávamos nos anos 60. Naquele clima otimista, era possível cada um manter a sua própria Apple quase como uma espécie de férias permanentes. Enquanto se diverte a valer, toma uns drinques, vai almoçar com o Peter Brown, ou fala sobre si mesmo, ou faz algo superegocêntrico e bobo, ao mesmo tempo que também está trabalhando. Atende telefonemas, recebe mensagens dos Beatles, soluciona problemas e marca consultas odontológicas, no caso de Peter Brown, ou marcando entrevistas no meu. Na realidade, é a mesma coisa. Em essência, é uma prestação de serviços. Em muitos casos, envolve simplesmente tirar das ruas gente famosa ou desconhecida e dar um emprego remunerado. Em geral, o que tínhamos em mente, nos anos 60, era tornar o mundo um lugar mais feliz. Como falei, nos anos 60, em meio à bruma das bebidas alcoólicas ou das drogas, todas essas coisas eram possíveis. Hoje não seriam possíveis. O grande desconhecido, à beira dos apavorantes anos 80. Acho que o George fala no livro dele sobre a "apavorante beira dos anos 80"... Expressão muito jornalística.

Outro é o Neil [Aspinall]. Também é um louco de pedra. Não acha? Neil Tem Que Sair. O guardião dos papéis mortos. Para quem fica sempre se lembrando, ele é muito reprimido em relação a isso. Continua dizendo: "Voltei à estaca zero", quando toco no assunto com ele. E, pessoalmente, ele voltou à estaca zero.

Um moço participou de um programa de perguntas e respostas sobre os Beatles. Indagaram a ele: "Qual dos Beatles não gosta de repolho?", e ele respondeu: "Não é do conhecimento geral. Ninguém sabe". E é um fato. Ninguém no mundo sabe qual dos Beatles não gosta de repolho. Porque não é do conhecimento geral.

Mas na Apple foi bom. Tentei estabelecer que cada um tivesse sua própria Apple. Um bom tempo depois, deveria ter morrido, porque eram os anos 60; todos nós nos divertíamos à beça. Mesmo após tudo acabar, em termos de significado, a gente mantinha a sala funcionando, como uma espécie de serviço à humanidade.

PB: Na real, o seu cargo era positivo, e a sua sala, uma verdadeira loucura.

DT: Era mesmo.

SG: E do Alistair Taylor você se lembra?

DT: Desde o início, o Alistair Taylor estava lá. Os dias de Peter Brown. Vou contar a vocês, ele era um cara legal de verdade. Não teve a menor chance no meio de todas essas feras selvagens e egos que o cercavam. Mantinha seu próprio senso de dignidade, mas sem a frieza e o ímpeto dos Browns e dos Taylors, sem o aspecto obstinado de "fui eu quem os conheci primeiro". O Alistair foi um dos primeiros e deveria ter sido o último a sair. Camarada inofensivo e de muito valor. Sim, aquele homem deveria ter sido poupado. Todo mundo falou, mas... Ele não deveria ter saído. Eu deveria ter saído antes dele. Ele não ganhava nem quarenta libras. Nem eu.

SG: Quem o demitiu?

PB: Eu.

DT: Allen Klein me levou para almoçar com ele. Indaguei: "Por que vamos almoçar neste restaurante, Allen? Nunca almoçamos juntos antes". A resposta dele: "Tem umas coisas rolando no escritório". "Que tipo de coisa?", eu quis saber. Um trabalho maligno, disse ele. Perguntei: "Quem está fazendo isso?". Ele falou: "Peter Brown". Voltei à Savile Row, número 3, e questionei o Peter sobre isso. Mas o pior ainda estava por vir. Peter estava irritado, mas tivemos que demitir uma pessoa após a outra.

PB: O problema é que, na época, não tínhamos controle sobre isso.

DT: Paul ficou me pedindo uma lista de quem seria demitido, mas a lista nunca apareceu. Sabe, o Paul não era lá o melhor empregador.

PB: Mas também muito político. Entre nós e eles se criou uma situação de impasse. Klein queria nos ver todos no olho da rua, todos.

DT: Queria? Disso eu não sabia.

PB: Algumas pessoas não podiam ser removidas: Derek, Neil e eu. A linha traçada foi essa.

DT: Os Beatles têm essa coisa. Todos sabiam, vagamente... Nunca diriam a George: "Fulano é legal", se ele tivesse decidido que o cara era um babaca. E nunca poderia dizer a ele que alguém era babaca se ele decidisse que o cara era legal. E como Brian já mencionou certa vez, julgar o caráter das pessoas não era o ponto forte dos Beatles. Claro, com isso não estou insinuando que o meu querido amigo George não era um bom juiz de caráter. E que o Brian era um juiz melhor...

PB: Creio que nenhum de nós era um bom juiz de caráter.

DT: Vamos encarar os fatos. Se você olhar a verdade, é discutível afirmar que Brian estava certo. Tem a ver com o fato de se era certo ou não sermos protegidos, em vez de sermos expulsos como o amado Alistair Taylor. Só estou contente por não ter sido demitido.

PB: Allen me mandou dispensar Alistair, Ron Kass e Peter Asher. Só concordei em fazer isso por um motivo: a ideia de pensar em Klein contando a Alistair e Ron Kass...

DT: Mais gente foi dispensada naquele dia, secretárias e assistentes que se tornaram redundantes. Naquele dia, alguns figurões e muita gente do segundo escalão foram demitidos. Demitir o Alistair Taylor simplesmente não tinha justificativa alguma. Um cara de muitas qualidades administrativas e divertido, de certa forma.

PB: Ficou muito triste. Além do mais, pelo fato de ser também um grande amigo de Paul, eu esperava que Paul o protegesse. Paul já foi meio que dizendo: "Foda-se", mas também pensei que Paul fosse dizer: "Não faça isso com o Alistair", coisa que ele poderia ter feito, e Klein teria que dizer: "Tudo bem". Klein queria se ver livre de todo mundo, mas não conseguiu me demitir, nem o Peter, nem o Neil.

DT: Por que será que ele desejava demitir todo mundo?

PB: *Como assim*, por que será que ele desejava fazer isso? Ele queria colocar gente da confiança dele. Por que gostaria da nossa gente? Éramos *eles*. E eu também era, Neil também era. E foi você quem me mandou atender aquele telefonema de Klein.

DT: Recebi um telefonema dizendo que Klein tentava falar com John Lennon. E que o meu amigão, Peter Brown, estava travando as ligações. Me pediram o favor de tirá-lo do caminho. Avisei Klein: "O Peter não está atrapalhando", mas daí você continuou bloqueando as ligações. Falei para deixar os meninos descobrirem se ele é ou não é o que dizem que ele é.

PB: Não é como se o Klein tivesse feito uma lavagem cerebral em John. O John esperava algo como Klein.

SG: Alguém que saísse no encalço de Paul?

DT: Sempre digo que é bem mais difícil conhecer seu companheiro de cela de verdade.

SG: Por que Paul ficou tão distante de Klein?

DT: Paul não confiava nele. Num piscar de olhos, as demissões se precipitaram e ficamos a bordo de um navio fantasma. Em 1970, fiquei em casa a maior parte do ano. Usei esse tempo como um período sabático para compor uma canção e trabalhar nela. Fiquei sóbrio e perdi a confiança no mundo exterior. Arrasado. Inacreditável. Em 1964, quando comecei a trabalhar com os Beatles, eu era um jornalista muito seguro e promissor. E em 1970 eu era um sujeito aterrorizado.

PB: Derek e eu saímos nesse mesmo período.

DT: Saí na véspera do Ano-Novo de 1970.

PB: Dei meu aviso prévio no mesmo dia.

DT: Naquela noite, fui à festa do Ringo, na casa dele, em Highgate.

PB: Também estive lá.

SG: Véspera de Ano-Novo, adeus ao velho e bem-vindo ao novo.

PETER BROWN SOBRE "HEY JUDE"

Brian quase nunca ia ao estúdio. Considerava isso domínio dos meninos. Os meninos, porém, sempre estavam ansiosos para mostrar o que estavam fazendo e pedir aconselhamento. Mas agora Brian havia partido. E achei muito estranho quando, naquela sexta-feira, em julho de 1968, Paul me ligou no escritório e me convidou para ir ao estúdio ouvir uma nova faixa que tinham acabado de terminar. Ele e John estavam nas imediações, no Trident Studios, no Soho, e pensavam em inserir a canção no próximo álbum da banda – que ficaria conhecido como Álbum Branco. A outra opção era lançá-la como single, o primeiro single da Apple Records. Hesitavam porque era longa, sete minutos, duração demasiada para as rádios. Paul tinha composto a faixa para Julian, o filhinho de John e Cynthia, para ele não ficar triste com o divórcio dos pais, mas depois mudou o título de "Hey Julian" para "Hey Jude". Paul e John queriam a minha opinião honesta sobre isso.

O Trident Studios era equipado com um gravador de oito canais, e "Hey Jude" foi a primeira canção gravada em oito canais. É difícil de acreditar, mas todas as músicas criadas pelos Beatles até então nos estúdios da EMI, na Abbey Road, tinham sido gravadas em quatro canais.* Saí do meu escritório rumo ao Trident Studios. E se eu não gostasse? Fiquei me perguntando o que eu diria a John e Paul nesse caso. Ao chegar, me acomodaram numa poltrona de couro na sala de controle e rebobinaram a fita. A canção me deixou com os olhos rasos d'água. O final estendido, crescente e repetido, parecia uma oração, e a melodia era hipnotizante. Eu queria cantá-la sem parar. Nunca seria longa demais.

"É simplesmente belíssima", eu disse a eles. "Não importa se é longa ou não. É uma obra-prima, exatamente assim como ela é."

John ficou contentíssimo e fez um convite: "Por que não vamos jantar todos juntos para comemorar?".

Falei que já tinha planos de jantar com meu amigo íntimo, Tommy Nutter, o estilista de roupas masculinas. Grande nome no cenário da moda londrina, Tommy era bem conhecido por Paul e John. Paul me sugeriu convidar Tommy para ir ao estúdio, escutar a canção nova e depois irmos jantar. Liguei pro Tommy, que tinha orgulho de ser perverso. Ele disse que não queria ouvir canção nenhuma nem jantar com os Beatles. Queria passar o fim de semana fora. Ao notar que eu estava numa saia justa, Paul arrancou o telefone da minha mão e disse: "E aí, Tommy! Aqui é o Paul! Estamos tão empolgados com essa nova canção! Queremos que você venha escutá-la e nos diga o que pensa!".

Bem, nem mesmo Tommy era capaz de ignorar um desempenho tão magistral como esse. Chegou ao estúdio, a contragosto, sentou-se na mesma poltrona de couro em que eu havia sentado e escutou a música em silêncio. Ao longo do comprido final, ninguém se mexeu. A canção terminou, e todos nós cravamos olhares em Tommy para ver a reação dele.

---

* George Martin, o produtor dos Beatles, e a EMI ficaram alarmados com a ideia de perder os Beatles para o Trident Studios por causa de seu gravador de oito canais. De imediato, George Martin construiu um, juntando dois gravadores de quatro canais.

"Bem, é razoável, imagino eu", disse ele, dando de ombros.

John e Paul ficaram atônitos. Tentei tranquilizá-los, Tommy tinha um senso de humor provocativo.

Por fim, Tommy abriu um sorriso e disse: "Sim, é *ma-ra-vi-lho-sa*". Em seguida fomos todos jantar.

Acho que perdoaram Tommy, porque três Beatles usavam roupas dele na capa do *Abbey Road*, à exceção de George, que insistiu em usar calça e camisa jeans. Aquela foto é uma das mais famosas do mundo. "Hey Jude" alcançou o número um das paradas em mais de doze países, incluindo a Inglaterra, e vendeu mais de dez milhões de cópias nos Estados Unidos, onde se tornou a canção dos Beatles que ficou mais tempo no primeiro lugar na parada de singles. Entre os fãs dos Beatles, é também a favorita de todas as canções da banda.

ROBERT FRASER

Paul McCartney classificou o negociante de arte Robert Fraser como uma das figuras mais importantes na Londres dos anos 1960. Hedonista, arrojado e divertido, Robert Fraser começou sua trajetória em Londres, cursando a famosa escola interna Eton. No início dos anos 1960, foi aprendiz nas galerias de arte de Manhattan, convivendo com gente como Ed Ruscha, Dennis Hopper e Kenneth Anger, entre outros artistas e escritores emergentes. Fundou uma galeria, a Mayfair, que se tornou a conexão entre os mundos da arte e da música pop. Também reunia em seu apartamento na 23 Mount Street poetas, estrelas pop, aristocracia dissoluta, traficantes de drogas e prostituição masculina, local que ganhou seu próprio status lendário como um salão da diversidade. Fraser assinou a direção de arte da capa do Sgt. Pepper's Lonely Hearts Club Band, *álbum dos Beatles de 1967, obra de arte que se tornou uma das mais reconhecidas do mundo. Em 1966, Fraser ganhou celebridade ao ser preso e processado sob acusação de atentado ao pudor, pelo "crime" de expor em sua galeria oito quadros de autoria do artista americano Jim Dine, com motivos penianos. Uma das fotos mais emblemáticas da Swinging London, que estampou a primeira página dos tabloides, mostra Fraser e Mick Jagger algemados na traseira de um camburão, detidos sob a acusação de posse de heroína. Martin Polden foi contratado para os defender. Fraser morreu em 1986, de complicações decorrentes da aids.*

STEVEN GAINES: Quando a Swinging London terminou de verdade?

ROBERT FRASER: Imagino que tenha terminado com a dissolução dos Beatles, embora eu tenha certeza de que essa força motriz já havia desaparecido. Esse fator e a tributação, acho eu, são muitos importantes. O pessoal começou a ir embora. Os mais jovens que faziam sucesso.

SG: Em que ano você entrou no ramo das galerias?

RF: Em 1958. Comecei em Nova York e trabalhei em diversas galerias. Em 1962, voltei pra cá e abri a Robert Fraser Gallery, na Duke Street. Mas a coisa só engrenou uns três anos depois, a partir de 1965, pois nesse período só expus a escola de Paris. Demorei uns dois anos para ir formando um grupo de artistas ingleses e americanos. Levou um tempinho. A geração pop era mais da classe operária do que qualquer outra coisa. Foi a primeira vez que artistas se interessaram por música, e isso conectou a arte com a música. Por isso, os artistas da época eram exatamente iguais às bandas de rock. Era a mesma tribo, embora as bandas em geral não curtissem arte, mas os artistas curtissem música.

SG: Por que será que os reais sumos sacerdotes da geração pop foram os astros do rock e não os artistas ou os fotógrafos?

RF: A música se comunicava com mais gente do que a arte. A arte não é uma mídia de massa. Como meio de comunicação, a arte sempre é mais limitada e atrai menos pessoas. Não é tão potente. Conheci o Brian Jones [dos Rolling Stones] por meio do DJ do Ad Lib. Na verdade, o Brian era o mais interessante. Todos aqueles caras, o mesmo acontecia com os Beatles, ficavam muito nervosos em sair de seu meio. Sentiam-se muito inseguros, e o Brian Jones foi o primeiro que realmente quis ver coisas e conhecer pessoas. Naquela época, Mick Jagger era totalmente antitudo. Por vários anos, se alguém dava oi pra ele, ele meio que... Demorou muito até ele começar a se interessar por algo além de seu rock and roll.

PETER BROWN: Ele conheceu a Anita Pallenberg.

RF: Sim, e ela pensou: "É isso. Vou me tornar uma Rolling Stone". Então ela namorou o Brian Jones e tudo aconteceu. Foi por volta de 1965.

SG: Foi por intermédio dos Stones que você conheceu os Beatles?

RF: Não. Conheci o Paul através do John Dunbar, amigo de Peter Asher, do duo Peter e Gordon. O dono da galeria Indica. Era experimental. Tipo um misto de livraria e galeria. O fato é que Peter Asher fazia parte do grupo que frequentava o local, e ele era amigo de Paul. Peter Asher era irmão de Jane. Acho que ele trouxe o Paul a minha casa. Ele me deixou com pena ao avistar uma escultura no meu apê e dizer: "Quero isto". Na época era um dinheirão, umas 2.500 libras. Paul nunca perguntava o preço antes de decidir comprar alguma coisa. Se ele gostava, ele queria.

SG: Acho que nem precisavam pensar no preço.

RF: Não, mas o povo em sua maioria, mesmo se não precisa pensar nisso, gosta de saber do preço. O Paul tinha a mente muito, muito aberta, mas também era mais... Bem, o John também era, mas, quero dizer, John era meio difícil de... Era mais difícil de... Era muito tímido de certa forma e transparecia isso de forma agressiva.

SG: Decisão estranha a de Paul morar na casa da namorada, com os pais dela.

RF: A personalidade de Paul era muito doméstica. Curtiu essa ideia.

PB: Nem pensei muito no assunto, mas hoje, olhando pra trás, foi muito moderno ir morar com a família da namorada.

RF: Até hoje, ele faz exatamente o que deseja. Não é mesmo como... Nunca viveu realmente a vida de um astro do rock.

SG: Conhecia Yoko de forma independente, como artista?

RF: Não. Só de ouvir falar.

PB: Antes de se vincular a John, ela era considerada uma artista séria?

RF: Sim, por algumas pessoas. Ela sempre se levou muito a sério, acho. Abordagem meio pretensiosa. Por um tempo, ela tentou sucesso em Nova York. Não obteve reconhecimento em Nova York, e então vieram para cá. Ela seguiu tentando. O tipo de artista sempre envolvida em algum projeto, mas sempre um pouco atrás das ideias dos outros. John Dunbar se envolveu bastante porque muitas das coisas que ele expunha eram instalações eletrônicas em movimento, esculturas, os itens mais cafonas, sabe? Passou a se envolver mais com eletrônica, e o Magic Alex disse: "No futuro, é bom você começar a fazer eletrônica artística". Daí o John de repente meio que... bem, tinha muito ácido flutuando por aí. As ideias de John eram muito inebriantes.

SG: Por fim você fez uma exposição com as obras de Yoko. Por que fez isso se não apreciava o trabalho dela em especial?

RF: Não foi por ela. Foi por John Lennon. Naquele ano, eu não tinha muitos clientes. Todas as noites, eles vinham e soltavam balões com pequenas etiquetas. A ideia era o povo encontrar os balões e remeter de volta a etiqueta pelo correio. Uma tolice, de certa forma. Uma ideia pra lá de juvenil. A imprensa deu muita cobertura. Algo interessante de fazer, mas no mundo da arte, e no mundo em geral, no fim, alguém tem que pagar a conta. E era John quem estava pagando. Ou seja, é uma beleza organizar uma exposição de arte, mas alguém tem que pagar a conta.

SG: A exposição dela foi um favor a John, e ele financiou as despesas.

RF: Outras coisas rolavam ao mesmo tempo. Tipo, o John sabia ser muito persuasivo. Chegou e disse que tinha me escolhido para fazer a exposição. Foi divertido. Episódio bem frívolo na época. Nenhum item à venda. Não coloquei nada à venda. Um evento e tanto.

Conhece o Sam Green? Grande amigo de Yoko. Acho que agenciou alguns dos negócios imobiliários do casal. Tenho uma história maravilhosa para contar, sobre como o Sam planejou se encontrar com Yoko. Ele frequentava um médium, e o médium falou que a Yoko Ono também era cliente. Então Sam fez com ele um acordo incrível. Pediu ao médium para dizer a Yoko que, naquela sexta-feira, lá pelas três da tarde, ela conheceria um homem no Columbus Circle, pertinho da entrada do parque. O sujeito estaria de cachecol e chapéu, e ela poderia confiar nesse homem. O médium pensou no assunto e respondeu a Sam: "Bem, os primeiros cem mil em comissões são meus".

SG: Yoko entrou em cena, e Paul já estava com Linda. Recorda de alguma desavença ou animosidade entre eles? Algo visível a você?

RF: A animosidade, pelo que me lembro, foi inteiramente criada por Yoko Ono. Ela realmente fez questão de provocar isso. Tipo, ela batia na tecla de que o John deveria ficar sozinho, fazer seu material próprio, não arredava pé do estúdio, e ele a abraçava. Um casal inseparável. Foi a primeira vez que a banda tolerou uma situação dessas. Antes não acontecia assim. Ela meio que rompeu – tipo, ele se tornou o cordeiro indo ao matadouro e ficou enfeitiçado. Ela exercia um intenso fascínio sobre John. Ele é um tanto ingênuo e, ao mesmo tempo, tem uma mente inteligentíssima. Acho que nunca tinha conhecido esse tipo de mulher, intelectual. John tem uma personalidade muito forte, é uma pessoa muito forte e obstinada, e mesmo assim escolheu essa pessoa dominadora, relativamente pouco atraente... e totalmente sem encanto. Não tem nada acontecendo na carreira dela; uma suposta artista atolada em dívidas. Bem, tudo é estranhíssimo, mas o principal acho que é o fato de ela ser mulher, e ser uma intelectual. Obviamente, John tinha alguma fome por outra dimensão que nunca expressou ao mundo. Ele não obtinha isso nas conversas com os meninos.

SG: O que ela buscava? Ela não era especialmente transparente nesse aspecto.

RF: Eu não me esqueço do William Burroughs comentando comigo: "Os únicos vigaristas que têm acesso às pessoas precavidas contra os vigaristas são, na verdade, os vigaristas escancarados, porque os outros que tentam se insinuar com subterfúgios, eles meio que mandam longe".

PB: Como Allen Klein.

RF: Sim, John ficou simplesmente louco por Allen Klein, amou Allen Klein. Achava que conhecê-lo foi a melhor coisa que lhe havia acontecido. Alguém aborda você tentando [convencê-lo a comprar] alguma coisinha, mas Allen Klein vinha querendo estuprar você. Ele era um ladrão medonho, mas apesar disso conseguia seu intento. John é um pouco estranho. Tem alguns traços meio masoquistas.

SG: Numa entrevista, John disse que, há uns dois anos, Paul foi visitá-lo no [edifício] Dakota, mas John pediu que ele não voltasse sem telefonar antes. Fez isso de um jeito bem asqueroso, e pensei comigo, meu Deus, após esse tempo todo, você não poderia ser um pouquinho mais charmoso, um pouquinho mais...

RF: Paul me contou que ao ligar para John, quem atendia era a secretária eletrônica. "O sr. Lennon não está disponível". Ele contou: "Daí retornava a mensagem: 'Pergunte ao Paul qual é o nome do professor da quinta série'". É bem engraçado.

SG: Bem, provavelmente umas mil pessoas ligaram ao John e disseram: "É o Paul". Se bem que acho que isso deixou Paul magoado. Se fazia parte do senso de humor de John, ninguém mais entendia aquilo. Se o Paul entendia, acho que mesmo assim ficaria constrangido com aquilo, porque também dizia respeito a Paul.

RAY CONNOLLY

Ray Connolly, do Evening Standard, *foi o jornalista londrino que teve mais acesso aos Beatles. Ele era o repórter predileto de Paul McCartney, que inclusive forneceu a Ray o telefone do seu pai. Ray presenciou várias decisões fundamentais sendo tomadas, antes da revelação ao público. Em suas memórias, esmiúça a produção do malfadado especial de TV dos Beatles,* Magical Mystery Tour, *esclarecendo muita coisa sobre a bagunça na vida profissional dos Beatles logo após a morte de Brian Epstein.*

RAY CONNOLLY: Na verdade, entrei em cena em 67, sério, e tive de cobrir o lance do *Sgt. Pepper*, porque ganhei um trabalho no *Evening Standard* cuja função era cobrir tudo que fosse pop ou jovem. Escrevi aquela coluna por 27 anos.

STEVEN GAINES: Conhecia os meninos de Liverpool?

RC: Não. Eu conhecia o Mike McCartney e o pai de Paul, que me trataram com muita bondade. Em 67, eles não falavam com ninguém sobre o *Sgt. Pepper*. Mas daí eu os conheci no *Magical Mystery Tour*. Na realidade, a ideia foi de Paul, e Paul foi a força motriz por trás disso. A essa altura, nada poderia dar errado. Após o *Sgt. Pepper*, já tinham realizado tudo e provado que podiam ir ainda mais longe. Qual o próximo passo? Tudo estava em aberto.

Acho que o *Magical Mystery Tour* foi uma coisa de pânico. Quando Brian morreu, John em determinado momento verbalizou isso. "Ah, que droga. Acabou para nós, não é? O que é que vamos fazer? Agora só vamos fazer merda, porque não temos um líder." Tipo, Brian não era o líder, mas atuava como uma espécie de catalisador, no sentido de cuidar dos meninos de um modo até maternal. Com a ausência dele, meio que entraram em pânico: "Temos que fazer algo rápido. Tudo bem, vamos fazer esse filme". E foi o que fizeram, meio sem pensar. Após o filme, sabe, todos eles comentam: "Vamos fazer outro em seguida".

SG: Você embarcou na *Magical Mystery Tour*?

RC: Estava a bordo de um ônibus. Tinha uma caravana inteira. Na frente, ia o ônibus dos Beatles, e provavelmente uns 40 veículos o seguiam pelas estradas de Devon. Uma vista extraordinária.

SG: De que modo a imprensa ficou sabendo sobre o itinerário do ônibus?

RC: Tony Barrow [assessor de imprensa dos Beatles na época] deu a dica a uns amigos sobre onde os Beatles passariam aquela noite. Dei uma de idiota e liguei ao hotel onde iam ficar e pedi para me reservarem um quarto. Perguntei: "Os Beatles vão pousar aí hoje à noite, não vão?". E o pessoal do hotel disse: "Não. Temos apenas o sr. e a sra. Smith e um grupo de quatro rapazes" [risos]. E assim, a chegada lá deveria ter sido em completo silêncio, porque ninguém deveria estar sabendo. Mas como avisei o hotel, por via das dúvidas, acionaram a polícia. Lá fora havia um milhão de pessoas [risos]. A partir daí, então, nunca mais avisaram onde iam se hospedar. Seja como for, acho que Paul foi muito legal comigo. No hotel, naquela noite, conversamos sobre o pai dele e, por algum motivo, ele me informou o número do telefone do pai. E daí em diante comecei a ligar pra ele, ou pro

Ringo e pro John, e pro George também. Até então eu não conhecia muito o George.

SG: Recorda algum fiasco ocorrido na *Magical Mystery Tour*?

RC: A coisa mais engraçada e hilária foi quando o ônibus, que era bem largo, entalou numa ponte estreita. Nos dois sentidos uma fila de carros se formou, de vários quilômetros. E os Beatles ali, dentro do busão empacado, transportando toda aquela turma e anões, no seio de Devon. Uma vista maravilhosa, John de chapéu engraçado e moletom cor-de-rosa. Uma bizarrice completa. Não tinham como filmar em locação alguma sem que a imprensa farejasse e os perseguisse. Tentavam filmar e, é claro, todos nós os seguíamos seja lá por onde fossem. Na Cornualha, acho que foi em Penzance ou um desses lugares, George se sentou, as pernas cruzadas, tentando meditar ou pensar em alguma coisa, só Deus sabe o quê. E a multidão tirando fotos, uma situação simplesmente caótica, um caos total. Não tinham nada planejado. A coisa mais divertida foi quando um dos Beatles disse a um figurante: "Volte ao meu quarto, vamos fazer uma reunião de roteiro". Roteiro inexistente. Se você assistir ao filme hoje, porém, não ficou ruim. Foi aniquilado quando a BBC passou em rede nacional, em pleno Boxing Day.

SG: Você ligou ao Paul depois que o programa foi ao ar?

RC: Acontece que eu fiquei ligando sem parar, e na época o pai de Paul estava hospedado com ele. Liguei três vezes e Jim repetia: "Sinto muito, mas ele continua dormindo". Por fim, eu disse: "Olha só. Tenho que estar com o artigo pronto antes da uma da madrugada. Caso contrário, vamos perder a oportunidade". A primeira página estampava uma foto e um texto sobre como os Beatles tinham cometido esse grande lapso. Eu disse: "O que vou fazer, sr. McCartney?". E ele me disse: "Ray, Deus ama um triunfo. Daqui a 5 minutos liga de novo". Voltei a ligar, e ele disse: "Vou ter que acordar o desgraçado" [risos]. Entrou no quarto e disse: "Acorde, o jornal está aqui. Fale com esse homem". Paul apanhou o telefone e disse: "Acho que pisamos na bola, talvez", ou coisa parecida. Mas Paul foi muito esperto. Naquela noite, ele compareceu ao programa de David Frost na TV e encantou o país inteiro ao dizer: "Pisamos na bola. Achamos que era bom, mas cometemos uma gafe. Sentimos muito se vocês não curtiram. Nem é tão ruim assim". Se você assistir ao filme hoje, vai pensar: ora, por que tanto barulho? É um filmezinho adorável.

SG: Como era a 3 Savile Row, a sede da Apple?

RC: Ridícula. Tempo jogado fora em minha vida. Tipo, era maravilhoso, porque era um edifício muito chique. Isso era legal. No segundo piso, ficava a sala do Derek Taylor, onde a galera ia matar tempo. Um absurdo. Vinha gente dos Estados Unidos, que ninguém conhecia, e ficavam por ali. E do nada iam embora. Outro detalhe é que todos esses projetos aconteciam simultaneamente. Sempre estava rolando tudo que é tipo de coisa. Todos esses tipos diferentes de Apple, cabelo Apple, Apple isso ou aquilo... Paul falava sobre [transformar a Apple em] Marks & Spencer. Acho que [uma parte do pessoal] era gente esperançosa, cheia de ideias, capazes de se entusiasmar pelas ideias, mas que não eram, necessariamente, boas ideias. Não acredito que os Beatles foram enganados o tempo todo por gente má. Acho que o entusiasmo desse pessoal ingênuo muitas vezes era um tanto contagioso. Acho que os Beatles se deixaram enganar por isso. Gente realmente excêntrica também meio que se sentiu atraída. Mas ainda acho injusto afirmar que todas aquelas pessoas eram impostoras. Não acho que eram mesmo, acho que só eram ingênuas. Em retrospectiva, é muito fácil chegar e dizer que estavam sendo enganados. Tipo, o que estavam fazendo era torrar grana a torto e a direito. Torravam grana como lunáticos, e a sala de Derek fervilhava de gatinhas. E milhares de pessoas trabalhavam em Savile Row, o que é que faziam o tempo todo? Em certo sentido, não havia um tipo específico de organização.

SG: Além do mais, o pessoal tomava LSD no escritório e fazia brownies de haxixe na cozinha. Isso não ajuda a cumprir suas tarefas.

RC: Com certeza, não. É provável que muita gente só trabalhasse o quanto bem entendesse. Sabe, sempre acreditei que em Londres havia umas 30, 50 pessoas fazendo as coisas, e umas três mil que ficavam ali de boas. Isso porque eu acho que a Apple era uma fonte geradora de energia. E foi bem emocionante fazer parte disso. Mais do que em qualquer outro lugar, tendia a ter uma cota maior desses três mil.

SG: As coisas começaram a azedar entre os Beatles, você se lembra quando?

RC: Estou tentando me lembrar dos detalhes. Uma noite eu me lembro de que fui assistir a uma gravação do Álbum Branco, e lá estava a Yoko com o John, os dois faziam a mixagem de "Cry Baby Cry". Paul estava lá. Ele tentava manter distância de Yoko. Refugiou-se em outra sala para compor "Let It Be". A sensação que você tinha era de que ele não queria se misturar com John e Yoko.

SG: Você encarava Yoko como uma vigarista?

RC: No início, talvez eu tenha pensado isso, mas hoje acho que não. Vigaristas todos éramos. Eu não era menos vigarista que os outros. Nós nos sentimos atraídos por essa... essa... Mas o fato é que a Yoko ficava por perto e dava a John o que ele não tinha com Cynthia. Com Yoko, eu acho que o importante é isso. Maravilhosa, muito legal a Yoko. Eu gostava dela. Só acho que John e Paul, os dois tinham evoluído e, à medida que evoluíram, foram se distanciando. John encontrou na Yoko uma amiga do peito. Essa é a melhor descrição para Yoko, eu acho. Ela era uma amiga do peito, estava sempre na mesma frequência que ele, ao menos parcialmente, e carregava ele junto com ela.

SG: Cynthia nunca foi uma amiga do peito nesse sentido. John tinha o pensamento abstrato; Cynthia era uma mulher pé no chão, muito realista. Mas Yoko penetrou na vida profissional de John. Ela instalou uma cama portátil nos estúdios da EMI e em menos de uma semana começou a dar palpites a Paul sobre como a música deveria soar. Isso transparece uma certa audácia.

RC: Ora, só é audácia porque John permitia. Tipo, John poderia falar "Vá se catar", se fosse assim que ele se sentia, né? Poderia falar: "Não faça isso. Desse jeito, não pode continuar". Ela estava grávida? Devia estar. Esperava neném, não esperava? Estava no comecinho da gravidez, no primeiro trimestre.

SG: Foram detidos em 22 de outubro de 1968, e em novembro, exatamente um mês depois, ela sofreu um aborto espontâneo.

RC: Entendo como os outros três a odiavam, em especial o Paul, mas acho que... Se não fosse por ela, outra coisa teria acontecido. Acho que eles iriam [se separar] de qualquer maneira. Na gravação de *Magical Mystery Tour*, já não andavam juntos. Na realidade, raramente andavam juntos. Paul encarnou o papel de diretor, orientando: "Por que não filmamos assim e por que não fazemos assado?". E o pessoal ficava no meio do caminho. John só queria voltar pra casa. Ele não fazia nada.

Fiquei surpreso porque, o tempo inteiro, um não sabia o que o outro estava fazendo. Era de supor que, não é mesmo, que John e Paul soubessem intimamente o que faziam o tempo inteiro. Um dia, eu me lembro de ter ido à Apple. Paul entrou com Linda e ficou surpreso com o fato de que John e Yoko também logo chegaram. Simplesmente não estavam se falando. E quando falavam, era aos gritos. Lances como Paul ficar muito chateado com a maneira como Phil Spector enfatizava o bandolim ou o coro. Meses depois, quando o disco foi lançado, John ficou sabendo sobre isso pelos jornais. "Ah, ele não gostou disso, não é?", indagou John. "Ora, ele nunca me contou."

Cada vez mais, Paul ficava aborrecido com isso. E John, pra falar a verdade... talvez tenha se bloqueado de propósito.

SG: John sabia da reputação de Klein. Questionei o Paul, por que o John tinha ido com a cara de Klein, e ele achava que o John queria um cachorrinho pra dizer: "Vai lá, pegue essa vareta".

RC: Certa vez, quando *Abbey Road* ia ser lançado, teve um arranca-rabo e tanto durante a reunião, na sala do segundo andar. Eu me sentei ao lado do Derek Taylor, na outra ponta da mesa, e tentei fazer ele parar de consumir uísque e cocaína. Foi uma briga feia. Derek disparou: "Bem, é isso, porra. Vou cair fora. É isso". Eu me lembro do John me contando no fim da reunião. John falou: "Tenho um furo para você. Posso te contar, mas prometi ao Allen Klein que não ia contar pra ninguém. Se eu te contar, vai ter que prometer não publicar isso de imediato. Quando acontecer, vou te contar primeiro. Larguei os Beatles". Estávamos em dezembro de 69. E eu quis saber: "Por quê?". Ele respondeu: "Por que vou tocar com Paul quando posso tocar com Frank Zappa?". Ou seja lá com quem ele tocou na Plastic Ono. Ou seja, isso foi bem cedo, e só veio à tona quando Paul lançou seu álbum solo, em março de 1970.

No dia em que o *Mirror* enfim publicou o artigo de que Paul não iria mais gravar com eles, Paul não disse: "Larguei os Beatles". Falou: "No momento, não estou trabalhando com eles, nem tenho planos de fazê-lo", mas deixou a porta aberta. Também soa como um pedido de ajuda, não é? Ganhou as manchetes mundo afora. O telefone tocou. Era o Paul. Não conseguiu explicar aos outros meninos por que havia dito todas essas coisas. A ansiedade bateu forte em Paul – sentiu o baque de ouvir coisas como “Paul matou os Beatles”. Falou sobre Phil Spector, e em como Ringo caiu fora em determinado momento e George caiu fora em determinado momento, e como a banda se desintegrava. Não creio que Paul sozinho teve a coragem de provocar o divórcio. [Ao contrário] fizeram isso pela mídia.

PETER BROWN: Paul falava por horas a fio [risos] sem sequer mencionar George ou Ringo. Como se eles não existissem.

RC: Ringo sabia exatamente qual era sua contribuição e o quanto ele foi sortudo. Eu me lembro de que ele me dizia: “Só digo sim. Eu só ficava os escutando, e sempre dizia sim, o tempo inteiro. A minha resposta: sim”. Mas acho que ele sabia o quanto era importante, e o quanto era desimportante, e que poderia ser substituído. Não literalmente. Eles sabiam que poderia ter sido qualquer um, mas isso era quase nada. Acho que ele ia tentar dar um jeito nas coisas. Quanto ao George, não o conheci de verdade.

SG: Não acho que ele seja uma pessoa fácil de conhecer.

RC: Não é curioso o fato de ter sido George que no mundo material foi o único a ter um palacete digno de um barão?

SG: Pratica jardinagem o dia todo. Uma verdadeira obsessão.

PB: Em todos esses anos de convivência, nunca me senti íntimo de George. A gente nunca sabe o que está acontecendo na cabeça dele. Eu convivia muito com eles, porque eu costumava sair com Pattie o tempo todo. Mas eu nunca soube realmente o que se passava na cabeça dele.

SG: Nada, talvez. Pode ser isso. Às vezes, gente inescrutável é como [o personagem de] Peter Sellers em *Muito além do jardim.*

RC: George era muito mordaz. Extremamente mordaz.

[*Aqui, Ray relembra o Concerto para Bangladesh, promovido por George Harrison em 1º de agosto de 1971, em Nova York, quando se hospedou no Park Lane Hotel, com Yoko e John.*]

RC: John e George discutiram. George disparou: "Não quero a Yoko no palco". Acho que o John tentou explicar a Yoko, e a Yoko respondeu: "Por que não me querem? Por que eu não posso subir ao palco?". Yoko e John romperam de vez [com George]. John decolou rumo à Inglaterra. Três horas depois, foi a vez de Yoko. Ela me disse: "Ray, presta atenção. Agora faça o check-out de seu quarto". Deixei minha bagagem no avião e meio que a extraviei. Tinha só minha valise. Yoko me disse: "Olha só. Saia de seu quarto aí embaixo e venha pra nossa suíte". Enorme a suíte deles. Gostam só do bom e do melhor, sabe? Ela falou: "Estou voltando à Inglaterra, como fez John. Aproveite tudo isto que temos, certo? Qualquer coisa que desejar, ponha na conta de Lennon, quarto 1525. Limusine à disposição e ingressos para o show. As roupas de John estão todas lá. Ele não as levou, ficaram todas lá". Maravilha. Tornei-me um Beatle por três dias. Com direito a limusine e todas as roupas dele.

JOHN DUNBAR

Ao conhecer Yoko Ono, o pequenino, atraente e sagaz John Dunbar tinha 24 anos. Formado em Cambridge, filho de um adido cultural de Moscou, Dunbar tinha muito prestígio entre os frequentadores do Ad Lib, na Swinging London. Casou-se em 1965 com Marianne Faithfull, sensual cantora que o trocou por Mick Jagger. Sua badalada Indica Gallery, em Mason's Yard, recebia obras de arte pop que abrangiam desde caixas luminosas psicodélicas e máquinas de movimento perpétuo até recitais de poesia e a exposição de uma então obscura artista japonesa de vanguarda, Yoko Ono.

STEVEN GAINES: Você tem a fama de ter apresentado Yoko a John Lennon.

JOHN DUNBAR: Reunir esses dois foi a minha primeira obra de arte conceitual. Provocou a ruptura dos Beatles. Transformou todo o curso da história.

SG: Exato. Você bancou uma exposição para Yoko e John compareceu à abertura.

JD: Obviamente, eles foram feitos um para o outro.

SG: Quando você inaugurou a Indica Gallery?

JD: No final de 1965.

SG: Consta que John Lennon subiu uma escada em sua galeria com uma lupa, e se você olhasse para um ponto no teto dizia: "Você chegou lá", ou "Sim".

JD: Foi muito legal ver o John Lennon galgando os degraus. Yoko e eu ficamos lá sentados, e foi muito divertido, uma energia realmente boa. Entretenimento puro.

SG: Perguntei a alguém: "Como John Lennon foi se apaixonar por Yoko, uma vigarista tão escancarada?"

JD: Vigarista ela não é, ou é? Eu nunca a enxerguei assim. Mas, sabe, não é isso que ela tenta aparentar. Tipo, ela não é, sabe. Na pior das hipóteses, ela é, digamos, uma espécie de vigarista espiritual. Ou seja, ela sabia como se intrometer. Presta atenção, ela não só conquistou o John Lennon, mas também se inseriu no meio deles. Ela instalou um catre no estúdio da EMI. Ele precisava dela mais do que ela precisava dele. Yoko era uma jovem de muito poder. Sendo intrometida ou qualquer outra coisa, com certeza é poderosa, magnética e interessantíssima. De estúpida não tem nada. Tem muito a oferecer e claramente ofereceu a John o que ele sentia que estava precisando. Era uma mulher capaz de compartilhar a vida com ele. A primeira mulher que ele conheceu realmente em seu nível de inteligência. Assim, se você analisar sob esse prisma, na realidade, não é surpreendente. Não como se ela não tivesse algo a oferecer. Ela era uma das poucas vigaristas cujo conto do vigário consistia em oferecer a si própria. E veio um pacote completo. Foi ela que salvou a vida dele. Acho que por isso que não tive permissão para vê-lo. Ela achava que eu poderia incentivá-lo a usar drogas ou coisa do tipo.

SG: Ele adotou o sobrenome dela como nome do meio. Em vez de John Winston Lennon, ficou John Ono Lennon.

JD: Isso ninguém pode tirar dela.

SG: Como é que você conheceu John Lennon?

JD: Eu conhecia todos os Beatles, principalmente o Paul. A casa de meus pais ficava perto da casa de Jane Asher, onde o Paul morava. E eu era muito amigo do irmão dela, o Peter Asher.

SG: E a tal história do caso de Paul com a babá do seu filho?

JD: [risos] Sim. É verdade.

SG: Mas isso deve ter sido antes ou depois de ele morar com Jane Asher.

JD: Não sei até onde eu devo ser indiscreto.

SG: Você já contou a um escritor, e vou citar: “Por vários anos, Paul também foi íntimo da babá do meu filho. Ele se encontrava com ela, intermitentemente, ao longo de muito tempo”.

JD: Sim, alguém apertou o record no gravador [risos]. Meu amigo, esse autor. Cursou Cambridge. Uma noite me lembro vagamente de que tomamos umas e outras e saímos juntos. Sabe, Paul McCartney era muito divertido com esse lance da babá. Sempre achei estranhíssimo todo o cenário dele. Imagino que a babá do meu filho preenchia alguma lacuna nas necessidades dele. Isso é bom, porque ela era ótima. Uma jovem rústica da classe operária.

SG: Em que ano você se casou com a Marianne [Faithfull]? Você se lembra? Ela já andava envolvida com os Rolling Stones?

JD: Nos casamos em 1965, eu ainda estava em Cambridge. Um ano antes, eu havia apresentado ela ao Andrew Loog Oldham [empresário e produtor dos Rolling Stones]. Acho que, a essa altura, ela já tinha gravado um disco, né? *As Tears Go By*.

SG: Se foi em 65, Paul ainda estava com Jane Asher.

JD: Ah. Paul namorava Jane desde o instante em que o conheci.

SG: Ou seja, na mesma época em que ele galinhava com a babá?

JD: Ora, só mais tarde o lance da babá se materializou. Quando conheci Paul, ele era inquilino na casa dos Asher. Minha família morava na casa ao lado. Eu devia ter uns 15, 16 anos. A gente passava um tempão na casa um do outro.

SG: Rolava muito LSD?

JD: No começo, a posição deles em relação às drogas era muito puritana. Quando conheci Paul e John, eles não fumavam maconha, não faziam nada. No momento em que conheci John, eu lembro que eu estava fumando haxixe num cachimbo. Ele ficou muito chocado por eu estar me dopando. Daí vieram até minha casa, o John e o Paul. Lembro que também fumaram com Bob Dylan, mas com certeza forneci um baseado ao Paul. Ele ficou desconfiado. Eu lembro que ele fez uma daquelas performances de "não estou sentindo nada", que o pessoal faz quando experimenta maconha pela primeira vez.

SG: Há muito tempo já tomavam os tais "corações púrpura" ou sei lá o que era aquilo.

JD: Anfetaminas. De Hamburgo. Mas, cara, isso era diferente. Isso era na forma de pílula. Tipo, em se tratando de fumar maconha, encaravam com certa desconfiança. Em pouco tempo deixaram a desconfiança de lado, mas eu me lembro que a postura de John a respeito disso era muito divertida. Quando se deparou comigo tragando um cachimbo de haxixe, não escondeu o espanto. Com o LSD, nitidamente ficamos em meio àquela neblina ácida. Tanto que branqueou tudo. Nunca tinha feito aquilo antes e nunca mais fiz depois. As cores praticamente sumiram.

SG: Nessa época que os Beatles ingeriam bastante LSD, de onde vinha a droga?

JD: Do Owsley.

SG: Owsley? O Owsley de São Francisco em pessoa? Nos EUA, Owsley tinha fama de fornecer o melhor LSD do mundo.

JD: Sem dúvida. Eu me lembro que uma pessoa ficava enchendo nossas teleobjetivas com ácido para burlar a alfândega. Com a morte de Brian, perderam o controle. Sabiam que precisavam fazer algo com todo o dinheiro deles e tomaram as rédeas. Colocaram na pauta a ideia da Apple, mas o Brian não se interessou. Os Beatles sempre tentavam protegê-lo e defendê-lo. Na época, a homossexualidade de Brian era um estigma terrível, oculto, provavelmente porque [se viesse à tona] os Beatles não poderiam tê-lo como empresário. Uma vez, Paul chegou a me dizer: "Sempre correm boatos sobre mim e Kenny Everett, ou que o Cliff Richard e eu éramos gays".

Falei: "O único boato de que me lembro é que você tinha morrido".

SG: Eu tinha me esquecido de que ele foi dado como morto.

JD: É, mas na mesma hora ele se lembrou. Liguei pra ele na fazenda da Escócia e avisei: "Paul, ouvi dizer que você morreu". Ele respondeu: "Não é verdade".

SG: Os Beatles eram generosos com os amigos deles?

JD: Nunca precisavam desembolsar nada, como em restaurantes, por exemplo. Era sempre por conta da casa.

PETER BROWN: Tinham dinheiro vivo, porque me lembro de que, todas as quintas-feiras, eu sempre mandava uma grana para eles, via mensageiro. Como o contracheque de um trabalhador ou algo assim. Ao longo de todos aqueles anos, alguém lhes enviava grana num pequeno envelope... Era esquisito, levando em conta o sucesso que tiveram. Mas era disso que precisavam. Era tudo pendurado. Antes dos cartões de crédito, você abria uma conta em tudo que era lugar. Nunca usaram cartões de crédito. Nenhum dos Beatles usava cartão de crédito.

SG: Paul dirigia um Aston Martin, mas não tinha dinheiro para pequenas despesas.

PB: Na época foi o seu grande amor. Ficou com ele um tempão.

SG: [dirigindo-se a John Dunbar] Como as coisas entre você e John Lennon terminaram?

JD: John começou a aceitar tudo o que Magic Alex dizia. Acabou exagerando, sabe? De alguma forma, a ganância prevaleceu. Então, a bem de minha própria saúde, caí fora por um tempo. Fui passar um tempo na Escócia.

SG: Os Beatles agiram como idiotas? No caso da Apple? Ou no caso da compra das ilhas gregas? Ou no caso de Magic Alex?

JD: De modo algum. Eram quatro pessoas em meio a essas coisas, e em meio às drogas... Sabe, eles não queriam se meter com os negócios...

SG: Quando um começou a ficar com raiva do outro, você acompanhou esse processo?

JD: Acompanhei, sim [risos]. Tipo, porque isso, na verdade, teve a ver com a Yoko. Não tem como ficar unha e carne com alguém sem se tornar...

PB: Acho que ela acendeu o pavio.

JD: Com certeza, no final, ela que fez isso. Tá certo, mas me deixa contar o que eu me lembro. Paul e John eram melhores amigos, de verdade, certo? Passavam o tempo inteiro juntos e outras coisas, mas tinham vidas individuais. Mas, no fim das contas, atuavam como os árbitros de tudo, sabe, entre os dois. Yoko exerceu uma influência avassaladora sobre John. Ou seja, Paul realmente se sentiu descartado e abominou aquilo, está me entendendo? Isso porque o John inseriu Yoko diretamente na rotina de trabalho. E nesse meio-tempo vem até cantar no microfone dele, saca? Mas no máximo era isso. O tempo inteiro, Yoko estava lá com John, estou falando o tempo inteiro.

SG: Magic Alex foi muito destrutivo para a amizade de você com os Beatles... em especial, com John. Foi a Yoko quem apresentou você ao Magic Alex?

JD: O "Presente de Grego". Não é à toa que, na gíria, "tá falando grego" é uma fala que ninguém entende. Seja como for, fui apresentado a esse Presente de Grego por um artista amigo meu, e eu o apresentei a várias pessoas, inclusive a John e a Yoko.

SG: Você o largou no mundo.

JD: Sim, fui eu. Quando foi me cair a ficha do tipo de embusteiro que ele era, basicamente ele já tinha ludibriado muita gente. É um cara bom em relações interpessoais. Sabe se comunicar. Foi o primeiro cara em nosso meio que entendia de eletrônica. Eu tinha vários projetos que eu gostaria de fazer. E eu queria a ajuda de Alex para fabricar algumas máquinas. Isso foi depois de eu ter apresentado Yoko a John Lennon. Fiz uma exposição para Yoko em minha galeria, certo? E convidei o John Lennon para prestigiar e, é claro, conhecer Yoko. Simples assim. John fez os Beatles se interessarem por uma espécie de religião espúria – o LSD. Tudo aconteceu em meio ao ácido, certo? Eu meio que levei Alex para a primeira viagem dele. John Lennon e eu meio que o levamos. Alex é um cara forte. Um cara bastante resistente. Lidou bem com o ácido, mas não me deu a impressão de ter realmente gostado. Consta que em Atenas teria feito coisas muito asquerosas. Teria colocado pessoas em apuros. Sabe, quando eu o conheci, ele consertava televisores. Para a empresa Olympic Electronics. Nada que ele fazia dava certo. Era tão engraçado. Tipo, ele não sabia nem consertar um radinho.

Essa coisa de Magic Alex veio um pouco depois, sabe? Testemunhei essa pequena transformação, muito engraçada. Ao longo de um ano, eu o observei chegar lá e assumir o domínio de boa parte da psique dos Beatles, em um tempo considerável. Tipo assim, ele meio que cegou os Beatles. E quando você notava como ele era falcatrua, acho que ele ficava mesmo um tanto psicótico. Analisei algumas contas e vi que ele cobrava da Apple muito mais do que o preço real. Algo desnecessário, sabe. Acabou expulso da Apple, sem permissão para se aproximar. Todas as ideias dele eram de segunda mão. Todas, sem exceção. O jeito que ele enrolou todo mundo, as táticas de procrastinação e o fato de todo mundo estar chapado... Conseguiu se safar por um longo tempo sem fazer absolutamente nada. Nada além de brinquedinhos piscantes, e parecia tudo fantástico e fabuloso. Quando parei pra examinar de perto, já era tarde demais. No instante em que ele se interpôs completamente entre mim e John Lennon, realmente foi a gota d'água. Depois disso ficou impossível se comunicar com John.

SG: Ele se apaixonou por John Lennon, o astro do rock, acho eu.

JD: Não chamo isso de amor. E sim de enfeitiçar, de usar alguém. Ele sempre foi calculista, sabe?

CYNTHIA LENNON TWIST

Alma tímida e afável, Cynthia não tinha os atributos necessários para lidar com o papel de esposa de John Lennon. Melancólica, pensativa, ela fumava cigarros e bebia vinho branco madrugada adentro. Contra todas as expectativas, muitos anos após o divórcio, ela afirmava ainda estar apaixonada por John, embora ele nunca tenha sido muito gentil com ela. Ansiava por ele. Sonhava em como teria sido a vida dela caso Yoko não tivesse entrado em cena. A seguir, transcrevemos a entrevista que Cynthia nos deu no País de Gales, onde ela gerenciava uma pousada na cidadezinha de Ruthin. Ela concedeu a entrevista cinco semanas antes de John ser assassinado. Mergulhou em depressão após a morte de John, sentindo-se culpada por nunca terem se reconciliado. Também se preocupava com o futuro de Julian, agora que Yoko detinha o controle dos bens de John. Mais tarde haveria uma reconciliação entre as duas. Por ocasião da morte de John, em 1980, Cynthia não pôde comparecer ao pequeno funeral privado. Yoko não permitiu.

Depois disso, Cynthia casou mais três vezes, até enviuvar do quarto marido, em 2013. Após se divorciar do terceiro marido, em 1983, mudou seu nome e voltou a adotar o sobrenome Lennon. Atuou um tempinho como entrevistadora de televisão, projetou roupas de cama, publicou dois volumes de memórias e abriu um restaurante em Londres chamado Lennon. Em 1978, publicou um livro de memórias, A Twist of Lennon, *que John tentou impedir. No fim das contas, para sobreviver, ela precisou leiloar muitos de seus objetos e recordações. Um câncer a matou em Maiorca, no dia 1º de abril de 2015. Nem sonhava que seu falecimento seria divulgado em todo o mundo.*

STEVEN GAINES: Ringo chegou a namorar Vicki Hodge, a modelo?

CYNTHIA LENNON: Sim. Ela surgiu no cenário quando os rapazes montaram o primeiro apartamento deles em Londres. Ela meio que rondava o local. Quando Maureen veio de Liverpool, ele teve que se livrar de Vicki. Ela aceitou [desaparecer].

PETER BROWN: Ele namorava a Mo [apelido de Maureen] ou ela era só uma amiga em quem ele confiava?

SG: O tempo inteiro, o namoro dele com Maureen foi sério. Sim. Mas claro, quando ele veio a Londres e ficou famoso, as garotas caíram em cima dele. Certo?

CL: Sim. Ele tinha mais oportunidades do que em Liverpool.

SG: Por que então ele voltou para Maureen?

CL: Ela era muito possessiva em relação a ele. Um dia apareceu em Londres, cortou qualquer coisa que estava acontecendo e se abancou por lá. Maureen é um osso duro de roer. Ela não ia jogar a toalha. Veio a Londres e logo engravidou.

SG: Quando você e Brian Epstein se conheceram, você já estava grávida de Julian. Brian não se mostrou muito contente. Naquela noite, John e você foram jantar com Brian. Você declarou que John exercia domínio sobre Brian. E que, se o John deixasse de fazer um desejo de Brian, o empresário batia pé, com os olhos rasos d'água. Brian era assim tão possessivo em relação a John?

CL: Às vezes, sim. Porque o John sabia ser muito agressivo. Não fazia nada que não quisesse fazer.

SG: Como líder da banda, John era o queridinho de Brian.

CL: Não posso negar isso. O lance das férias na Espanha.

SG: O que foi aquilo? Você tinha acabado de ter o neném.

CL: Sei lá. John veio [ao hospital] ver o Julian, ainda não tinha visto o filho, e disparou: "Vou tirar umas férias. Você se importa?". E os dois saíram de férias.

SG: Alguma vez John comentou o quanto Brian estava enfeitiçado por ele? Contou que Brian deu em cima dele?

CL: Não, não, não.

SG: Você declarou que Brian não era páreo para as "sanguessugas internacionais".

CL: Não era.

SG: O que esse pessoal fazia? Quem era essa turma?

CL: Sempre que a gente ia ao apartamento de Brian, se via cercado por... era sempre... ele gostava desse tipo...

PB: Mas esse tipo de gente que usava John.

CL: Usavam ele, e John gostava, porque a certa altura ele se tornou masoquista.

SG: Você e John já foram presos? Pilcher, o sargento da polícia, era fanático por invadir as casas de estrelas do rock. George e Pattie foram levados à delegacia, e até a Jenny Boyd.

CL: Nunca fomos presos. Nem acredito. Não posso acreditar que atravessamos aquele período sem nos incomodarmos com a polícia. A polícia meio que fazia ronda no local porque receávamos que Julian fosse sequestrado. Obtiveram uma informação de que haveria uma tentativa de sequestro de Julian. Fontes internas. A polícia ficou sabendo e começou a escoltar Julian até a escola. Com segurança por perto, nunca fomos presos. John também tomava LSD com frequência. Fez centenas de "viagens". Em nossa casa em Weybridge, a minha mãe nos visitava e encontrava aqueles papelotes incolores. Eu não sabia do que se tratava. Tenho pavor de drogas. Mas a minha mãe sabia que tinha algo acontecendo.

SG: A primeira vez que vocês viajaram com ácido, vocês foram jantar na casa de um dentista e ele administrou uma dose em vocês. Esse é o cara que arrumava os dentes de todo mundo?

CL: Sim. O dentista de George. Colocou no café, na hora da sobremesa. Misturado nos cubinhos de açúcar. No fim da refeição.

SG: Depois vocês foram ao Ad Lib Club.

CL: É, a gente escapuliu do apê do tal dentista. O negócio fez efeito em todos nós ao mesmo tempo. As coisas sumiam e ficavam cada vez maiores. Parecia *Alice no país das maravilhas*. A gente se entreolhou e disse: precisamos dar o fora daqui. E simplesmente saímos correndo e pegamos um táxi. Não quisemos correr o risco de ir dirigindo e simplesmente fomos ao clube.

SG: E aquela vez que tiveram uma bad trip, no famoso fim de semana de LSD na casa de campo de Brian, em Kingsley Hill? Todo mundo tomou ácido. E você entrou numas. Subiu ao segundo andar e abriu a janela. Foi culpa do LSD ou entrou em deprê?

CL: Bem, foi o cenário do LSD. Acabei me sentindo tão só e isolada. Fui atrás do John para tentar conversar com ele ou obter um pouco de sanidade. E ele me mandou embora porque, sei lá, estava muito chapado, sabe, nem ao menos... Eu me senti completamente só. Me sentei no parapeito da janela e olhei pra baixo...

SG: Foi nessa festa que o John se trancou com Derek Taylor no banco traseiro do Rolls-Royce? Os dois embarcaram numa bad trip.

CL: Não sei dizer. Porque quando eu estava chapada com LSD, eu tentava me desintoxicar.

SG: Jenny Boyd conta sobre a viagem à Índia, em Rishikesh, ao ashram do Maharishi Mahesh Yogi, junto com você, John, os outros Beatles e as esposas deles. Para Jenny, um fato complicava as coisas, todo mundo tinha que meditar o máximo de tempo possível, e o John não conseguia. Não conseguia mesmo. Ficou contrariado com a situação. Pra começo de conversa, ele suspeitava da questão moral. Mas quando chegou à meditação, não curtiu nem um pouco.

CL: Isso afetou mesmo John. Pro George, foi muito mais fácil do que pro John. Se bem que o John ficou meditativo por uns dias, e acho que ele andava muito contente. Daí o Magic Alex começou a dizer coisas, George começou a desconfiar, e John foi o último.

PB: Mas foi o Alex Mardas de novo.

SG: Cynthia, você comentou sobre um processo de paternidade contra Paul. Foi em Londres?

CL: Sim. Acho que foi.

SG: O que fizeram em relação a isso?

CL: Até onde eu sei, acho que fizeram um acerto.

SG: Talvez ele tenha um filho em algum lugar.

CL: É provável que tenha alguns. Não posso afirmar.

SG: Você tirou umas férias na Grécia com Jenny Boyd e Magic Alex. Quando voltou a Weybridge se deparou com Yoko em sua casa, com roupão de banho.

CL: Os dois estavam tomando café da manhã. Quatro da tarde, e estavam tomando café da manhã. Cortinas fechadas.

SG: Ele não esperava a sua volta. Ou esperava?

CL: Sim, esperava.

SG: Foi assim que ele mostrou o relacionamento dele com Yoko? Não foi legal.

CL: Fiquei chocada, porque ele sempre foi honesto comigo em relação a outras mulheres. Mas ficou óbvio que, na visão dele, ele fez a coisa certa. Como eu me sentia não importava. Pois ele sabia que o caso deles iria continuar.

SG: Ela era assim tão forte ou poderosa?

CL: Ela ficou perseguindo ele por anos a fio. Ligava, aparecia na casa e escrevia para ele. Dizia que conhecia o livro dele, escrevia bilhetes a ele dizendo que faria uma loucura se John não a ajudasse. Isso calou fundo nele, e, por fim, os dois se conheceram. Acho que foi na época do Magic Alex.

SG: Após John se divorciar de você, parece que a Yoko foi quem realmente destruiu a banda.

CL: Sei de tudo. Não sei se podemos colocar a culpa em Yoko, mas ia acontecer de qualquer modo. Era uma situação meio que entre o bem e o mal. O mal se infiltrou e foi mais forte do que o bem. E tudo acabou se dissipando. A partir daí, tudo começou a dar errado. É muito difícil culpar alguém.

SG: Ou a Linda, talvez? A Linda exerceu em Paul um efeito semelhante.

CL: Linda era uma mulher de um tipo diferente. Ela entrou na situação como uma mulher liberada. Substituiu as garotas comuns que eles conheciam da escola. Havia nisso um quê de excitação.

SG: Alex foi à Itália para investigar o que você andava fazendo. Foi assim que aconteceu? John enviou Alex para controlar você?

CL: Na época, o John estava em casa com Yoko. Ela dormia em Kenwood, e ele o enviou, no intuito de provar que eu estava tendo um caso com alguém. Queria que um detetive particular na Itália descobrisse motivos pra ele abrir o pedido de divórcio contra mim.

SG: Inverter o ônus da prova.

CL: A única coisa que Alex me disse foi que eu estava numa enrascada. John ia entrar com o pedido de divórcio, tirar Julian de mim e me mandar de volta a Liverpool.

PB: É óbvio que ele não tinha como fazer nenhuma dessas coisas.

SG: Na época, acho que ele deve ter soado capaz disso.

CL: Bem, foi algo ameaçador.

SG: Ao retornar da Grécia e encontrar Yoko usando seu roupão, você voltou à Itália.

CL: Por um tempo, foi tranquilo. John meio que... Sei lá, essa época foi toda meio confusa. Eu meio que desapareci... uma situação insuportável. Fui morar com Alex e Jenny por um tempo. Até que por fim retornei a Weybridge, e parecia que as coisas iam voltar aos trilhos. John confessou tudo, todas as mulheres que teve. Ficamos juntos de novo por um tempo e foi bom. Falei "eu te amo, meu amor". Foi quando surgiu essa ideia de tirar férias, eu andava exausta. Ele falou, bem, tenho que fazer muitas gravações no estúdio. Por que não tira umas férias? Então eu fui.

SG: E a reunião sobre o divórcio quando você voltou a Weybridge e se deparou com a Yoko?

CL: Eu queria conversar em particular com John, mas ela não deixava. Ela não arredava pé. Não me deixou discutir as coisas.

PB: E ele não brigava com ela. Não dizia a ela para ficar quieta.

CL: Não. A minha mãe dizia você não pode. Yoko dizia vocês não podem conversar a sós. Seja como for, enfim tivemos a discussão. Foi isso.

SG: O que foi tratado na discussão?

CL: Bom, eu queria saber o que estava acontecendo. Voltando da Itália, fui direto à casa da minha mãe, alguém bateu na porta e me entregou a petição do divórcio. E essa foi a primeira vez que fiquei sabendo sobre o divórcio. Tipo, eu nem tinha passado em Kenwood, então não sabia o que fazer. Então a minha mãe chamou o meu irmão, e na mesma hora ele me levou a um advogado. Daí, [olha para Peter Brown] liguei pra você e disse: "Podemos marcar uma reunião?". Eu sequer sabia onde é que o John estava. A reunião serviu apenas como tentativa de me fazer confessar que eu estava tendo um caso. E eu só queria saber o que o futuro nos reservava.

PETER BROWN: *No divórcio de John e Cynthia, Magic Alex desempenhou outro papel nojento na saga pessoal dos Beatles. (Confira, nas transcrições das entrevistas com Pattie Harrison e com Magic Alex, outras interpretações da história a seguir.) Prestes a iniciar o processo de divórcio, Cynthia nomeou Yoko como conotificada. Conforme as leis inglesas da época, o adultério era um motivo para o divórcio. Isso não foi surpresa para ninguém. As fotos de John e Yoko estampavam todos os jornais, com os repórteres gritando a John: "Cadê sua esposa?". Um dia, Cynthia voltou para casa das férias e se deparou com John e Yoko sentados na cozinha, em roupões de banho. Cynthia se sentiu humilhada.*

Apesar das evidências, John estava determinado a eximir Yoko da culpa pelo fim de seu casamento com Cynthia. Enviou Magic Alex à Itália, onde Cynthia passava as férias, com um ultimato: John queria processá-la por adultério, nomeando Magic Alex como conotificado, e Alex aceitou o encargo. Aconteceu mesmo. Cynthia reconheceu que foi seduzida uma noite pelo sexy e bonito Alex, com vinho e um jantar à luz de velas. Sabiamente, Cynthia e John retiraram as queixas e fizeram um divórcio consensual preliminar, que se tornou definitivo em maio de 1969. Por seu incômodo, John presenteou Alex com um automóvel italiano Rivolta preto de £ 6.000.

Os Beatles e amigos relaxam na casa de campo de Brian Epstein, em Sussex, junho de 1967. Da esquerda para a direita: John Lennon, Cynthia, Peter Brown, Pattie Harrison, Paul, George, Jane Asher, Mal Evans e Neil Aspinall. *(Foto de Brian Epstein)*

Da esquerda para a direita: John Lennon, George Harrison tirando uma foto de Ringo, Paul McCartney, Peter Brown, Mal Evans (cabeça cortada), Jane Asher (deitada) e Ringo Starr fotografando George. *(Foto de Brian Epstein)*

Peter Brown (à direita) e a equip
da NEMS, Great Charlotte Stree
Liverpool. (*Fotógrafo desconhecid*

Feriado no País de Gales com os pais de Peter Brown e o pai e a madrasta de Paul McCartney. (*Foto de Peter Brown*)

Em Malmö, Suécia, voltando para casa após pedirem que o Maharishi parasse de prometer à ABC que os Beatles iam aparecer em um especial de televisão com ele. A partir da esquerda: Peter Brown, Paul McCartney, Börje (parceiro de Peter) e George Harrison. 15 de outubro de 1967. (*Fotógrafo desconhecido*)

.pós o casamento de John e Yoko
m Gibraltar, voando a bordo de um
.tinho particular rumo a Paris. Peter
rown, Yoko Ono e John Lennon.
0 de março de 1969. (*Foto de David*
'utter para Camera Press)

John em júbilo de recém-casado voltando de seu casamento em Gibraltar, "perto da Espanha". (*Foto de David Nutter para Camera Press*)

Peter Brown e Pattie Boyd se abraçando no show de Eric Clapton em 1974. (*Foto © Richerd Kleinberg*)

Na casa de Peter Brown, em Southampton, com Paul, Linda, Stella e Heather McCartney, que está afofando o cão de Gary Lejeski. (*Foto de Peter Brown*)

Pattie Harrison no ashram do Maharishi, em Rishikesh, Índia. (*Foto de Balden para Transworld*)

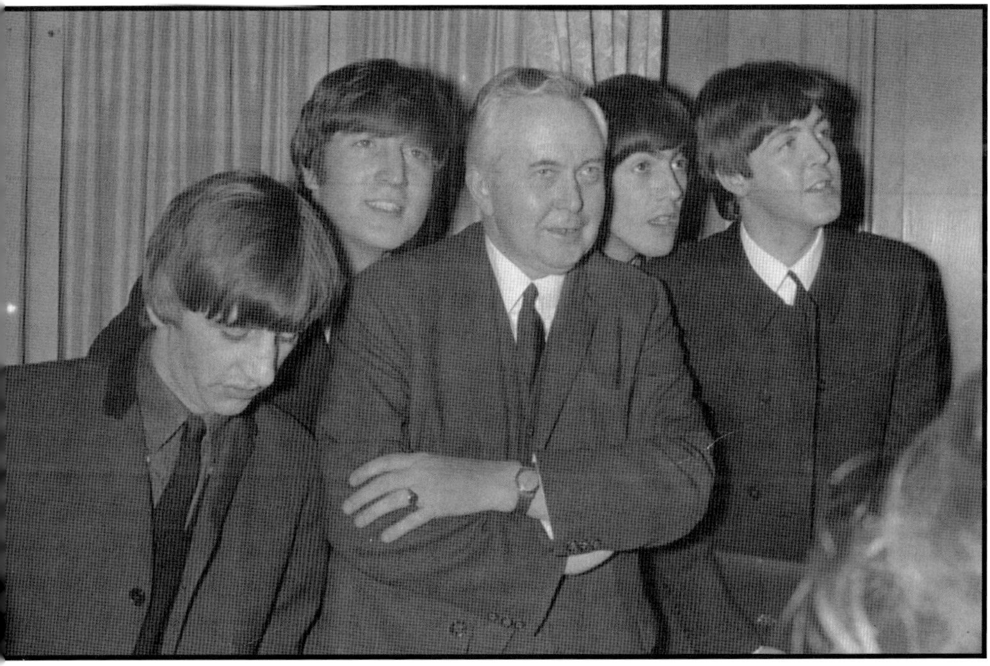

Os Beatles nos primórdios da fama, com Harold Wilson, primeiro-ministro britânico. (*Cortesia de Zuma Press*)

Mike (irmão de Paul), Paul McCartney, George Harrison e John Lennon escutam atentamente o seu novo guru, Maharishi Mahesh Yogi. (*Foto de Jack Smith/Camera Press*)

Os Beatles, Brian Epstein e Peter Brown chegam a Munique em 23 de junho, no começo da turnê mundial dos Beatles de 1966. (*Fotógrafo desconhecido*)

ter Brown e Queenie Epstein na casa dela; outubro de 1980, Liverpool.
rto deles, sobre a mesa, está uma foto de Brian. (*Foto de Steven Gaines*)

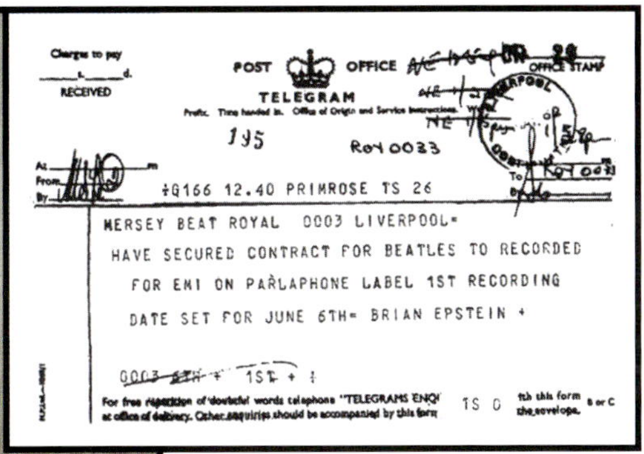

POST OFFICE
TELEGRAM
RECEIVED
195
ROY 0033
+G166 12.40 PRIMROSE TS 26
MERSEY BEAT ROYAL 0003 LIVERPOOL=
HAVE SECURED CONTRACT FOR BEATLES TO RECORDED
FOR EMI ON PARLAPHONE LABEL 1ST RECORDING
DATE SET FOR JUNE 6TH= BRIAN EPSTEIN +
0003 6TH + 1ST + !

O telegrama que Brian Epstein levava junto com ele em sua valise em todos os lugares onde ia. (*Fotógrafo desconhecido*)

Paul McCartney e Linda Eastman. (*Cortesia de PictureLux/ The Hollywood Archive/ Alamy Stock Photo*)

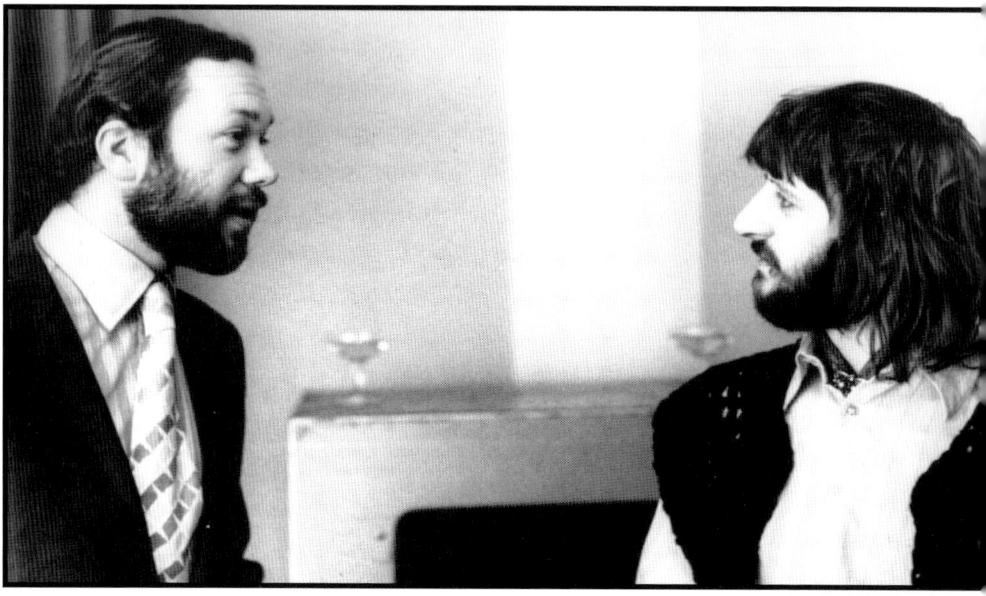

Ringo Starr e Peter Brown no escritório dos Beatles em Londres. (*Fotógrafo desconhecido*)

Brian Epstein e Peter Brown assistindo à gravação das faixas básicas para "All You Need Is Love". (*Foto © David Magnus*)

SG: John concordou em sustentá-la? Continua a te sustentar?

CL: Sim, ele continua, até certo ponto, foi criado um fundo para Julian, que agora foi dividido por causa de Sean.

SG: Acho fascinante que o Paul tenha se mostrado tão solidário ao consolar você e Julian, além de compor "Hey Jude" para ele.

CL: Sim, foi um gesto amável. Paul ajudou como pôde. Seja como for, acho que ele ficou muito chateado com John. "Hey Jude" acabou sendo o seu gesto simbólico para mim. E, logo depois, Paul e John brigaram. E aquilo era só o começo.

SG: Teve uma briga importante?

CL: Bem, não fui testemunha, mas o pessoal comentava. Foi no escritório, com a presença de Yoko. Ela ficava lá o tempo inteiro, e isso se tornou um incômodo para os demais. E teve uma briga feia entre todos eles, com John defendendo Yoko.

SG: Peter, você se lembra dessa briga feia que eles tiveram?

PB: Bem, foram várias. Acho que John e Paul eram os principais, mas John a trazia também. Estavam prontos a aceitar qualquer coisa como amigos porque se valorizavam muito. Mas, sabe, no caso da Yoko, ela realmente foi empurrada garganta abaixo, entende? Não foi só porque ela estava lá. Ela estava lá o tempo todo, e antes nunca haviam tolerado isso de ninguém. Nem você nem Maureen jamais seriam capazes de interferir na vida criativa dos Beatles. E quando Paul, George e Ringo tiveram que aturar essa pessoa [Yoko] chegando, sabe, e orientando eles, sendo tão... isso foi muito difícil.

RON KASS SOBRE YOKO ONO

A PRINCIPAL RECORDAÇÃO É A DE ALLEN KLEIN ter prometido a Yoko Ono que conseguiria, junto ao David Picker, presidente da United Artists, um adiantamento de um milhão de dólares para os filmes dela. Ele se referia àqueles filmes com John sorrindo, com John tendo uma ereção, aquele tipo de coisa. Klein realmente a convenceu disso. John me revelou: "Não se sinta tão mal em relação a Allen Klein, porque ele realmente está do nosso lado. Realmente vai resolver tudo, e tem muita experiência. Sei que o pessoal não fala bem dele, mas não acredite nisso". Na verdade, o John está me dizendo, eu sei que o cara é falcatrua. Oi? Na verdade, Klein se inseriu por meio de Yoko, com a pressão de Yoko sobre John. O fato é que ela nunca recebeu grana alguma da United Artists, nem aconteceu nada. Não houve a distribuição dos filmes.

YOKO ONO

Baixinha e misteriosa, Yoko fazia sua voz frágil ser ouvida sempre que necessário. No começo, aparentou timidez, mas era convicta e resoluta. No círculo interno dos Beatles, encarávamos Cynthia como de nossa família. Sentíamos falta dela. A ascensão de Yoko como primeira-dama dos Lennon e a autoridade que ele concedeu a ela provocaram em nós todos um misto de espanto e desconforto. No começo, o vínculo entre os dois foi intelectual. Basta ler a entrevista transcrita abaixo para notarmos que, por muito tempo, o relacionamento dela com John foi platônico. Por sua vez, Magic Alex indaga na transcrição da entrevista dele: "Por que ela? John poderia escolher a mulher mais bonita e inteligente do mundo... Por que essa japonesinha estranha?". A entrevista a seguir, realizada na primavera de 1981, talvez dê respostas a essa pergunta.

STEVEN GAINES: Em novembro de 1966, na Indica Gallery, você e John se conheceram. Mas você já declarou que o romance se manteve platônico por um ano e meio, é verdade?

YOKO ONO: Sim, sim, é verdade sim. Só aconteceu mesmo em abril de 1968, quando ele voltou da Índia.

SG: Eu lembro que circulou a história de que John teria comentado em algum lugar que uma noite ele visitou o seu apartamento e teve que dormir no sofá.

YO: Dormiu no quarto ao lado. Tenho a sensação de que John não sabia tomar a iniciativa.

SG: Era tímido a esse ponto?

YO: Sim, era tímido a esse ponto.

SG: Numa entrevista, John declarou que gostaria de ter levado você à Índia em vez de Cynthia.

YO: Sei disso. Na verdade, no tempo em que esteve na Índia, ficou me enviando cartas muito carinhosas. Aliás, todas acabaram sendo roubadas.* Cartinhas lindas, mas tudo muito platônico. Numa delas, ele me desenhou sentada num globo com um mapinha. Sentada, toda nua. Fiquei pensando: como se atreve? Pensar em mim pelada. Fiquei vermelha e muito tímida com isso. Mas acho... foi o jeito dele meio que insinuar... E essas cartas eram muito preciosas para mim, tanto que eu sempre as levava junto na bolsa, até mais tarde, quando John e eu já morávamos juntos. E claro, um belo dia, estava na bolsa, e tenho certeza de que alguém as surrupiou.

SG: Nesse tempo de namoro, você conheceu Cynthia.

---

* Em 2006, Yoko acusou o motorista particular dela, Koral Karsan, de ameaçar divulgar fitas de áudio e fotografias privadas roubadas por ele, caso ela não o pagasse US$ 2 milhões. Sumiram também os famosos óculos de armação redonda de John e as cartas da Índia. Após ser detido, Karsan acabou deportado a seu país natal, a Turquia. Em 2014, 86 itens desaparecidos foram vendidos a uma casa de leilões alemã e devolvidos a Yoko. As cartas ainda não apareceram.

YO: Sim.

SG: Que impressão a Cynthia lhe passou?

YO: A primeira vez que a vi foi em Kenwood... Eu a achei quietinha e sensível... uma jovem simpática. Ela era esbelta, e a minha percepção é que, em Liverpool, quando ele frequentava a Faculdade de Artes, acho que ela pertencia a uma estirpe diferente de moça, sabe? Muito elegante e graciosa. É provável que tenha sido isso que despertou a atenção de John. Acho que ela era muito inteligente e também uma das melhores alunas. E como ele deixava de fazer o dever de casa, às vezes, pedia ajuda dela, ou coisa parecida. Ela era uma jovem de fibra. Para estar com o John, ela precisava ter fibra. Ele era um osso duro de roer. Ele já era complexo e um garoto com raiva do mundo.

SG: Você vinha à casa em Weybridge e esperava John no portão?

YO: Não. Só fui à casa dele quando convidada. Achei Cynthia muito cordial, de temperamento tranquilo, coisinhas que notei.

SG: Acho que logo de cara Cynthia a encarou como uma ameaça.

YO: Eu não sabia... Eu os olhava como um casal, e pensei que ela não andava muito feliz. Bem, pensei até, sabe, taí outro machão tratando mal sua mulher. Era hora do almoço, e me senti constrangida, porque estava sentada ao lado dele, e ele ali reclamando [do casamento], não de forma direta, ele não era um desse maridos grosseiros e machistas da classe operária, mas meio que insinuando, com sutileza... Você não deve falar esse tipo de coisa na frente de outra mulher.

Claro, o casamento deles não ia bem; caso contrário, ele não gostaria de me ter por perto. O lance é que John e eu nos apaixonamos. Mas a essa altura ele já era um homem do mundo. Não era um virgem. Acho que ele é o tipo de pessoa que, como eu, leva o casamento muito a sério. Fiquei casada sete anos com Toshi, meu primeiro marido, e cinco anos com Tony. Tanto o John quanto eu já tínhamos filho. Abrir mão disso para ficarmos juntos, só por uma razão muito forte. Mas, como John falou, foi maior do que nós dois.

[Querem fazer John parecer] Meio que manipulado por uma mulher forte que simplesmente surge e o agarra. E não acho que ele fosse assim, de modo algum. Era perseguido por muitas jovens, tenho certeza. Por isso não acho que ele embarcaria nisso. Com certeza, ele estava acostumado a ser desejado por muitas mulheres, sabe, e eu tinha a sensação, ele não está dando em cima [de mim], o que é muito interessante. Daí começo a dizer: vai ver que ele é tão tímido quanto eu. E o interessante é que eu não fazia nada a respeito. Em outras palavras, levou mais de um ano, do fim de 1966 até (um ano e meio depois) abril de 1968, para ficarmos juntos. O fato é que tudo foi crescendo a tal ponto que enfim tivemos que ficar juntos.

Ao contrário do que todos pensam, John era muito tímido. E, é claro, na época isso foi amplamente divulgado, como se o John estivesse meio que ali, na dele, e eu simplesmente o agarrei ou coisa assim. Sou uma pessoa muito tímida – um misto de timidez com orgulho e, talvez, modos muito antiquados. Eu não acho que a mulher deva tomar a iniciativa, sabe, seja qual for.

SG: Você tem sido descrita como alguém que o perseguiu de maneira muito incisiva.

YO: Eu não tinha condições de fazer isso. Eu não queria as dificuldades de me envolver com um homem casado. Eu andava muito interessada em meu trabalho. Eu tinha uma filha, eu tinha um marido. Eu não via problema em obter incentivo [de John] em termos profissionais. Tive a sensação de que provavelmente eu só queria continuar assim, sem nada grudento em relação a isso. A verdade é que certas pessoas fizeram questão de fazer parecer que fui eu quem o perseguiu. Mas acho que agora a verdade já não pode ser dita.

SG: Por que não? Está insinuando que é tarde demais para colocar os pingos nos is?

YO: Não, não é que seja tarde demais para colocar os pingos nos is. Mas não quero tocar no assunto. Só tenho certeza de que tem gente achando que deveria soar assim. Sei lá.

SG: Recorda de quando Cynthia voltou da Grécia e se deparou com você e John na cozinha?

YO: Não foi bem assim, sabe. Cynthia estava na Grécia... e voltou antes da data prevista. Fomos conferir e descobrimos que todo mundo contava a ela sobre nós [John e eu]. Ela se sentiu constrangida ao voltar. Sabe, ela não entrou de repente na cozinha e disparou algo como: "O que é isso?".

SG: Foi o que ela contou no livro dela.

YO: É, talvez tenha contado. Além do mais, não vou questionar nada do que ela se lembra, nada que ela escreveu no livro dela. Porque ela deve ter ficado muito magoada com a maneira como [John e eu] ficamos juntos. Qualquer pessoa teria se magoado... Por isso, tudo que ela disser, não vou discutir. E nunca discuti.

SG: Quando foi que você esteve no estúdio com eles pela primeira vez?

YO: Fui convidada para as sessões do *Sgt. Pepper*, um pouquinho antes do Natal de 1966. Pensando bem, eu me lembro dele tendo que fazer o *Magical Mystery Tour*, e ele me visitou [no meu apê] em Park Row e me falou que ia fazer isso. Queria que eu fosse junto com ele, assim como na viagem à Índia. Só que mais tarde ele mudou de ideia. No Álbum Branco foi a primeira vez que ficamos juntos abertamente... quando ele me convidou para ir ao estúdio e ficar lá, sentada, na época em que ainda estávamos namorando.

SG: Sentiu que os outros Beatles a rejeitaram bastante? Isso deixou John muito magoado?

YO: Sim, isso deixou John muito magoado, mas se os Beatles tivessem logo me aceitado e me recebido de braços abertos, ele também teria se sentido muito mal.

SG: Como assim?

YO: É que, sabe, quando nos separamos em 1973, a gente conversava muito pelo telefone. Às vezes, a gente se encontrava pra conversar. Ele falava muito mal dessa turma que, só porque tínhamos nos separado, logo começaram a falar mal de mim, ou logo aceitaram alguém [May Pang] com quem ele está, como a nova [Yoko]. Nós meio que trocávamos figurinhas, e ele não curtia nada esse tipo de coisa. Agora, é provável que, se isso acontecesse lá no começo, sabe, John teria se sentido muito mal [por] Cynthia e Julian. Como ousam fazer isso com eles ou algo assim. Tipo, ele era meio...

SG: Os demais abandonaram Cynthia?

YO: Não, acho que não. Acho que o Paul sempre foi muito bondoso com Julian e Cynthia. E o George e o Ringo também. Sempre trataram a Cynthia e o Julian com civilidade. Além do mais, quando entrei em cena, eles resistiram tanto porque encaravam John, Cynthia e Julian como uma família. Verdade, é bonito, é comovente, ver que eles tinham esse tipo de integridade, esse tipo de sentimento por Cynthia.

SG: Na época em que você conheceu John, você já tinha experimentado LSD?

YO: Sim, claro. LSD. Mas nem tanto assim como o pessoal imagina. Quando a gente começou a morar juntos, ao menos eu sabia o que ele tomava todos os dias, e sabe, não tomávamos tanto ácido assim. Na primeira noite ou coisa parecida, sim, nós meio que tomamos, mas foi só. E daí o que aconteceu foi... ah, não só na primeira noite. Mas quando a gente morava junto, não tomava tanto ácido quanto o pessoal imagina. Em suma, ele me avisou que ia tomar diariamente ou algo assim, mas ficamos mais interessados em descobrir um ao outro e por isso não tomávamos tanto ácido.

SG: Li na *Rolling Stone* que você declarou que você e John usavam heroína como uma celebração de si mesmos como artistas.

YO: Mais tarde, sim, usamos heroína, mas John não curtia muito. Eu também não curtia, só quando estive em Paris. É por isso que o George e outras pessoas como ele afirmam: "Sabe, foi a Yoko que o introduziu à heroína". Nessa época, tudo o que a gente fazia, qualquer vacilo, a responsabilidade era minha. Sabe, fiquei muito magoada porque os parentes me encaravam assim. Eu os chamo de parentes porque, de certa forma, há um pouco de verdade nisso.

SG: Segundo Neil [Aspinall], na detenção por posse de maconha na rua Montague, em outubro de 1968, John falou pra ele que a grande ironia foi que, na hora da prisão, ele estava chapado com heroína, mas tinha acabado de consumir toda a heroína que havia no apê ou se livrado dela.

YO: Não é verdade. Não estávamos chapados com heroína. A grande ironia foi que vários dias antes [da batida policial] alguém nos avisou que ia acontecer uma batida, que deveríamos tomar muito cuidado. Claro, a gente tinha maconha em casa e limpamos tudo. A limpeza de John foi minuciosa, você sabe o quanto ele é meticuloso com essas coisas. Cheirou uma tigela e disse: "Está com cheiro, temos que lavar a tigela com sabão". Fizemos tudo exatamente para garantir que estava limpo. [Mesmo após a limpeza completa, misteriosamente, a polícia encontrou maconha numa lata de filme.]

Mais tarde, eu li que foi plantada. Foi estranhíssimo, demorou demais, ficaram vasculhando todos os lugares, até que os policiais invadiram a sala com muitos itens guardados, a sala de visitas, e logo depois gritaram: "Arrá!".

Isso não quer dizer que não tomamos H. Claro, o George falou que induzi John a experimentar H, mas isso está longe de ser verdade. O John nunca aceitaria algo, a menos que quisesse. Quando fui a Paris [antes de conhecer John], eu só dei uma cheirada e a sensação foi maravilhosa. Como foi uma quantidade pequena, eu nem passei mal. Foi só uma sensação bonita. Daí contei isso ao John. Quando você consome de forma apropriada (apropriada não é bem a palavra certa), mas quando você cheira de verdade, logo se sente mal, se não estiver acostumado. Contei que a experiência não foi ruim, sei lá, e acho que talvez tenha algo a ver com isso. Mas o fato é que, sim, ele não parava de indagar: "Conta pra mim como foi?". Por que ficava me perguntando? Era uma espécie de preliminares, porque ele queria tomar. Por isso ficou perguntando. E era assim que a gente fazia. Nunca injetamos. Nunca.

SG: Em agosto de 1969, você foi morar em Tittenhurst Park. Naquele verão, foi por isso que você se internou na London Clinic, por causa da heroína?

YO: Não. É provável que tenha sido em razão de um aborto espontâneo. Não me lembro exatamente quando tomamos [H], mas um dos motivos que nos levaram a tomar foi o acidente [de carro] na Escócia.* Eu me lembro de que John e eu estávamos com a saúde em dia, com uma dieta saudável. Quando trouxemos Kyoko e Julian para morar conosco, não tomávamos nada. E depois que a gente voltou [após o acidente de carro], eu tinha dor nas costas, e foi aí que começamos a tomar [H]. Não me lembro se essa foi a primeira vez. Mas tenho a impressão de que foi.

SG: Esse aborto espontâneo que você teve foi um mês após a batida policial com apreensão de maconha [quando vocês moravam na rua Montague]. Mais tarde, em 22 de novembro, todos os jornais publicaram que você tinha perdido o neném, filho de John.

YO: Eu não distingo um hospital do outro. Estive neles tantas vezes, mesmo antes de nos casarmos.

SG: Foi internada em 8 de novembro, a batida policial foi em 18 de outubro.

YO: Olha só, agora eu me lembro de uma conversa no hospital, o John me falou: "É, não vamos voltar à Montague Square, podemos voltar para Kenwood".

* No verão de 1969, John e Yoko, a bordo de um Austin Maxi, foram passar férias na Escócia, com Kyoko, a filha dela, e Julian, o filho de John. Embora ele não tivesse experiência como motorista, insistiu em conduzir o carro durante o percurso inteiro. No terceiro dia, John perdeu o controle da direção e o veículo caiu em uma vala. Quem se machucou mais no acidente foi ele mesmo. Yoko teve um corte que levou 14 pontos e uma lesão nas costas.

SG: John compôs "Cold Turkey" sobre largar da heroína. Isso aconteceu na casa? Não foi na London Clinic?

YO: Não foi na London Clinic.

PETER BROWN: Então a London Clinic não teve nada a ver com as abstinências?

YO: Não teve nada a ver com isso.

SG: E depois, no outubro seguinte, não consigo entender isso, no mês de outubro seguinte você foi internada por três dias no King's College Hospital. Outro aborto espontâneo?

YO: Sim. Tive ao menos três abortos espontâneos, que eu me lembre.

SG: Tem uma situação confusa mesmo, já que estamos neste assunto. Em 29 de março de 1970, os jornais londrinos estamparam manchetes de que você estava grávida. Mas menos de uma semana antes, você estava internada na London Clinic. Foi por causa da gravidez a sua entrada na London Clinic?

YO: Sempre que eu ia à London Clinic, [não tinha] nada a ver com drogas.* A gente era um casal muito quadrado, sabe? Jamais permitiríamos que alguém [risos] no hospital soubesse disso.

SG: Nenhum tratamento para a saúde mental?

---

* Naquele verão, Neil Aspinall, Alexis Mardas e o autor Ray Connolly recordam ter visitado John e Yoko na London Clinic, e ambos estavam em tratamento para abstinência de heroína.

YO: Nada disso. Largamos direto [da heroína]. Mas nunca nos injetamos, sabe? Por isso, quando resolvemos largar, não nos sentimos fisgados. Acho que não era demais, entende? Mesmo assim foi difícil. Foi difícil abandonar o vício.*

SG: A heroína continuou sendo usada quando você e John se mudaram para os EUA. Então ele não conseguiu parar. Certo? Depois disso ele continuou tendo recaídas com a heroína. Lembra da época, em junho de 1972, quando George veio aos EUA receber um prêmio da UNICEF pela promoção do Concerto para Bangladesh? Eles queriam se encontrar com você e John, mas John falou que você alugou uma limusine e saiu dirigindo pelo país, não foi? O motorista da limusine dirigia enquanto vocês [tinham crises de abstinência] na traseira da limusine? A época a que me refiro é 1973, quase um ano após George e Ringo receberem o prêmio da UNICEF, em 1972. Em outras palavras, o show foi em agosto de 1971, eles voltaram aos EUA bem depois disso.

YO: Pois é, entendo, entendo. OK. Sim, tem razão, na época, fazíamos uma jornada através do país e, bem... Acho que... eu não gostaria que vocês escrevessem sobre isso. Fizemos uma viagem cross-country, e John falou que estávamos saindo de alguma situação? Não estávamos saindo da H.

SG: Não? Bem, estou contente por ter conferido a fonte com você e descobrir que isso estava incorreto.

---

* Em 24 de agosto de 1969, em um surto criativo, John compôs a canção "Cold Turkey" sobre a abstinência. A BBC se recusou a tocá-la nas rádios. Alexis Mardas recorda que viu seringas espalhadas casualmente em Tittenhurst Park, a propriedade rural de John e Yoko.

YO: Mas, é mesmo verdade que não estávamos saindo da H nessa época, sabe? Não nessa época.

SG: Do seu ponto de vista, pode nos esclarecer o que aconteceu no Concerto para Bangladesh que causou tantos ressentimentos entre John e os outros?

YO: Quando o George e o Ringo vieram a Nova York para fazer o Concerto para Bangladesh, a gente morava no Park Lane Hotel [na rua Central Park South]. Um dia, John e eu, no café da manhã, criamos juntos aquela canção "Happy Xmas". Ficamos exultantes ao compor "Happy Xmas". Era linda. Depois do café, tivemos uma briga feia. E a discussão envolveu o fato de que, de repente, Allen Klein tinha organizado tudo para que os outros, Ringo e George, viessem até o Park Lane. Correu um boato de que Allen Klein ia hospedar todos os músicos indianos no Park Lane também, e isso deixou John muito chateado. Ele indagava: "O que é isso? Vamos sempre ter que usar o mesmo terno?". Por isso que o John mudou sua conta bancária...

SG: Já ouvi muitas vezes a história de que George não queria que você participasse do Concerto para Bangladesh. Ele não queria que você aparecesse no palco.

YO: Disso eu não sabia. Talvez George não quisesse mesmo. John sentia que provavelmente George não ia querer que eu fosse lá com John, para fazer o Concerto para Bangladesh [que Allen Klein estava promovendo]. E John falou que nessas condições ele não gostaria de participar do show. Mas não porque George nos falou. George é um sujeito educado... Ele não ia nos ligar e dizer: "Olha só, a gente não quer [a Yoko]". Mas naquela manhã, no Hotel Park Lane, não sabíamos disso, ao menos John e eu. Não sabíamos que o convite de George não era extensivo a mim. Mas o John sentia que George provavelmente não ia me querer, e o John não queria participar do show. Não só por causa disso, mas ele não queria subir ao palco. A jogada do George foi essa, sabe... Eu nem sabia que o George não me queria. Falei ao John: "Olha, você só está sendo paranoico, vamos lá fazer o show".

STEVEN GAINES: *John sabia que George não queria Yoko no palco com os outros três Beatles porque tinha ligado a Allen Klein, que promoveu o evento, exigindo que ele interviesse e formalizasse o convite para Yoko subir ao palco, mas Klein concordava com George, e disse que o lugar de Yoko não era no palco com os três Beatles. O relacionamento de John com Allen Klein deu uma guinada a partir daí. Klein cometeu o erro fatal. Não entendeu que John e Yoko eram uma unidade singular e inseparável. Daí em diante, John e Yoko não quiseram mais conversa com Allen Klein. Por sinal, mais tarde, Klein foi investigado por desviar a renda obtida pelo Concerto para Bangladesh, destinada à UNICEF, para o próprio bolso, antes de ser enviada aos famintos e doentes.*

SG: Pode nos contar o incidente da terapia do grito primal de Janov? John falou que você não curtia muito.

YO: De certa forma. Eu era cética em relação a isso. Além do mais, eu observava o relacionamento entre Vivian [Janov] e Art [Janov] como casal, e percebi que a Vivian andava muito infeliz. John ficou empolgado com a promessa. Assim, nós dois meio que decidimos que achávamos a terapia linda, mas as pessoas que a faziam não eram necessariamente perfeitas, não eram gurus nem nada. Assim que a gente encarava as coisas. Fomos [induzidos a] sair porque Art falou algo como: "Isso pode ser feito em um mês". Ou qualquer pessoa pode dar a volta por cima num mês, e John aprecia esse tipo de solução de "café instantâneo". "Bah! Dar a volta por cima num mês? Parece ótimo!" E lá fomos nós [rumo à Califórnia], e meses se passaram. E a gente dizia: "Quando é que isso vai acabar?". Um dia, então, na piscina, falamos: "Ah! Vai ser assim... Nós é que vamos decidir que agora está tudo bem e vamos seguir em frente". Nos entreolhamos e dissemos: "Então vamos fazer isso". Porque, na piscina, a gente sempre comentava... Eu comentava com ele, se lembra que o Art disse que seria um mês? Mas os meses se passaram, e continuávamos lá. De modo que não é uma cura milagrosa, certo? John começou a dizer que nós que deveríamos sair. Acho que a ideia é essa. Sabe? OK, vamos contar a eles. Dissemos apenas: "Vamos embora, estamos curados, obrigado".

SG: Estava grávida nesse período da terapia com os Janov?

YO: Quando fui para lá, eu estava grávida e, logo ao chegar, perdi o neném. O terceiro, acho. Quando chegamos lá, acho que antes de irmos às aulas, sofri um aborto espontâneo. Passei por isso tudo e em seguida fui assistir às aulas.

PB: Esses abortos de repetição ocorreram na mesma época, no período de sete ou oito meses?

YO: Uma gravidez durou até sete meses. Após sete meses, se houver um aborto espontâneo, você trata isso como óbito, e o neném tem que ganhar um nome. Eu estava na cama, e o John me explicou isso. Sempre me lembro de como foi triste e perturbador. Conseguimos um caixão pequenino e tive que dar um nome ao natimorto. Dei a ele o nome de John Ono Lennon, e o enterrei.

PB: Foi no Hospital Queen Charlotte que você gravou os batimentos cardíacos da criança, não foi?

YO: Acho que sim. São de John Ono Lennon.

SG: Em setembro de 71, você se transferiu aos EUA, quando você e o John conheceram Jerry Rubin e Abbie Hoffman. Acha que foram manipulados por Jerry Rubin?

YO: Acho que não. É provável que acreditasse no que fazia e sentia que precisava nos manipular. Era genuíno quanto a isso, sabe?

SG: Por exemplo, ele divulgou à revista *Rolling Stone* que John iria participar de um show na Convenção Republicana de San Diego. Isso causou problemas a John.

YO: Acho que foi mais o caso de Rubin ser ingênuo. Não percebeu o quanto seria perigoso. Na real, o John e eu até pensamos em fazer o show em San Diego, mas acho que fui eu quem disse: "De jeito nenhum". John emendou: bem, não precisamos ser mártires. Não queríamos ser suicidas em relação a isso. Mas somos os únicos que sabíamos o quanto isso teria sido perigoso para nós. Não creio que Jerry ou Abbie tenham entendido as implicações. [Jerry e Abbie] Disseram: "Vamos só sobrevoar o palco a bordo de um helicóptero". Falei: "Está de brincadeira, o helicóptero vai ser alvejado a tiros".

SG: Qual foi o primeiro indício de uma conspiração [do governo] em andamento contra John? Ele achava que o telefone estava grampeado e que alguém o seguia. Havia mesmo alguém seguindo vocês? Lembra-se disso?

YO: Mas sabíamos que isso podia acontecer, porque a imigração nos avisou para sair do país. Quando chegaram aqueles documentos [ordenando a família a deixar os EUA], morávamos no apê da Bank Street. Tivemos que decidir. Abandonar mesmo o país ou lutar? Decidimos lutar, mas sabíamos que íamos ser grampeados.

SG: Você achou que eles tinham grampeado o telefone de vocês porque estavam combatendo a ordem de deportação? A ordem de deportação, o aviso de 60 dias, só chegou no dia 6 de março, e eles já escreviam memorandos secretos sobre você e John.

YO: É provável que [os policiais federais] tenham nos grampeado por causa desse nosso vínculo com Jerry e Abbie.

SG: Quando vocês se afastaram de Rubin e Hoffman? Teve uma hora em que disseram: "Olha, vocês vão levar crianças a uma manifestação violenta?".

YO: John e eu adotamos a postura de que não queríamos fazer aquilo assim, e Jerry sempre adotou a postura de, bem, sabe, às vezes é preciso usar a força.

SG: Você e o John colocaram lenha na fogueira ao gravarem o álbum *Some Time in New York City*. Até mesmo os fãs mais fiéis de John ficaram confusos com o álbum totalmente político, canções sobre Attica, além da faixa "Woman Is the Nigger of the World".

YO: Nossa preocupação não era essa. E sim se o álbum era, musicalmente, bom o suficiente.

SG: É espantoso o quanto você ocupou a vanguarda da libertação das mulheres. Nos anos 1960, compôs "Woman Is the Nigger of the World". Acho que você nunca recebeu reconhecimento à altura. Não foi divulgado que você fez trabalhos com John Cage e Ornette Coleman, nem que fez shows próprios.

Você e John se separaram e voltaram em novembro de 74. Logo após a volta, você engravidou de novo.

YO: E só foi eu engravidar, John decretou: "Desta vez você não pode sofrer um aborto espontâneo", e imediatamente providenciou uma cadeira de rodas e me transportava nela.

SG: Mas o Sean nasceu de cesariana no aniversário de John? Foi planejado para acontecer no aniversário dele?

YO: Foi por acaso. A cesárea não estava planejada, mas na manhã em que entrei em trabalho de parto, o médico falou que era melhor fazer uma cesariana. Mas não foi na empolgação do aniversário do John, porque foi bem cedinho, até pensei que era um dia antes do aniversário do John, porque começou por volta da uma hora da madrugada.

SG: Quando John foi a Hong Kong sozinho e se deu conta de que estava totalmente só numa cidade estrangeira, onde ninguém o reconhecia, isso foi uma grande epifania para ele. Até que ponto ele mudou depois disso?

YO: Acho que isso foi muito bom para ele, sabe, antes de ir ele andava muito nervoso. Astrologicamente, em termos do itinerário, eu sabia que seria um lugar com boa vibe, e achei que seria uma viagem muito boa para ele. Olha, ele precisava de toda a sorte do mundo, porque quem está na posição dele sofre muita pressão etc. Depois que ele voltou, durante o nosso... planejei, sabe, basicamente que ele iria evoluir aos poucos e de tal forma até adquirir uma posição tão forte que, ao lançar qualquer coisa no mundo, sabe, um disco ou uma pá, teria que ser muito bom. Então ele visitava todos esses lugares com boa vibe e fortalecia o corpo.

SG: O que levou John e você a retornarem aos estúdios para gravar *Double Fantasy*?

YO: Quando ele estava nas Bermudas e eu trabalhando aqui, liguei pra ele e disse: olha só, tudo bem, vamos fazer... essa jornada, eu diria... porque a gente não tinha muitas canções. Eu me esqueci do que estava pronto, talvez duas faixas do John e duas minhas. A ideia inicial era fazer um EP [formato Extended Play], mas nesse meio-tempo, quando ele estava nas Bermudas, começamos a compor tantas canções que se tornou um álbum.

SG: Basicamente, o John parou de gravar pra cuidar de Sean.

YO: Mas também pra cuidar dele mesmo, da mente e do corpo dele, e tudo mais. Em outras palavras, em Los Angeles e com toda aquela espécie de separação e tudo mais, ele sentiu o corpo dele em péssimo estado, e também sentiu a mente em péssimo estado. Com a separação, nós dois aprendemos muitas lições, e falamos: olha só, estamos nos desgastando e nunca pensamos no futuro. Eu disse: "Em geral, pessoas que vão longe planejam as coisas com dois, três anos de antecedência. Se fizermos isso, provavelmente vamos alcançar coisas ótimas. Vamos planejar as coisas então". Foi a primeira vez que planejamos algo, e é um tipo de proposta bem paradoxal, pois o nosso plano envolvia obter essas casas todas, pra que pudéssemos ir a elas nos próximos quarenta anos... Basicamente concentrei meus esforços nos negócios.

SG: É verdade que você se vestiu de árabe e foi a uma reunião de negócios dos Beatles com todos os empresários judeus?

YO: Sim. Seja como for, eles me odiavam, mas, sim, isso piorou as coisas. Cômico.

SG: Por que John de repente decidiu processar Allen Klein?

YO: Olha, eu acho que ele nunca quis processar Klein. O ponto principal é que queríamos sair daquele relacionamento.

PB: Por que decidiram que estavam fartos dele?

YO: Foi quando fizemos o show *One to One* [30 de agosto de 1972, em prol da Willowbrook School for Children]. Nessa época, sentimos que Klein não estava agindo como queríamos. Embora John e eu o tivéssemos colocado em cena, Klein sempre sentiu que representava os Beatles, sabe? Ou seja, sempre havia um conflito. O que John e eu precisávamos era de alguém representando John e Yoko, mas ele sempre quis os Beatles, sempre acalentou o sonho de, um dia, convencer Paul também. Porque ele tinha três Beatles. Então o conflito era esse. E no fim das contas notamos que Klein simplesmente não entendia John e Yoko, que John e Yoko é uma parceria, um produto. Klein nunca entendeu isso, e sempre tentava fazer daquilo um lance dos Beatles.

PB: Ele não fez a promessa de obter um acordo para todos os seus filmes?

YO: Não prometeu, não. Sabe, paradoxos não faltavam em minha vida. Fui mal interpretada sob vários aspectos, como este. Sentiram que eu trouxe Allen Klein porque havia com ele algum tipo de acordo paralelo.

SG: Acho que o que fez eles acreditarem, como Allen enfim conseguiu convencê-los, foi quando ele disse: a propósito, também vou resolver a questão da Yoko. Vou receber um milhão de dólares da United Artists.

YO: Tá brincando? Klein era um sujeito machista. O motivo que nos levou a decidir foi que John ficava me dizendo: "Esse cara, o Allen, não para de me ligar. Acha que devo me encontrar com ele?". Respondi: "Pode ser útil você se encontrar com ele". Então fomos nos encontrar com ele no hotel Dorchester, e Klein começou a citar todas as canções de John. Sabia os versos na ponta da língua. É muita coisa, sabe. Para um homem de negócios, ficar lembrando de todos os versos. E esse é o tipo de coisa que o Allen era capaz de fazer. Por isso, naquele exato momento resolvemos que Allen era uma boa opção. Então, naquela [primeira] noite, eu era a única que sabia datilografar, então datilografei um textinho dizendo que Allen Klein representava John.

SG: Dizia: "Não me importo com o que os outros disserem, Allen Klein está comigo". O bilhete se tornou famoso.

YO: Nada foi comentado sobre o meu filme. Foi bom para o John, e foi assim que Allen conseguiu entrar.

PB: Mas na Apple o Klein nos falou que ia conseguir um acordo pra você e seus filmes. É isso que todo aquele pessoal achava.

YO: Allen negou isso, mas vou te contar uma coisa. A próxima reunião foi na casa de Maureen e Ringo, onde estávamos nos hospedando por um tempo. John dormia no quarto lá em cima. Tocou a campainha, e eu desci. Ninguém menos que Allen Klein. Entrou e ficou ao meu lado, com aquele tamanhão, e disse: "Escute, se eu pegar John e tudo, eu não me importo se você ficar por perto. Entende a que me refiro?". Ali estou olhando pra ele me dizer, bem, esse é um tipo de livro barato, um romance que nunca li, mas ouvi falar desse tipo de filme B, de Hollywood, ou algo em que os produtores falam: "Escute, mocinha, não me importo se você ficar por perto". Eu me senti tão insultada que nem pude acreditar que eu estava escutando ele falar aquilo. Imagina só? Dei risada quando contei ao John.

SG: E o Magic Alex? Sentiu que ele era uma pessoa bem-intencionada? Sempre achei que, nesse melodrama, o Alex seria o cara malvado nos bastidores. Um papel muito pequeno, mas fundamental.

YO: Vou contar como foi. No *Sgt. Pepper*, em 67, John e eu nos comunicávamos, no sentido de que eu estava presente na sessão e tudo mais... Tudo isso estava rolando, então a sequência foi: em 66 nos conhecemos, em 67 nos comunicamos em nível de trabalho. Em outras palavras, eu ficava sentada na sessão dele ou coisa assim, ou ele ficava me dizendo, por que você não lança um disco com a Apple... Esse tipo de coisa. Rolou um tipo incrível de... hã... como falei, incrível, sabe... umas esculturas. Ou também um tipo de descoberta ou invenção diferente sobre algo que eu tinha, sabe, empolgado ele. E ele falou, olha só, vai lá e conta isso tudo ao Magic Alex, sabe? E fui até o Magic Alex e contei, bem, eu tenho esse plano, aquele plano... Tudo que é tipo de bagulho complicado, que a gente sabe que só com algum tipo de engenheiro para criar. E ele falou, ah, que ideia ótima... E quando eu menos esperava recebo um telefonema dele me informando que está garantindo os direitos autorais da invenção para a Apple, ou algo assim.

PB: Que invenção foi essa?

YO: Não quero contar ao mundo, ainda...

SG: Mas contou a Alex. E agora que você tocou no assunto do Alex, eu não gostaria de fugir desse negócio sobre você e John, e o início do seu relacionamento. Mas agora que você falou no Alex, qual é a sua impressão sobre ele? Era uma boa pessoa?

YO: Era uma pessoa bem legal, e estou certa de que ele fez aquilo... ele achava que a minha invenção... bem, eu falo pelos cotovelos... ele achava minha invenção interessante o suficiente, a ponto de querer projetá-la e registrar os direitos autorais dela para a Apple, no caso de ser lucrativa. Daí ele fez o projeto.

SG: Não só em termos de sua invenção, mas como pessoa, e o tipo de controle que ele exercia sobre John, e sobre quem ele era nessa situação toda.

YO: Olha só, muita gente, quando está perto de John e, mais tarde, perto de John e Yoko, só por irem jantar conosco ou algo assim, começam a pensar que têm controle sobre esse ou aquele, e se tornam ciumentos etc. Com o Alex, nunca achei que Alex tivesse algum controle sobre John. Além de ser extremamente inteligente, John tinha experiência de vida e era um observador muito perspicaz.

SG: Até mesmo naquela época, em 1967?

YO: Até naquela época. Extremamente. E, de certa forma, ele ficou meio que deslumbrado por Alex, e ele ficava elogiando o Alex na frente das pessoas, então todo mundo achava que o John devia estar deslumbrado por ele.

Sabe, o John era muito... quando ele quer, sabe ser muito... qual é a palavra pra definir isso? Emotivo. E de repente dava um carro ou algo assim pro Alex... Coisas assim, muito extravagantes. Aí o pessoal pensa, ah, bem, ele deu um carro ao Alex, então com certeza deve estar completamente deslumbrado pelo Alex. Mas na verdade não foi bem assim. Pareceu um gesto nobre e, claro, ele também deu um carro ao Allen Klein. Mas as observações dele sobre ambos eram muito exatas, no sentido de que sabia quem eles eram. De um jeito bem equilibrado, as partes boas e as partes ruins.

SG: O carro que ele deu a Alex foi aquele grande, de marca italiana? O Rivolta, não é assim que se chama? Você esteve lá no dia da entrega. O carro tinha um laço, ou uma fita grande, como é que o pessoal fala? Você se lembra disso?

YO: Acho que não. Olha só, talvez eu tenha que ir agora... Eu não queria perguntar que horas são, pra você não achar que estou tentando te mandar embora, mas...

PB: São quatro e quinze.

YO: Pois é, às quatro e meia tenho que ir ao estúdio. [O gravador é desligado.]

MAY PANG

Se a harmonia não reinasse entre John e Yoko, saía faísca. Os dois tinham personalidade muito forte e chegaram a um ponto em que não poderia haver meio-termo ou resolução, fosse qual fosse o assunto. Para dificultar ainda mais as coisas, Yoko comparecia às reuniões do conselho e lidava com os advogados no lugar de John. Em 1973, ficou resolvido que John deveria morar em casa separada. (Essa é uma das várias vezes em que Yoko decidiu que "John precisava conhecer o mundo e ficar mais tempo sozinho".)

Mas John não ficou sozinho. Passou os dezoito meses seguintes com May Pang, bela sino-americana que as pessoas confundiam facilmente com Yoko. John e Yoko a escolheram a dedo para ser a amante dele. Esse período de 18 meses ficou conhecido como o "Lost Weekend" de John. May Pang não acha que tenha sido apenas um fim de semana perdido.

Ela passou a infância no Harlem espanhol, em Nova York, onde a família administrava uma lavanderia chinesa. Aos 19 anos, em maio de 1969, foi encaminhada por uma agência de empregos a um cargo de recepcionista de um atacadista de bicicletas japonês, sediada em um prédio comercial na Broadway. Por coincidência, Allen Klein, o polêmico e temido empresário dos Beatles, abriu o escritório da Apple Records em Nova York em um andar alto no mesmo prédio. May embarcou no elevador, decidida a aproveitar alguma oferta de emprego.

MAY PANG: Subi até o 40º andar, e a recepcionista me falou que não havia vagas, até onde ela sabia. Daí um cara saiu da sala e falou: "Sabe datilografar?". Fui contratada em setembro de 1969. Allen não conseguia manter uma secretária; era uma pessoa intratável. Em pouco tempo fui transferida para atender ao telefone.

Um dia, em dezembro de 1970, entro no prédio às nove e meia da manhã, e lá estão John e Yoko esperando o elevador. Situação cômica. Tinham acabado de chegar, hospedados no Regency Hotel. John me perguntou: "A que horas o pessoal vem trabalhar?". Respondi: "Não antes das dez, dez e meia". Ficaram um tempinho sentados na sala de espera, até Allen [Klein] aparecer.

Tinham ido fazer dois filmes, *Up Your Legs Forever* e *Fly*. Filmar, editar e mostrar. *Up Your Legs* mostrava 365 pares de pernas, só as partes entre os dedos dos pés até as coxas, e o outro trazia uma mosca explorando um corpo. Disseram pra mim que precisavam de gente para trabalhar nisso, e acabei ajudando. É divertido capturar moscas. A gente ia até o restaurante chinês, sempre havia moscas nos fundos. Tínhamos que apanhar um montão, porque elas morriam. Acho que disparávamos CO_2 nelas... isso tirava o fôlego da mosca e assim ela rastejava sobre o corpo inteiro. E a moça se chamava Virginia Lust. Não tenho a mínima ideia de onde ela veio. Ela se deitava, toda nua, e adormecia. A mosca rastejava sobre ela e o pessoal filmava.

Em dezembro de 1971, eles vieram até Nova York só com duas malas. Acharam um lugar na Bank Street por volta de novembro, acho que foi, e ficaram ali. E então eu... a gente fazia trabalhos fora do escritório e, de vez em quando, tínhamos que ir até a casa.

STEVEN GAINES: Em que ponto os dois se separaram?

MP: [Em] 73. Setembro de 73, ou uns meses antes. De certa forma, todos nós acabamos envolvidos na vida pessoal deles.

SG: Fiquei sabendo que a Yoko tratava você muito bem.

MP: Todos éramos amigos. Ela nos ligava todos os dias quando íamos a Los Angeles.

SG: O que você achava sobre o seu relacionamento com John e até onde iria? Achava que ele ia voltar com a Yoko? Você se apaixonou por ele?

MP: Eu só queria ser amiga dele e ajudá-lo mais do que qualquer outra coisa, porque ele precisava muito de alguém com quem conversar, e eu era amiga dele. E é isso que eu sempre quis ser, e é isso que sempre fomos. O que fosse pra acontecer, ia acontecer. Não falei: "Certo, eu quero isso e quero que ele faça isso comigo". Aceitei as coisas como vieram. A vida é curta demais para a gente começar a impor exigências às pessoas.

SG: Vocês foram morar juntos em um novo apartamento. Ele saiu direto do apê no Dakota para morar com você nesse novo apartamento?

MP: Sim. Encontramos um lugar na rua 52 Leste.

SG: E o tempo inteiro a Yoko continuou amiga de vocês.

MP: Sim. Ela nos telefonava sempre. Altos papos.

SG: Ela queria voltar com John?

MP: Eu não falava com ela sobre esse assunto.

SG: Mas é provável que percebesse algo.

MP: Sabe, estou certa de que ela... Só sei que havia muita cordialidade entre nós. Mas ela era muito diferente, uma mulher extraordinária. Mais tarde, descobri por meio dela, e isso foi depois do fato, que ela esperava que ele voltasse. Mas ela não planejava fazer campanha nesse sentido. Tinha que ser quando ele estivesse... ele só ia fazer isso quando estivesse pronto. Tipo, ela era legal a esse ponto.

SG: Só quero entender direito. Pra mim, as coisas mais importantes são a veracidade e a exatidão. Isso é o mais importante, não cabe a nós ficar adivinhando, sabe, se algo aconteceu ou deixou de acontecer.

MP: Sei disso. Pra mim, ainda é difícil tocar no assunto. Porque tem muita coisa que, hã, eu não consigo sequer verbalizar. Faz um tempão, e isso exige muito da pessoa. Exige muito de mim, porque John significou muito pra mim, e nossa amizade sempre continuou, isso que é bom. E então eu ainda tinha essas lembranças. Vivemos momentos incríveis. Teve um ano em que ficamos em Los Angeles, tentando fazer o álbum de rock and roll, e passamos por momentos difíceis.

SG: Você se lembra da noite em que você e o John foram ver o show do The Smothers Brothers, no Troubadour, com Harry Nilsson?

MP: O John não curte muito beber. Mas o que aconteceu é que Harry e os outros pediram Brandy Alexanders. Pro John, tinha gosto de malte, milkshake de malte. Eu não bebo, só tomei Coca-Cola. Você abria a minha geladeira e de bebida só encontrava Coca-Cola. E acontece que ele bebeu doses duplas. Harry bebeu a mesma coisa... E todo mundo bebeu, sabe, todo mundo provou a mesma bebida, então todo mundo ficou bêbado. E o Harry começou a gritar no meio de todas aquelas pessoas. Nunca tínhamos ido a lugares assim com o Harry. Foi a primeira vez que saímos. Estranhíssimo. John se embebedou pra valer.

SG: Nessa noite específica de que você falou, os Smothers Brothers subiram ao palco? E John os vaiou ou algo assim?

MP: Bem, ele meio que vaiou a banda, e pedi que Harry calasse a boca, porque estava incentivando John. E todos na mesa notaram. Harry o provocou: "Vai, vai", sabe como é?

SG: O que John falou?

MP: Ai, meu Deus, justo agora você me faz essa pergunta. Ele só era alguém na plateia vaiando. Vieram e pediram pra ele ficar quieto. Claro que o Harry se meteu na conversa, e num piscar de olhos a temperatura subiu, e falei comigo: "Ai, meu Deus".

SG: Ele foi expulso do local?

MP: Foram cercados por todos os guardas no, hã, Troubadour. A gente deu no pé. Mais tarde, descobrimos que uma fotógrafa ia tentar processar John, afirmando que ele havia batido nela. Não pode ser, porque as portas se abriram quando fomos sair, e se alguém estivesse parado seria atingido pela porta. Nesse meio-tempo, o povo cercou John. Ele não teve acesso a ninguém. Sóbria como eu estava, fiquei com muita raiva pelo ocorrido. Fiquei com raiva de todo mundo.

SG: Verdade que ele colocou um absorvente íntimo na testa?

MP: Ah, isso foi em outra noite. Fomos jantar num restaurante. John encontrou o absorvente no banheiro. Começou a beber vinho ou coisa assim, e se esqueceu que estava na cabeça dele. Foi só isso, ele só se esqueceu, se esqueceu por completo.

SG: A garçonete se aproximou, e ele indagou: "Sabe quem eu sou?". E ela respondeu: "Sim, você é o idiota que está com um absorvente na cabeça".

MP: Foi uma gritaria e tanto na mesa. E uma das pessoas enfim, hum, comentou: "Ai, meu Deus, lá vamos nós de novo". Mas desta vez não fomos expulsos do restaurante.

SG: É cômico porque Ringo e Harry costumavam se meter em confusão, mas isso nunca chegava à imprensa.

MP: Isso porque ninguém nunca viu o John bêbado. Não era muito a dele porque... Olha só, tem dois ou três incidentes em que a coisa passou dos limites, digamos... umas duas ou três vezes. Não chega a ser 18 meses com bebedeira todos os fins de semana. Foi só umas duas vezes, sabe, algo incidental. E, é claro, isso aconteceu porque John... John era um... sabe, John estava sempre sendo vigiado pelas pessoas. Queriam pegar no pé dele, porque ele sempre fazia um comentário inteligente... tipo, assista a um noticiário antigo, ele sempre tinha algo a dizer.

Uma vez, todos nós dividimos uma casa durante a gravação do álbum de Harry Nilsson. Uma galera. E o Harry, o Ringo e o Keith Moon saíam pra beber, mas o John não ia. Preferia ficar em casa e assistir à televisão. Ele... Acontece que foram esses dois ou três incidentes, divulgados pela imprensa. Mas, me desculpe... Não foram 18 meses completos assim.

Quando eu estava com ele, sabe, a gente saía pra passear. Ele adorava isso. Começava a circular, a se divertir e a bater papo com as pessoas. A gente saía pra visitar algumas pessoas. O pessoal ligava pra ele e dizia: "Apareça pra nos visitar". Visitávamos muito o Ringo, quando moramos em Los Angeles, e o Elton, e todo esse pessoal, como o Keith Moon.

SG: Por que John e Yoko voltaram a ser um casal?

MP: Sabe, isso simplesmente aconteceu.

SG: Não houve uma visita de reconciliação?

MP: Ele foi visitá-la e, sabe, ele veio falar comigo e me contou. Falei que eu estava [feliz por ele]. Isso foi em fevereiro de 75, no comecinho do mês.

SG: Ficou surpresa ou já previa isso?

MP: Hum, eu não tinha expectativa alguma. Sabe, foi... Eu não... eu não me lembro da minha reação... Tipo... foi quase como voltar pra Yoko, sabe, OK, mas também foi, hã, um pouquinho das duas coisas, ao mesmo tempo uma surpresa e uma não surpresa. Não sei explicar direito a sensação que tive. Mas, sabe, na mesma hora liguei para Yoko e desejei a ela tudo de bom, com votos de que desse tudo certo novamente na segunda vez. Coisa que aconteceu. Ganhou as manchetes das primeiras páginas.

SG: O período em Los Angeles foi saudável ao John?

MP: Não sei se você pode chamar isso de um bom período, porque a gente fez muita coisa, gravamos muitas vezes nessa época, fizemos *Walls and Bridges*. Inclusive cantei no disco, e ele compôs uma canção pra Yoko naquele álbum, e compôs uma canção pra mim. Sabe, John e eu tínhamos algo completo, era completo... Não acho que se compare com seja lá o que a Yoko possa ter tido. Sei o que eu tive, e tudo é diferente.

SG: Em outras épocas da vida dele, ele usou heroína e outras drogas pesadas. John chamou esses 18 meses em Los Angeles de seu "fim de semana perdido". Ele estava fora de controle?

MP: Foram só alguns incidentes, e a coisa apenas foi exagerada.

SG: Se isso estiver incorreto, ou quero explicar se estiver correto... Por volta da época em que ele deu um tempo com a Yoko, ele estava tão chateado ou apaixonado ou a expulsou, não sei qual é a história, sei que ele andava deprimido. Mas a história é que ele caiu fora, que a decisão de a deixar foi dele. Ele foi embora do apartamento.

MP: Olha só... isso é algo que não sei. Sabe, não sei quem... Como eu disse, né, o [inaudível] deles é, não sei quem fez o quê nem quem falou [inaudível] ou coisa assim, não sei. Sabe como é... E eu que não ia perguntar o que é que estava acontecendo, né? Mas a coisa principal deles...

SG: É notável [inaudível] esse papel que você teve, porque eu não conseguiria ter feito isso. Ou seja, eu teria que estar a par do que andava acontecendo.

MP: Hum, é só porque, sabe, eu... Foi... foi só em um período, eu... eu... sempre sou, sabe, acho que é assim que eu sou, eu tento mostrar paciência e tento... seja lá o que ele quisesse como amigo, ele precisava. Sabe, ele... durante o verão, nós íamos muito a Long Island. Ele amava fazer coisas que não fazia havia um tempão, a gente ia pra Long Island, a gente ia... pra Long Island, encontrar os amigos dele, e a gente ficava muito com o Peter Boyle.

SG: Então não entende o que foi resolvido e o que mudou quando John voltou pra ela?

MP: Não. Ele me contou que queria ir pra casa, né. E eu falei: “Tudo certo”. Não sei, eu... sabe como é, eu não...

SG: E você foi ao telefone e ligou pra ela e você...

MP: E dei os parabéns, sabe?

PETER BROWN SOBRE ALLEN KLEIN

POR OCASIÃO DA MORTE DE BRIAN, Paul ficou preocupado. Sem a figura de um empresário, os Beatles dariam a impressão de estarem à deriva. Ele desejava um empresário que fosse um líder corporativo ou um mestre das altas finanças, qualificações ridículas para um empresário dos Beatles. O fato é que Paul fez reuniões com candidatos improváveis, desde Lorde Beecham, o político trabalhista, até Cecil King, o magnata do ramo jornalístico. Perplexos, os dois não entenderam o motivo de serem considerados prováveis empresários dos Beatles. Cada qual compareceu a uma reunião com Paul, mas ambos por sua vez recusaram qualquer interesse.

O sujeito que acima de todos ambicionava ser empresário dos Beatles era o famoso Allen Klein, da ABKCO (Allen and Betty Klein Company). No setor musical dos EUA, era conhecido por ser uma figura matreira e versátil, de estilo intimidador. Klein até aparentava ser um velhaco. Gorducho, desleixado, usava tênis e moletom, e se não gostasse de algo, era "de merda". Se ele fosse um personagem de desenho animado, teria moscas zumbindo ao redor da cabeça. Em 1967, Klein deu um jeito de se tornar empresário dos Stones. Renegociou os royalties da banda e conseguiu para eles uma grande valorização. Sem falar no adiantamento de £ 1.500.000, fato que ficou no imaginário coletivo dos Beatles. (Depois ficaria provado que Klein reteve os pagamentos dos royalties e sonegou o pagamento de impostos dos Stones por cinco anos.) A meta de Klein era pôr também as garras nos Beatles e se tornar, simultaneamente, empresário das duas principais bandas do mundo. Com a morte de Brian Epstein em agosto daquele ano, o caminho ficou livre.

Pedi ao Mick Jagger se ele não poderia ir até a 3 Savile Row para contar aos Beatles como Klein tinha se comportado com os Rolling Stones. Marcamos data e horário. Paul, George e Ringo apareceram na hora combinada, mas John e Yoko trouxeram o Allen Klein a tiracolo. Mick chegou, ficou apavorado ao ver Klein e se sentiu enganado e exposto por John. Em poucos minutos, saiu de fininho, sem falar quase nada.

DICK JAMES SOBRE A NORTHERN SONGS

DICK JAMES: Quando Brian morreu, aconteceu que todos nós nos sentamos para tentar preservar o que ele havia construído. Na real, poderíamos ter nos tornado um conglomerado empresarial do show business. Como equipe, tínhamos experiência suficiente, conhecimentos suficientes e inteligência criativa básica suficiente para fazer tudo funcionar.

Mas fui ao estúdio de cinema em Twickenham, e lá estava o John, tentando tocar seu violão, com a Yoko sentada, esfregando os joelhos nele. A toda hora, George Harrison se erguia e andava cuspindo pelos cantos, enojado com o que estava acontecendo. Paul McCartney repetia: "Só quero gravar a canção, mais nada".

E estavam mesmo se desintegrando. Sobravam maus presságios. Afora isso, nos bastidores, as diversas facções se alinhavam, jurídica e financeiramente. E vislumbrei o único destino possível para a Northern Songs. A desintegração. Como diretor-gerente de uma empresa pública, eu devia lealdade ao conselho da bolsa de valores.

STEVEN GAINES: O valor da Northern Songs se baseava não só no enorme catálogo de canções já compostas, mas também na capacidade de as composições continuarem. Você percebeu que a parceria estava prestes a se desfazer?

DJ: Com certeza. Os Beatles iam se dissolver. Na prática, era Lennon-McCartney. Ringo e George Harrison tinham comprado uma ação ou outra. Não tinham recebido ação nenhuma. Compraram um pouco de ações.

SG: Compraram as ações? Com desconto?

DJ: Sim, compraram as ações, pelo valor normal, sete shillings e nove pence. Não tiveram desconto.

SG: Você só decidiu vender a Northern Songs em 1969. Sentiu alguma responsabilidade em relação a John e Paul, que lhe fizeram ganhar uma bela quantia em dinheiro?

DJ: Ah, com certeza. Eu tinha uma responsabilidade de ir até eles, mas tinha uma responsabilidade como diretor administrativo da Northern Songs.

SG: Mas você não chegou pra eles e perguntou: "Querem comprar a Northern Songs?". Você vendeu para Sir Lew Grade [sem o conhecimento deles].

DJ: Porque se eu tivesse ido até eles, eles teriam me ameaçado de várias formas. Teriam ameaçado vender as ações deles, não teriam? E se o mercado fosse inundando com essas ações, a empresa teria soçobrado.

Então fui até eles assim que aceitei [a oferta de Lew Grade], mas, com todo o respeito, isso foi submetido ao conselho da Northern Songs, e recebi o aval do Clive Epstein [irmão de Brian].

SG: Clive queria cair fora porque Allen Klein já estava em cena e ninguém tinha estômago para aguentar o Allen. Sem dúvida, isso entrou no contexto. Não é mesmo?

DJ: Bem, você que está dizendo isso. Eu é que não fui. De um lado, gente tomava partido de Paul, e do outro, tomava partido de John. A coisa começava a desmoronar. E quando o Lew Grade quis a empresa, eu não quis vendê-la, porque não estava à venda.

Na real, fiz uma reunião com John, Paul, George e Ringo. Avisei que no fim das contas a Northern Songs não conseguiria sobreviver, porque se não nos mantivéssemos unidos, ficaríamos vulneráveis pra que alguém entrasse e fizesse uma oferta. É verdade que, somando as minhas ações e as de vocês, mantemos o controle acionário, mas não faz sentido manter esse controle. E avisei: posso dizer aqui e agora que o Lew Grade está flertando comigo. E uns dois disseram, mas você não teria coragem de vender pro Lew Grade.

Perguntei: "E por que não? O dinheiro dele é igual ao de qualquer outra pessoa". Se eu não tivesse vendido a Northern Songs, ela teria sido destruída. Não teria apenas caído por terra. Teria ativos, mas não teria credibilidade.

SG: Li artigos em que o John Eastman alega que você tinha medo de que o Klein tentasse açambarcar o controle da Northern Songs.

DJ: Não penso que ele estava muito errado ao supor isso, porque ele tentou, não tentou? Por outro lado, o Lee Eastman também. Um detalhe curioso sobre a venda da Northern Songs foi que um sujeito de Londres, Jarvis Astaire, tinha um pequeno bloco de ações. No fim das contas, Jarvis Astaire se tornou o fiel da balança. Obviamente, Lew Grade convenceu Jarvis Astaire a se desfazer de suas ações naquele momento. Eu já tinha cedido as minhas ações, mas continuava emocionalmente envolvido e, venhamos e convenhamos, nesse momento específico eu ainda era diretor administrativo. Em meio à divulgação do comunicado à imprensa, entrei em contato com John e Paul para marcar um encontro com eles e explicar por que não lhes contei o assunto em primeira mão.

SG: O John Eastman foi ao seu escritório e chutou o balde com você? Li artigos em que ele é citado. Disse que você fez fortuna com John e Paul e que era um desgraçado por ter vendido a Northern Songs ao Lew Grade. Os outros Beatles também ficaram fulos da vida com você.

DJ: Bem, que seja. Marquei uma reunião com eles. Vários dias depois, fiz uma reunião com eles, na casa do Paul, no bairro St. John's Wood. A Linda fez chá, e o John estava beligerante. Paul falou que achava que, hã, eu tinha feito o que achava melhor. Foi a minha decisão naquele momento específico, pedi desculpas por não ter contado isso a eles. Até hoje, eu acho que foi sem sombra de dúvida a melhor decisão que eu poderia ter tomado naquele momento. Estavam prestes a se desintegrar. Eu já tinha dois adversários, e ia ficar no meio do fogo cruzado. A batalha era iminente. As tropas estavam se reunindo nas partes altas... e eu lá no vale, sentado, prestes a ser atacado pelos dois lados.

Se fosse só o Eastman, eu o conhecia havia muitos, muitos anos, sujeito requintado. Sabe o valor de um copyright. Sabe o valor disso. Se eu tivesse que negociar com John Eastman, tenho certeza de que a coisa teria fluído bem. Mas ficar à mercê desse jogo de poder entre dois tubarões americanos... E ali está o Lew Grade, parado, com o dinheiro quentinho na mão, quase 10 milhões de libras, querendo me entregar. Não tive alternativa. E garanto uma coisa: não foi uma decisão precipitada. O processo se estendeu por várias semanas. E à medida que a decisão amadurecia, o preço não parava de subir. Nas últimas quatro a cinco semanas acho que o preço da ação quase dobrou.

Um dia, fui aos estúdios Twickenham para ver os Beatles, e um tomava Coca-Cola, o outro um copo de leite. Perguntei: "E aí, George, como vai?". Ele disse: "Bem, estamos aqui desde as 10 da manhã, e não gravamos ainda nem dois compassos". O pessoal trocava ideias com a câmera ligada. Nem se sentavam para aparentar estarem tocando. Uma situação ridícula. E eu ali, sentado, o guardião da música. Com 3.300 acionistas.

SG: Você mencionou essa reunião na Avenida Cavendish. Comentou que a Linda preparou chá. A Yoko estava presente?

DJ: Sim. John e Yoko. Linda. Na realidade, antes dessa reunião, fizemos outra na Apple, com a presença de Neil Aspinall e, hã, Ringo e George Harrison, e George e eu trocamos palavras muito fortes. Muito fortes mesmo. Palavras que jamais devem ser repetidas. Possivelmente, George refletia a mágoa por John e Yoko. Neil teve que o expulsar da sala. Neil Aspinall falou: "George, sai daqui, pelo amor de Deus".

SG: Só não entendo por que você não se dignou a ligar pra eles e dizer: "Escute, amanhã vou assinar esses papéis com Lew Grade por £ 9 milhões. Querem fazer isso? Se não quiserem, vou fechar com ele".

DJ: Como é que eu ia falar: "Olha só, a Northern Songs está disponível. Quem vai levar?", e daí esperar o prédio cair. Os verdadeiros designers desta fábrica são John Lennon e Paul McCartney. Dois caras sensacionais que não têm muita experiência no mundo dos negócios e podem ser direcionados. Podem ser direcionados pelas esposas ou por fatores comerciais, ou qualquer outra influência. Eles têm ações. Nem se dão conta exatamente do que têm. Se você for avaliar, cada um tem mais de £ 2 milhões em ações. Não sou uma pessoa desonesta. Sempre fui transparente com todo mundo. Posso ter meus defeitos, mas sempre digo a verdade. É a distância mais curta entre dois pontos. Mas, nesse caso em especial, na hora que eu disser a verdade, começo a levar porrada. Isso quer dizer que não menti. Apenas não falei nada pra ninguém. Avisei o conselho da Northern Songs. Avisei o Geoffrey Ellis. Não tem como encontrar alguém mais franco, honesto e direto do que o Geoffrey Ellis. Incapaz de mentir. Mas ele também viu que era impossível abrir o jogo com os meninos antes. Foi a única vez que não falei: "E aí, pessoal, o que vocês acham?". Posso ter errado, mas vamos encarar os fatos. Eles ganharam muita grana. A continuidade da Northern Songs foi preservada com uma excelente empresa. Fiz questão de preservar isso. E o que aconteceu desde então, eu acho, é fantástico. Eu só queria que tudo aquilo fizesse parte da Northern Songs. Pela mesma grana, poderia ter feito parte.

Mas, a esta altura, eu só ia me recostar e assistir de camarote eles se destruírem mutuamente, mas sem me destruírem junto com eles. Se o John, o Paul e os Beatles quisessem se destruir, você tinha tropas enfileiradas numa colina, e tinha tropas enfileiradas na outra colina. Não se esqueça: por meses a fio, tentei não só salvar a Northern Songs, mas também a NEMS. Em última análise, também a Apple. Não faz sentido ficar me dizendo que eles não sabiam o que estava rolando na Savile Row. Inacreditável. Tinham um gênio em eletrônica, não tinham? Inventou uma caixa de nada. Não fazia nada, mas foi produzida a um custo de centenas e centenas de milhares de libras. Se alguém tivesse me consultado: "O que você acha, Dick? Vale a pena investir dinheiro nesta caixa de nada?", eu teria dito: "É isso mesmo que ela vale: não vale nada". O mesmo que ficar abrindo butiques e tudo mais. A grana é deles, se quiserem abrir butiques e jogar o dinheiro fora, tudo bem. Se quiserem inventar uma caixa de nada, tudo bem.

Seria engraçado se não fosse trágico. Foi uma tragédia. Sempre será uma tragédia. A morte precoce dos Beatles. Claro, a primeira das tragédias foi Brian. Essa que foi a verdadeira semente, ou sorte lançada, uma pena, mas acabou garantindo mesmo a sequência de eventos. Tem o outro lado da moeda: se eles tivessem seguido em frente, o que teriam feito? Continuariam tentando compor canções? Conseguiriam se manter musicalmente compatíveis com as mudanças de rumo? Realmente saíram de cena no auge. Se não tivessem se desintegrado, não teríamos a lenda dos Beatles, porque teriam saído de moda. É trágico, mas teriam saído de moda.

PETER BROWN: Você sempre os deixa querendo mais, sabe.

RON KASS

Sob o singular ponto de vista de quem foi presidente da Apple Records, Ron Kass lança um olhar instigante sobre os anos 1960, olhar de quem se casou com um dos ícones da década, a atriz Joan Collins. Para os Beatles, a única divisão da Apple que fazia sentido financiar era a gravadora, em contraposição a outros empreendimentos como butiques e lojas de cartões comemorativos. Kass nos traz um depoimento em primeira mão sobre a loucura e o mau uso da gravadora dos Beatles, as estrelas cadentes que ela contratou e seu destino final, quando os Beatles se sentiram ameaçados por ela e perderam o interesse. "Como juízes de caráter, eles eram péssimos", afirma Kass em sua entrevista, transcrita abaixo. "Eram o tipo de caras que se orgulhavam de 'saber'... meninos de Liverpool que achavam que não poderiam ser influenciados, mas não sabiam de nada."

RON KASS: Trabalhei lá um pouco menos de dois anos, mas equivaleu a cinco anos em qualquer outro lugar. Fiz duas coisas na Apple que acabaram vetadas. A maior delas foi eu ter contratado The Band,* mas a iniciativa acabou vetada por John e Paul. Mas isso me irritou muito porque The Band era um bom negócio, não envolvia dinheiro nem nada. Sabe, os Beatles tinham um ego. Os Beatles tinham um ego

* O documentário *The Band*, de Martin Scorsese, focaliza esse grupo lendário e influente. A formação inclui Rick Danko, Levon Helm e Robbie Robertson.

de verdade. Tudo aquilo que eles alardearam sobre querer contratar artistas, no fundo eu acho que não queriam de verdade. Só queriam expandir a si próprios, expandir os Beatles. Sei que, quando contratamos artistas bem-sucedidos, isso não os agradou muito.

Um dia, Peter Asher trouxe James Taylor. Ele dedilhou umas canções no violão pra mim, como "Carolina in My Mind". Pensei com meus botões: não sei se esse cara um dia vai vender um disco, mas tem uma qualidade soberba. Esse é o tipo de gente com quem os Beatles devem estabelecer conexões, gente como James Taylor. Por isso, incentivei Peter Asher a contratá-lo e a gravar um álbum com ele. Aos 18, 19 anos, James teve que pedir ao pai dele pra assinar o contrato. O contrato que assinamos com ele valia por cinco anos, com uma taxa justa para novos artistas, na faixa de 5% das vendas no varejo. Mas sem dinheiro adiantado, sem adiantamentos, sem papo furado. Assinei também com o James Taylor um contrato de publicação válido por cinco anos, o que, é claro, valia uma fortuna. James se desvencilhou disso, porque Allen Klein tecnicamente rompeu o contrato ao não se importar em prestar contas a ninguém. Por sinal, os quatro Beatles não estavam nem aí para o James Taylor.

Logo que entrei na Apple, uma das primeiras coisas que me pediram pra fazer foi demitir Peter Asher. O pedido pra demiti-lo partiu de Paul, que alegou: "Jane e eu estamos terminando, e é constrangedor ter o irmão dela [Peter] por perto". Tentei ganhar tempo. Eu disse: "Sabe, o Peter tem um ouvido ótimo. É um músico, e eu gostaria de mantê-lo". Entre um resmungo e outro, Paul deixou claro que preferia se livrar dele. Achou que eu o havia despedido e começou a sair com a Francie Schwartz, e o tempo foi passando, o suficiente pro Paul se esquecer completamente de Peter. Um dia, Paul me indagou: "Demitiu Peter Asher?". Eu disse: "Não". Paul só resmungou, deu as costas e não se falou mais nisso.

Por volta dessa época, assinamos com outro artista, a banda Badfinger, e também com Jackie Lomax. Em meio a todo aquele papo-

-furado, eu, silenciosamente, à minha maneira, fui construindo uma gravadora. Fiz acordos. Viajei pelo mundo em duas oportunidades, estruturei a distribuição no Japão. Lembro que fui duas vezes ao Japão, numa delas em companhia de Alex Mardas.

STEVEN GAINES: Levou o Alex Mardas com você ao Japão? Por quê?

RK: Sei lá. O bizarro é que, ao aterrissarmos no Japão, 35 cientistas da Sony estavam lá pra conhecer Alex. Alex continua sendo um enigma pra mim. Tinha talento pra vendas. Tinha essas ideias. Se era mesmo capaz de executar essas ideias, é algo questionável. Ideias maravilhosas sobre dar a visão aos cegos por meio de uma TV em miniatura. Sabe, uma tevê com microchip, miniaturizada, instalada nos olhos, em algum lugar ali. E tudo que você precisava fazer era enviar o sinal da câmera ao cérebro.

SG: Hoje, o Alex vende carros à prova de balas que talvez não sejam à prova de balas.

RK: Cuida da segurança do Rei da Espanha. O engraçado é que está tão acostumado a ser vigarista que eu acho dificílimo pra ele entrar em um negócio legítimo. Por isso, esses carros blindados que não eram à prova de balas. Fazer a coisa certa, contratar pessoal e fazer a coisa certa dá o mesmo trabalho. Ele só pode ser um dos maiores vendedores de todos os tempos. Um tanto enganador e vigarista, mas um baita vendedor. Sabe? Faz tudo parecer tão deslumbrante, saca? Ele costumava nos contar algumas coisas. Falava que ia construir o melhor equipamento pra masterizar discos do mundo. Uma masterizadora revolucionária supostamente toda construída no laboratório dele. No dia em que a coisa foi entregue, fui conferir: fabricada pela Siemens, na Alemanha. O que havia de mais moderno em termos de masterização computadorizada, a mais avançada tecnologia alemã, direto da fábrica. Alex nem se deu ao trabalho de trocar a placa de identificação e colocar a sua própria. Ainda afirmava que ele mesmo tinha construído, como se tivesse ido à Alemanha e construído para a Siemens e eles a tivessem enviado com a placa da Siemens.

[*Kass direciona a conversa para as atribulações de lançar uma gravadora com os Beatles.*]

RK: "Hey Jude" foi o primeiro lançamento da Apple Records. Ordenei que as primeiras cem mil cópias de "Hey Jude" fossem despachadas numa capa preta brilhante, com a maçã verde-limão onde se lia "The Beatles on Apple", para estabelecer o selo Apple. O símbolo de copyright precisava de um círculo ao redor. Uma linha fininha ao redor da maçã. John insistia que o círculo fosse branco nos dois lados. E Paul insistia que fosse verde nos dois lados. Ringo comentou que ouviu falar que nos EUA estavam usando multicoloridos, à prova de falsificação. Pro George tanto fazia. Fiquei nesse impasse, com John insistindo no branco e Paul no verde. Duas semanas de atraso à espera de um acordo. Por fim, um dia, encomendei cinco milhões de rótulos. No lado da maçã cortada, seria na cor branca, porque combinava com a coisa, e no lado verde, encomendei um círculo verde. Calculei que agradaria Paul e John, e o Ringo que fosse à merda. E George não dava a mínima. E era assim que os negócios andavam na Apple. Ou seja, em tudo que avançava... Nada avançava. Sabíamos que haveria uma divergência entre Paul e John, e parava tudo. Nenhuma decisão era tomada. E, é claro, uma empresa não pode ser administrada assim. Por isso tive que adaptar discretamente um *modus operandi*. Eu simplesmente tomava a decisão sozinho e tentava fazer os dois felizes. Quando percebiam, davam de ombros, porque era "só metade do que eu queria", esse tipo de coisa.

Pouco antes do lançamento, Stanley Gortikov, o presidente da Capitol Records nos Estados Unidos, me ligou e disse: "Ron, sei que vocês são vanguardistas, mas não deveriam ter feito isso mesmo". Falou que o centro da maçã desenhada parecia uma vagina. Juro por Deus. A parte central. Liguei ao artista e, quando contei, ele morreu de rir. Gortikov quis mudar o rótulo americano. Retocaram com aerógrafo porque pensaram que o desenho tinha sido feito propositalmente para ficar parecido com a genitália feminina. Simplesmente espantoso, saca? O Stanley Gortikov me ligou e disse: "Somos amigos, vamos lá". Eu disse a ele: "Por que não pega uma maçã e corta ela ao meio? Depois a gente continua a conversa". Piração. Uma piração completa.

Com o John, tem uma coisa que eu teria feito diferente: de vez em quando eu o teria presenteado com um saco de dinheiro. Para ele, o dinheiro investido era abstrato demais. Queria grana tangível que pudesse tocar e sentir. Culpa minha incutir neles uma sofisticação que eles não tinham. Conversar com Neil Aspinall era quase como conversar com um dos caras. Coitado do Neil, ele nunca sabia quem estava dizendo a verdade. Um cara simpático, mas indeciso. Odiava tomar decisões. Ingênuo. E não era tratado pela banda como se tivesse bom senso. Não passava do cara que trazia o equipamento e outras coisas. Sabe, gente de Liverpool, sem qualquer tipo de educação. As minhas expectativas em relação a eles eram altas demais. Magic Alex era a típica figura que cercava a Apple. Você nunca sabia o que era legítimo e o que não era.

SOBRE ALLEN KLEIN

RK: Allen Klein me queria fora da empresa porque eu colocaria a boca no trombone sobre ele. Um dia falei com ele: "Sabe, não vou deixar você enrolar todo mundo". Eu sabia que, seja lá o que ele fizesse, ele acabaria roubando a grana deles. Qualquer contrato que ele fosse renegociar, tudo iria parar no bolso dele, ou boa parte dos valores. Sabe, por sorte isso foi revertido. Por sorte, o Paul nunca assinou. Paul nunca assinou nenhum dos contratos, sabe? E os tribunais britânicos declararam os contratos inválidos. Realmente fizeram isso, invalidaram. Mas Klein tinha um jeito de desviar o dinheiro. Sabe, o Allen não fez com que eles ganhassem mais dinheiro. Renegociava contratos que seriam renegociados por nós, de qualquer maneira. A propósito, o contrato, você perguntou o valor. Não era tão ridículo como todo mundo diz. O contrato original dos Beatles com a Parlophone era patético. Um centavo por disco ou algo assim. Brian Epstein assinou um contrato de sete anos, o que, eu acho, mostra o quanto ele era inseguro na época. Equivalia a 17% do preço de atacado. Deveria ser em torno de 20 a 22%. Após a renegociação de Allen, descobrimos que, em números reais, o aumento em porcentagem não era superior a 1 ou 2%. E Klein abiscoitou mais do que isso como a parte dele. Supostamente deveria receber apenas 10% sobre o aumento. Ele afirmava sempre: "Só vou pegar uma porcentagem das coisas que eu conseguir pra vocês". Mas, é claro, quando fazia os contratos, ele ficava com 10% de tudo. Tudo mesmo. Por isso, em outras palavras, fosse qual fosse a renegociação, eles acabavam com menos do que tinham antes. Tudo alicerçado em mentiras. Ele havia ludibriado os Stones. Ele havia ludibriado o Donovan, que contou a Paul. Ele havia ludibriado todo mundo. É uma fraude. Soube que Mick alertou John sobre Klein, mas ele não deu ouvidos. Porque com a Yoko... E olha quanto tempo durou essa coisa da Yoko. Saca só isso. É algo bem mais intenso do que qualquer coisa que alguém vá dizer.

SG: Você foi acusado por Klein de dar um desfalque?

RK: Ele precisava se ver livre de mim, porque eu era a verdade. Eu não deixaria de avisá-los se o contrato novo fosse pior que o antigo. Sujeito extremamente desagradável. Não era só por ser sujo e desagradável.

Ele mentia pelos cotovelos. Ele era o oposto de tudo que sempre defendi. Era desonesto. Não tinha integridade. Pra ele, a palavra "integridade" era uma estupidez. Mandou a ética pras cucuias. Percebi os maus presságios, mas não pude ajudar os Beatles. No começo, eu até queria ajudá-los.

Seja lá como for, é como se o John sempre ouvisse o Magic Alex antes de mim. Ninguém conseguia provar que o Allen Klein estava errado, porque nunca havia algo específico. Mas ninguém prestou atenção ao fato de todo mundo ter tido problemas com ele.

No domingo de Páscoa, fizeram uma reunião com o objetivo de me expor como autor de um desfalque. Nunca se resolvia nada. Nunca se tomava uma decisão. Nunca se dizia: "Sim". Mas onde há fumaça, há fogo. Klein criou a situação. Em outras palavras, ele realmente acabou comigo na empresa, porque plantou essa dúvida na mente dos Beatles. Como falei, porque eles não eram sofisticados, os US$ 1.250 poderiam ter sido US$ 1.250.000. Simplesmente não pensavam com clareza. Também me decepcionei muito, afinal, se os caras são assim tão ingênuos, tão sem sofisticação, prefiro não fazer mais isso. Está me incomodando demais. Eu queria cair fora.

Mas não fui demitido nem pedi as contas. Acontece que eu tinha um contrato, e Allen acabou tendo que pagar 100%. Era uma ninharia. Não era um valor alto.

SG: Originalmente, a Apple alugava esta casa onde estamos?

RK: Sim. A minha ex-mulher a encontrou, mas tivemos que alugá-la em nome da Apple Corps, porque a Apple que pagava a casa pra mim. Eu queria manter a casa, mas quando eu estava na Califórnia, Allen *se mudou pra ela*. Fiquei muito chateado com isso. Tipo de coisa que os Beatles nunca vão saber. Para mostrar o quão leviano Allen Klein era, eu não só consegui expulsá-lo desta casa em um dia, como também obtive 100% do valor do meu contrato. Um advogado o ameaçou: se ele não tirasse todas as coisas dele da casa e me entregasse um cheque em 24 horas, ele seria exposto aos Beatles. Dito e feito. O Peter [Brown] era a única pessoa lúcida do bando. Sem avisar Klein, ele assinou um comunicado da Apple para que eu pudesse ficar com a casa.

SG: Antes você disse uma coisa, posso fazer uma pergunta? Falou que a mãe da Jane Asher foi à casa de Paul pegar as roupas dela.

RK: Pois é. A mãe de Jane Asher foi lá, como a Jane nos contou mais tarde. Flagrou de camisola a Francie Schwartz, ou sei lá como era o nome dela. Quando o assunto era terminar um relacionamento, Paul era de uma breguice tamanha. Parecia que não sabia por onde começar. Colocava os pés pelas mãos. Eu me hospedei com ele no Beverly Hills Hotel, e presenciei algo que chamei de show do menestrel em preto e branco. Por três dias, ele mergulhou num caso de amor. Dividíamos uma suíte e um bangalô. Ele ficou com uma jovem negra e uma jovem branca. Paul ficou lá com essas moças, por três dias e três noites. Daí chegou a Linda. O Paul e a Linda não se conheciam direito, mas ela chegou, e Paul ainda estava com as duas meninas. Linda ficou na sala de estar, e Paul se livrou da dupla preta e branca. Linda meio que fingiu não ver. Paul se livrou das meninas e acolheu Linda, ou seja, a Linda entrou lá durante a noite. E, nesse meio-tempo, a atriz Peggy Lipton se acampou lá fora. Ela já fazia o seriado *Mod Squad*. Eu achava isso tão triste. Ninguém menos que a Peggy Lipton dormindo lá fora, como uma groupie. Ele não sabia como se livrar dessas pessoas. Simplesmente não sabia como terminar. Elas sempre pensavam que eram a número um.

Em Nova York, a propósito, quando saímos do prédio da MCA, sugeri que voltássemos a pé ao hotel. Dois quarteirões apenas. Foi espantoso, porque uma pessoa o identificou e começou a ir atrás dele, e uma pessoa se tornou cem, e depois mil. De repente uma caminhada de só dois quarteirões até o Waldorf Astoria juntou uma multidão. Saímos correndo, e Paul cruzou uma porta giratória, e uma jovem simplesmente enfiou o braço ali, enfiou o braço na porta giratória. E ficou presa. Foi preciso empurrar Paul de volta à multidão para soltarmos o braço da moça. Um lance bem arriscado, bem difícil. Sorte que no hotel tínhamos seguranças extras. Dois leões de chácara lá fora.

Eu me dei conta de que os Beatles simplesmente não tinham relacionamentos profundos. George ia todas as noites ali. Frequentou o local por semanas a fio. Só ia embora às 3h da manhã. Eu não entendia nada. O Peter [Brown] saía com a Pattie todas as noites. E ele aqui, e eu não entendia bulhufas. Tem aquela esposa maravilhosa e fica aqui, sentado, tocando discos antigos. Ele só curtia se fosse um tipo de aventura. A coisa certinha em casa, não conseguia. Ele tinha esse lado estranho. Por isso que a Yoko e a Linda deram a John e a Paul coisas de que eles sentiam falta. Sentiam falta de alguma espécie de sentimento profundo e comovente. Os sentimentos deles eram muito superficiais.

Linda estava sempre chapada e fora da casinha. Estávamos voando pra Londres, só eu, Paul e Linda. Um representante da TWA entrou e disse que havia ameaça de bomba. O FBI mandou alguém revistar a bagagem de mão de todo mundo. Encarei o Paul, olhos nos olhos, e perguntei: "Tem algo em sua bagagem de mão que possa nos causar constrangimento?". Não, ele me disse, e acreditei nele. Olhei pra ela e disse: "E você, tem algo que pode nos complicar?". Ela disse que a bolsa Gucci estava cheia de maconha. Uns dois quilos. Nessa época, eu tinha uma grande presença de espírito. Mandei chamar o gerente de relações públicas da TWA. Coloquei a boca no trombone, como é que você se atreve a revistar Paul McCartney, e o mínimo que deve fazer é conseguir uma sala privada para não sermos revistados na frente de todos os outros passageiros. Estávamos no lounge Ambassador. Existia uma salinha VIP. Chutei a bolsa da Linda para baixo duma cadeira. Olhei pra ela e disse: "Não encosta na bolsa. Só deixa ela ali". Ela me fitou com um olhar indagador. Não me escutou direito. Totalmente chapada, saca?

Coloquei os dois na salinha, e entraram os dois caras do FBI com cabelo à escovinha, mas foi cômico, porque eles sabiam que era o Paul McCartney. Pode apostar que abriram nossa bagagem de mão e vasculharam tudo. E nesse tempo inteiro a bolsa da Linda lá embaixo da cadeira, abandonada. Olhei pra ela e disse: "Se aquela bolsa tiver o seu nome, é melhor recuperá-la. Mas não toque nela antes de o FBI ir embora. Nem chegue perto". Ela ficou apavorada, mas era um volume grande de maconha. Teria sido péssima publicidade para Paul, o Sr. Certinho.

Não é bizarra essa química entre Paul e Linda, e entre John e Yoko? Mulheres de gênio forte. Não tem como considerá-las atraentes. É outra coisa. É completamente diferente. Lembre-se de que eles estavam saturados com overdoses de atração e beleza. Os dois tinham overdoses disso. Não estavam atrás de beleza. Estavam atrás de outra coisa. De preencher alguma lacuna. Sabe, os dois ficaram satisfeitos.

JOHN EASTMAN

Quando Brian Epstein faleceu, o irmão dele, Clive, e a mãe, Queenie, herdaram o grosso de seus bens. A Queenie coube o quinhão maior, cerca de 70%. A NEMS, empresa que geria os Beatles, tinha muita liquidez, com mais de £ 1 milhão em contas bancárias. Não só 25% da renda dos Beatles – incluindo aí o faturamento da editora Northern Songs – acabavam nos cofres da NEMS, mas também uma fatia dos dividendos do contrato de gravação deles com a EMI – contrato com duração de nove anos. Quando os Epstein venderam a NEMS, surgiu um sério problema fiscal. Os impostos sobre a morte dele seriam cobrados da família Epstein, abocanhando um milhão de libras ou mais. Os Beatles mantiveram o irmão de Linda McCartney, John Eastman, com diplomas em prestigiosas universidades, como seu assessor jurídico. Eastman, com o auxílio de bem-informados consultores financeiros britânicos, divisou um engenhoso estratagema para comprar a NEMS com o menor custo para a família Epstein. Entra em cena o indecoroso Allen Klein, com a alegação de que compraria a NEMS para os Beatles de graça, e o plano foi engavetado.

STEVEN GAINES: Paul e Linda se conheceram em 1967. Começou a assessorar Paul quando ele se tornou seu cunhado ou antes disso?

JOHN EASTMAN: Foi antes disso, creio ter sido em novembro ou dezembro de 1968. Eu tinha 28, 29 anos. Ao longo dos anos, meu pai representou muitas bandas famosas, como a orquestra de Tommy Dorsey. Meu primeiro cliente importante no rock foi a banda Chicago e Jimmy Guercio, o produtor deles. Sob alguns aspectos, um lance tão complicado quanto lidar com os Beatles. A primeira coisa que fiz foi reaver todas as másters deles e licenciá-los de novo, agora em nome da Columbia.

SG: No começo, os outros Beatles ficaram ressentidos pelo fato de você ser cunhado de Paul?

JE: Na época não éramos cunhados, eu só era o irmão de Linda. Sei lá o que passou na cabeça deles.

SG: Com certeza, você teve que solucionar esse dilema, porque tinha interesse particular numa das pessoas, mas deveria representar os interesses de todas as quatro. Quando você se tornou advogado de Paul, já havia uma rixa entre ele e o resto da banda?

JE: De modo algum. A nossa empresa já representava todos eles, antes de o Klein se envolver. O nosso escritório continuou trabalhando com os Beatles. Nós os representávamos uns dois meses antes de Klein. [O escritório dos Eastman já representava a Beatles & Co. quando Klein foi contratado como empresário dos Beatles.] Nossa primeira medida foi tentar comprar a NEMS [empresa que geria os Beatles] junto ao espólio de Brian Epstein. A ideia de comprar a NEMS foi minha. Em seu trato com os Beatles, Brian recebia 25% de tudo que eles recebiam, não só durante a vigência do contrato [como empresário por meio da NEMS], mas de outros acordos celebrados durante a vigência [do contrato]. Dos royalties, Brian tinha direito a uma quarta parte. Com a EMI, foi lavrado também um contrato de gravação por sete anos, e uma quarta parte da renda obtida com esse contrato era destinada à NEMS. Da mesma forma, Brian deixou em seu espólio um milhão de libras na NEMS, a corporação. Mas os Beatles só podiam ter acesso à grana se declarassem os dividendos e pagassem os impostos de transmissão. Daí me reuni com o Peter Brown e o Clive Epstein. Falei que o Brian gostaria de devolver os direitos aos Beatles, agora que ele não estava mais entre nós.

O que a gente fez então foi trocar um milhão de libras do dinheiro dos Beatles pela NEMS, que valia um milhão de libras, como evasiva fiscal. Iam receber a NEMS em troca do dinheiro no banco. Foi esse o negócio que fechamos. Por um tempo, os Beatles ficaram sem dinheiro no banco e também sem disco lançado. Por isso, fui até Sir Joseph Lockwood em nome do quarteto e pedi a ele um adiantamento de £ 1.250.000. Ele relanceou o olhar em minha direção e falou apenas: “Pra quando você quer?”. Eu disse: “Quarta-feira à tarde”. Ele disse: “Ótimo”.

Por duas semanas fizemos as tratativas básicas com o Clive Epstein, e faltava só uma questão simples sobre a indenização. Foi quando Klein entrou em cena. Fizemos uma reunião, eu lembro que foi perto do Natal, ou do Ano-Novo. Sei que foi num domingo. O Klein me xingou de burro, era um absurdo os Beatles gastarem um milhão de dólares em dinheiro para comprar a NEMS, que tinha ativos de um milhão de dólares. Uma idiotice, uma piada de mau gosto. Klein prometeu conseguir a NEMS de graça, e os outros três disseram: “Vamos deixar que ele faça isso”. Os outros três queriam conseguir a NEMS de graça. E eu sabia que isso era cortina de fumaça. Mesmo assim, dei o meu melhor para cooperar com Clive. E, do nada, o Klein cancela o negócio, o Clive salta fora e vende a NEMS para a Triumph Investments.

SG: O Allen tinha fama de ser um picareta. Como é que John, George e Ringo se deixaram levar pela conversa dele? Será que o John estava tão zangado com Paul a ponto de contratar Klein só para irritá-lo?

JE: Acho que sim. É necessário um ladrão para capturar um ladrão, acho que esse foi o raciocínio de John. E Klein ficou dizendo o quanto os Beatles tinham sido enganados.

SG: Quem seria o ladrão que eles queriam capturar?

JE: A EMI, o Dick James, seja lá quem fizesse negócios com eles. Como o pessoal diz, John tinha um cão que ladra, e o nome dele era Klein.

SG: Outra coisa irritava muito os outros Beatles: Paul começou a adquirir ações da Northern Songs, por conta própria.

JE: O Klein é especialista em pegar essas coisinhas e basicamente exacerbá-las. Esse era o estilo de ser dele, o estilo como ele operava. Simples assim. Ele não podia ver ninguém quieto sem ir lá acender uma fogueira embaixo. O Paul foi ao mercado e comprou umas 7.500 ações da Northern Songs, e acho que isso mostra o quanto ele sempre acreditou em sua própria criatividade. John e Paul tinham, cada um deles, um milhão e quinhentas mil [1.500.000] ações. Paul tinha 7.500 ações extras. Eu que comprei pra ele. Mas acontece que na época isso foi distorcido... E aí que o John Lennon foi citado um milhão de vezes, ele achava que o Paul estava fazendo as coisas pelas costas dele. Isso aconteceu antes da briga. O Paul comprou essas 7.500 ações extras antes do *Revolver*.

SG: Você esteve presente em algumas dessas reuniões. É verdade que trocaram cusparadas e xingamentos à mesa do escritório de Peter Brown?

JE: Não estive lá. Essa foi a reunião principal, a que fez tudo. Teve uma reunião, acho que foi na suíte do hotel onde o Lee Eastman estava hospedado. Lee, Neil [Aspinall] e eu tratamos do assunto com Klein, mas houve um bate-boca. Existiam muitas alternativas. Mas Klein só queria nos provocar, queria evitar uma conversa séria. Esse é o modo como ele atuava. Colocar lenha na fogueira. Lee gritou de tanta raiva. Realmente perdeu as estribeiras, e foi péssimo ele ter feito isso, porque Lee sempre foi considerado um mestre da dignidade. Mas esse sujeito medonho o irritou tanto que Lee acabou se retirando do local. "Que se foda." Acho que o Lee não tinha um interesse pessoal envolvido. Ele estava de bem com a vida.

SG: Klein conspirou para brecar o lançamento do primeiro álbum solo do Paul?

JE: Ele impediu o lançamento, na prática. Sei que ele impediu, porque eu mesmo trouxe as másters de volta [aos EUA], dentro de um saco de roupa suja. Eu as levei ao Sterling Sound para serem masterizadas. O Paul sabia que ninguém mais ia fazer isso. Depois eu as entreguei à Capitol, que as entregou ao Klein.

SG: Por que a Capitol quis pôr as másters nas mãos do inimigo?

JE: Porque tinham um acordo com a Apple [e não com Paul].

SG: Por que você acabou levando-as aos EUA em um saco de roupa suja? Por que Paul não as trouxe para a gravadora dele?

JE: Porque a Apple não queria lançar o disco. Eu ia entregá-lo direto à Capitol e forçá-los a lançá-lo, coisa que no fim das contas acabei conseguindo. Eu me lembro duma ligação que fiz ao Sal Iannucci, o presidente da Capitol. Falei pra ele: "Vou avisar o senhor, se a Capitol não lançar na data combinada, vamos lançar pela CBS". E eu estava falando sério. Não era blefe. Eu me recusava a crer. Ali estava uma das maiores estrelas de todos os tempos, um dos grandes compositores de todos os tempos. Ali estava o primeiro álbum solo dele, feito em casa, um álbum realmente adorável. Essa relutância pra lançar o disco era de explodir a mente.

Só fomos entrar com um processo para dissolver a sociedade nove meses depois do incidente com o álbum de Paul. Receberam a intimação às vésperas do Ano-Novo de 1970. Primeiro fiz questão de elaborar um processo muito bem detalhado. Eu já sabia que iríamos ganhar a ação no minuto em que começamos.

SG: Que motivo os outros deram para não dissolver a parceria?

JE: Alegaram que, conforme o acordo de parceria, tinham direito aos benefícios dos esforços individuais de Paul.

SG: Esperavam obter renda com os esforços individuais de Paul? Porque o fim dos Beatles era óbvio. Eles não iam mais se apresentar nem gravar juntos como banda.

JE: No início, o motivo pelo qual Paul recuou foi porque ele não queria processar os outros três. E eu não o culpo. Passei um bom tempo tentando vislumbrar uma maneira de processar apenas Klein [e não os outros três Beatles]. Mas o objetivo era dissolver a parceria, precisamos citar os outros sócios, coisa que ninguém estava disposto a fazer. Klein estava se comportando com frivolidade. Os outros [no fim das contas] se desentenderam com o Klein. Ainda estávamos em litígio. Antes de encerrarmos a questão com os outros, eles brigaram com o Klein. Simplesmente não aguentaram mais ele.

E quando o Klein processou os Beatles, nós processamos o Klein. Ele alegou que tinha comissões a receber. Entramos com uma ação contra Klein na Inglaterra, e em seguida ele processou os Beatles em Nova York. O Paul foi citado no processo apenas tangencialmente. A ação tinha 42 causas, e a quadragésima segunda inclusive alegava conspiração, citando Paul como um dos conspiradores, que teria feito uma trama com os outros para violar o contrato com Klein. A reclamação contra o Paul não foi aceita. Mas como nós tínhamos uma ação em andamento contra os outros, a questão ficou sendo quem devia a quem, e quanto. O Klein devia pra eles ou eles deviam pro Klein? Foi a ABKCO [empresa de Allen Klein] que entrou com uma ação contra todos eles.

SG: Uma das propostas de acordo envolvia também a possibilidade de Paul retirar suas gravações solo desse imbróglio? Os discos dos Beatles continuaram na ABKCO, então suponho que o Paul ainda fazia parte do pacote.

JE: E ainda faz. Continua dono de um quarto da empresa. Ou seja, 80% de todos os royalties dos Beatles ainda fluem para a Apple, e o restante vai 5% para cada um dos indivíduos. E a empresa está indo muito bem, obrigado. Eu fazia coisas simples, tipo esse negócio da NEMS. E depois eles recompraram da Triumph os 25% da NEMS. Pagaram uma fortuna por isso, e a Triumph ainda ficou com 5%.

SG: E também se tornaram acionistas da Triumph, a qual possuía um volume pecuniário substancial vinculado às suas ações.

JE: Exato, e isso foi uma coisa tão idiota. A Triumph foi à bancarrota. A promessa de Klein de conseguir aquilo de graça pra eles, na verdade eu teria conseguido, porque eu ia negociar um milhão de dólares do dinheiro deles por um milhão de dólares do dinheiro da NEMS. Na corporação, a NEMS tinha £ 1 milhão em dinheiro. Mas sem declarar os dividendos, eles não conseguiriam tirar o dinheiro da corporação para pagar o imposto de transmissão de Brian. Na época, o imposto sobre heranças era enorme, a alíquota para os dividendos alcançava 98%.

SG: Só não entendo como o juiz Stamp não aceitou as provas de que Klein era uma pessoa horrível.

JE: Vou te dizer uma coisa. Se não fosse pela declaração juramentada de Klein, bem que teríamos perdido isso. Mas duas coisas aconteceram. Em Nova York, no Distrito Sul, Klein estava sendo processado pelo não pagamento de impostos em uma dezena de ações. E foi condenado. Acho que são contravenções penais, mas ele foi condenado por evasão fiscal em dez acusações. Crimes imputados pelos auditores da receita. Não sei explicar a gravidade desse crime. Claro que acompanhamos o julgamento com muita atenção, e um dia me ligaram de meu escritório dizendo que o Klein tinha sido condenado nas dez imputações. Providenciei a remessa desse relatório, devidamente autenticada, para Londres. No tribunal, o nosso advogado tentava explicar ao juiz sobre os problemas fiscais enfrentados pelos Beatles, tudo porque Klein deixava de pagar os tributos, em total desrespeito à receita federal da Inglaterra. "Acho que o sr. Klein respeita as nossas autoridades fiscais tanto quanto respeita as autoridades fiscais americanas. Há cinco dias, o sr. Klein foi condenado por evasão fiscal, em dez acusações. Peço licença à Vossa Excelência para entregar em suas mãos uma cópia autenticada desse registro da condenação do sr. Klein nessas dez acusações." E o juiz aproveitou e solicitou o recesso para almoço. Naquele exato instante a coisa se definiu. Segundo o juiz, o depoimento de Klein parecia o de "um mentiroso ou a conversa fiada de um vendedor de carros usados".

SG: Conseguiu fazer um grande acordo, não foi?

JE: Mas tudo acabou indo à empresa. Tudo foi destinado à ABKCO.

SG: Um valor de US$ 3 milhões, não foi?

JE: Não me lembro mesmo. Mas tudo acabou sendo pago à ABKCO. Basta conferir os impostos dele para saber bem certo.

SG: Participou daqueles bate-bocas exaltados no Plaza Hotel em Nova York? Yoko exerceu um papel positivo no acordo? Às vezes, ela tem recebido esse crédito.

JE: Vou falar, pra ser sincero, fui totalmente contra esse acordo. Porque a ação seria julgada e a sentença certamente seria favorável a nós. A data do julgamento na Inglaterra estava marcada, aguardávamos com muita ansiedade pelo fim do caso na Inglaterra. Um pouco antes do julgamento, os Beatles decidiram (os outros três decidiram) fazer um acordo. Não sei por quê.

SG: Queriam que o Klein largasse do pé deles duma vez por todas.

JE: Três anos brigando com Klein, prestes a ir a julgamento. A equipe toda pronta e montada para ganhar a causa. E decidem fazer um acordo. Sobre esse ponto, preciso dizer uma coisa. Eu os avisei de que, se quisessem aceitar um acordo, deveriam fazer isso sozinhos. Em outras palavras, não tentaríamos impedir isso.

SG: Certo, mas uma parte dessa grana vocês tiveram que pagar.

JE: Quem pagou foi a Apple. Mas tem razão, um quarto disso coube a Paul, com certeza. Eu era totalmente contra fazer um acordo. Odeio ter que dizer isso, mas esse acordo não deveria ter sido feito.

ALISTAIR TAYLOR SOBRE COMO FOI DESPEDIDO POR ALLEN KLEIN

STEVEN GAINES: Quando o Allen Klein chegou, ele entrou no prédio e gritou: "Para tudo!", não é?

ALISTAIR TAYLOR: Não. Nunca me encontrei com o Klein. Pra mim isso é um grande motivo de orgulho. Fui parar no olho da rua. Fui despedido só uma vez em minha vida, e por um cara [Klein] que eu nem sequer conhecia pessoalmente. Eu achava isso maravilhoso. Clássico. Nunca tive dúvidas em relação a isso. Sinceramente, só abaixei a cabeça e toquei o barco. Continuei a fazer o que eu fazia. Ou seja, tentar gerenciar os escritórios.

Eu estava no almoço quando tocou o telefone. Era o Peter Brown me dizendo: "Pode voltar ao escritório? É uma emergência". No escritório, me deparei com Peter segurando o fone com um papel na mão. Escutei a fala dele: "Certo. Está em vigor a partir de hoje. Certo. Vai ser cumprido". Vi uma extensa lista de nomes. Vislumbrei instantaneamente. Eu encabeçava a lista.* Uns quinze no total, se não me engano. Devo dizer que fiquei estupefato. Acho que o que mais me incomodou, e me incomoda até hoje... Fui embora. Fui pra casa e liguei pra todos os meninos [John, Paul, George e Ringo], um por um. Só queria ter certeza de que sabiam disso. Mas nenhum quis falar comigo, e sei que dois deles, com certeza, só disseram que não estavam. Não quiseram atender. Por uns dois anos, deixei isso quieto. Então escrevi a Paul: "Olha só, a poeira baixou, estou feliz e, sabe, a gente se divertiu à beça". Escrevi umas três vezes, suponho. Imagino que a resposta fácil é que a correspondência não chegou até eles. Por isso, tentei deixar claro para quem a abrisse que não era só uma carta de fã, mas sim de uma pessoa íntima. Desde aquele dia, há onze anos, até hoje, nem sinal de vida. Isso me decepciona como ser humano. Eu achava que éramos amigos. Ficou claro que não. Só acho que seria bacana se ele pegasse o telefone e me dissesse: "E aí, cara, como vai?"... Sabe? "Se um dia estiver por perto..." Tipo, eu achava que não havia perigo de eu me tornar uma praga ou um incômodo. Fico muito triste com isso, sabe?

Afetaram a minha filosofia de vida de um modo absurdo. Tanta coisa que eu achava certa, e hoje creio que estou levando as coisas bem melhor do que eles. Sabe, e sinto pena deles, por terem me tratado assim, justo eu, alguém que sempre foi sincero e nunca os enganou. Quer dizer, só no final e a sangue-frio. Por vingança. Eu tinha feito um empréstimo junto à empresa e pensei: "Agora tentem me cobrar".

[*Em 1973, Taylor e a mulher dele se mudaram para Darley Dale, em Derbyshire, onde gerenciaram um salão de chá. Ao longo do tempo, Taylor lançou vários livros contando suas aventuras e desventuras com os Beatles, tornando-se conhecido como "Sr. Conserta Tudo". Faleceu em junho de 2004, em Derbyshire.*]

---

* Na transcrição de sua entrevista, Allen Klein afirma que a demissão de Taylor foi feita especificamente a pedido de um dos Beatles, mas se recusou a identificar qual.

ALLEN KLEIN

A entrevista abaixo ocorreu no gabinete de Allen Klein em Nova York, no último trimestre de 1980.

STEVEN GAINES: Qual a primeira impressão que Brian passou a você? A de ser um empresário brilhante ou sortudo?

ALLEN KLEIN: Não era um cara de sorte. Tinha bom gosto, tinha dignidade. Pensando bem, não acho que ele era um bom empresário. Não creio que o principal foco dele fosse esse. Analisando pelo que o John me contou... Brian com certeza deu uma contribuição importante. [Naquela época] Como o negócio era tão recente, as gravadoras inglesas tratavam mal os artistas. Não é justo, portanto, julgar o Brian Epstein. Tratava-se de um ramo totalmente novo. Ninguém entendia o negócio. Não existia antes. Para mim, foi muito fácil.

Administrar é algo muito pessoal. Eu só me dedicava a artistas com autonomia, que compunham material próprio. Na minha vida, só fui empresário de cinco ou seis artistas. Com Bobby Vinton, atuei como empresário. Com Donovan, atuei como empresário. Com os Rolling Stones, atuei como empresário. Com John Lennon, Ringo e George, atuei como empresário. Com Sam Cooke, atuei como empresário. A primeira vez foi com ele.

SG: E não foi assim que você e Brian Epstein se conheceram? Brian quis contratar o Sam Cooke para abrir uma das turnês dos Beatles?

AK: O Sam Cooke me chamou atenção pra uma coisa. A ideia dele foi esta: "Olha só, estão pegando a nossa música, a minha música, e a estão involucrando na voz de jovens brancos". Pegaram a música negra, com a qual as menininhas brancas não se identificavam, e a trouxeram até nós por meio de rapazolas brancos e bonitinhos. Nos EUA, uma pessoa branca imitando uma pessoa negra era quase tão insultante quanto uma *blackface*. A diferença é que os cantores ingleses fizeram isso com respeito. Sem se esquecer das raízes.

SG: Você foi uma pedra no sapato de Brian, porque todos sabiam que você tinha o objetivo de se tornar empresário dos Beatles. Os meninos até provocavam o Brian se algo desse errado.

AK: Brian morreu em agosto de 1967, e os Beatles estavam à deriva. Precisavam de um empresário. Sem querer parecer macabro, mas quando ouvi pelo rádio, passando sobre uma das pontes, pensei: "Estão no papo!". Soube na mesma hora, pois naquele momento não havia mais ninguém por perto.

SG: Na época, você ainda era empresário dos Stones.

AK: Sim, com certeza. Eu trouxe os Stones até a Apple. O contrato dos Stones com a London Records estava terminando. Entabulamos tratativas para trazer os Stones à Apple Records.

SG: Eu achava que em 1967 você tinha brigado com Mick Jagger por algum motivo.

AK: Não. De modo algum.

SG: Pelo que entendi o Mick se voltou contra você. O Mick teria dito ao John para não assinar com você.

AK: De modo algum. Na realidade, foi o contrário.

SG: Como assim?

AK: Acho que foi o Mick ou o Keith que o aconselhou a me contratar.

SG: Como você acabou chegando até os Beatles? Existiam obstáculos para se encontrar e falar com eles. Uma dessas barricadas era Derek Taylor. E uma época até o Peter Brown atuava como barreira para quem desejasse conhecer os meninos.

AK: Vou te contar como é que eu fiz. Tirei um tempo para estudar a situação de forma um tanto maquiavélica e vislumbrei o melhor caminho de conhecer John. Uma reunião foi marcada, quase saiu, mas foi cancelada. Depois outra reunião foi marcada. Foi nesse ponto que falei com você, Peter.* E essa foi a única vez. Nunca te liguei dizendo, por favor, quero marcar um horário. Você só confirmava, cancelava ou reconfirmava os compromissos. Mas o horário que marquei foi por meio de uma ligação para o John, que foi ao encontro do desejo de John e de Yoko de se protegerem. Porque acho que eles receavam perder o controle caso os Eas... Olha só, talvez você não saiba, mas os Eastman já estavam lá, contratados. E acho que ele foi se encontrar comigo para se proteger, só ele e a Yoko. E eu não sabia que alguém morava perto de Derek. E não sei bem como é que...

SG: Você e John se encontraram no hotel Dorchester.

* Confira, na entrevista com Derek Taylor, uma versão alternativa dos eventos que conduziram ao encontro de Klein com John.

AK: Jamais pensei que o Derek Taylor ou outra pessoa estivesse querendo me manter afastado, porque não fiz nada ostensivo. Só fiz aquele telefonema, e jamais ia ficar ligando para as pessoas e dizendo, olha só, eu quero me encontrar [com John]. Atuei por baixo dos panos, externamente. Eu não queria que se sentissem pressionados, porque algo me dizia que eles reagiriam à pressão fugindo.

SG: O que é que houve, então? Você enfim conseguiu fazer a reunião com John e Yoko, um encontro que varou a noite no hotel Dorchester. E naquela madrugada no Dorchester algo aconteceu. Você conquistou plenamente a fidelidade deles.

AK: Isso foi em janeiro de 1969. Eu li, sim, o que John disse. Saiu num artigo da *Rolling Stone*. Ele e a Yoko tiveram essa sensação... Acho que os dois queriam alguém que tomasse o partido deles. Nunca foi algo para os Beatles. John falou, olha só, os Beatles são representados pelos Eastman, você quer representar a Yoko e eu?

SG: A assessoria jurídica dos Beatles era feita pelos Eastman?*

AK: Primeiro você tem que ler aquele documento.

SG: O contrato que os Eastman fizeram com os meninos?

AK: Isso mesmo. Todo assinado.

SG: Assinado por todos eles?

---

* Confira os comentários de John Eastman sobre o contrato que ele tinha com os Beatles.

AK: Sim. E a Apple. O texto não usa o termo "ser empresário de" e nem precisava usar. Se você representa todas as negociações da Apple e dos Beatles mundo afora, você é o empresário deles. A importância desse documento específico era de que tudo precisava fluir através deles. A expressão "ser empresário de" ofende as pessoas e é difícil de definir. Aconteceu naquela noite [no Dorchester]. Certo? Naquela noite que acabamos de comentar. Não se esqueça de que eu ainda representava os Stones, e tudo que ele queria era que eu agenciasse tanto ele quanto a Yoko.

SG: Vararam a madrugada inteira conversando?

AK: Pois é. Cheguei ao extremo de providenciar comida vegetariana para ele, sem que soubessem... Teriam comido qualquer coisa. Eu me lembro de que foi uma conversa bem pessoal. Apenas tentávamos nos conhecer. Estavam muito nervosos. Eu estava nervoso. Como é que você realmente embarca nisso então? Simplesmente embarcamos. Lennon e Yoko, eu prefiro não comentar o que os persuadiu a me aceitarem. Creio que o principal era o fato de realmente almejarem alguém para eles. À parte dos Beatles. E foi isso que aconteceu realmente. John é um ser humano muito prático, e o conflito estava lá. Era a banda dele, mas ele estava perdendo o controle e não queria isso. Queria ser protegido. Foi simples assim. Nessa primeira noite em que me encontrei com John, ele perguntou: "Gostaria de nos representar?". Respondi que sim. E falaram: "Não quer nada por escrito?". Claro que sim, eu disse. Daí Yoko sentou-se no chão com a máquina de escrever e datilografou para o pessoal-chave uma cartinha muito caseira e simpática, do tipo: "Caro Sir Joe, pedi ao Allen que cuidasse de mim. Pode fazer o favor de dar a ele tudo o que ele quiser? Obrigado."

SG: A carta ao Sir Joseph diz: "Até onde me diz respeito, Allen Klein controla todas as minhas coisas". Bem caseira.

AK: É mesmo. Ela escreveu a mais de uma pessoa. John provavelmente escreveu a Clive. Escreveu a Harry Pinsker. Escreveu a Dick James. Só queríamos ter certeza. E ele queria isso de imediato, mal podia esperar. O imbróglio todo era tipo assim: "O que é que ele vai contar ao Paul?".

Eu me encontrei com o John na noite de segunda-feira e me encontrei com os outros na terça-feira. Fui até a Apple e me reuni com os outros três. Com certeza, essa questão do acordo com a NEMS foi levantada. É isso que eu quero te explicar, porque o John Eastman negociava a compra da NEMS, e a impressão de todos era que o negócio estava fechado. Paul comentava [com todos] o quanto o negócio era bom. E eu falei, olha só, é tolice. Por que a gente não coloca todos os mentirosos na mesma sala? E daí vamos descobrir. Foi então que ele trouxe o John Eastman pra uma reunião.

SG: Paul estava presente na reunião?

AK: Sim.

SG: E é verdade que o Paul não foi com sua cara?

AK: Não é uma questão de ir ou não com a cara. Paul era muito encantador.

SG: Mas também pode ser distante.

AK: Lembrem-se, nunca me encontrei com terceiros. Eu só queria descobrir qual era a posição de John e qual o sentido de avançar com esse acordo da NEMS. John vem e me diz, certo, agora me fala se devo fazer isso. E eu respondi: como é que eu posso saber [se é um bom negócio]? Não sei em que pé estão as coisas. John me diz para eu ligar a Harry Pinsker [o contador], que por acaso atendia a Northern Songs, os Beatles e a NEMS. Falei que ia ligar pra ele e íamos descobrir em que pé as coisas andavam. Nesse meio-tempo, pedi a Clive se ele poderia aguardar [antes de fechar o negócio para vender a NEMS]. Só deixa a gente ficar a par do assunto. Daí George e Ringo disseram: "Se você vai encontrar essas informações para John, faça isso também por nós". Fui me encontrar com o Pinsker e estudei toda a documentação. Analisei tudo o que eu sentia que me faria ver o panorama. Tive que retroceder ao princípio. Eu me lembro de que Neil [Aspinall] estava no hospital. Apoplexia, se não me engano. [Klein se dirige a Peter Brown] Tenho que ser justo. Não achei que você estivesse do meu lado. Com certeza não achei.

PETER BROWN: Bem, fiquei horrorizado com o fato de alguém entrar e levar meus arquivos.

SG: Imagine o pessoal que veio de Liverpool, que estava com eles desde 1959, ao longo de toda a jornada... Como se sentiu com a chegada repentina de uma personalidade muito forte...

AK: Bem, eu me lembro do que eu fiz. Na conversa com Pinsker, descobri que o acordo da NEMS tinha sido recusado e cancelado.* Que a NEMS recusou a proposta dos Eastman. O negócio foi cancelado. Ninguém fechou [negócio].

SG: [Não prometeu a eles] "Vou conseguir isso de graça para vocês"? Muita gente citava isso, você tinha dito que ia conseguir a NEMS de graça.

AK: Basta você ler os registros do tribunal e todos os documentos juramentados ali contidos. Vai ver que não só conseguiram isso de

---

* As entrevistas com Dick James e Clive Epstein contradizem essa afirmação.

graça, mas também ganharam dinheiro com isso. Quando fizemos o acordo com a NEMS, vai descobrir que isso não lhes custou nada.

SG: Por que o acordo foi cancelado?

AK: Pergunte ao Clive Epstein.

SG: Já perguntei. Clive disse que tinha medo de você...

AK: Ah, tá bem.

SG: Que ele tinha medo de você, porque sabia que você gostava de litígios, era uma pessoa forte. Por isso, ele correu na outra direção. E com muita discrição, talvez sem ter sido justo com os meninos, com quem ele tinha responsabilidades definidas, vendeu a empresa para a Triumph com muita discrição.

AK: Sim. Sei por que ele vendeu. É engraçado. Posso te mostrar a citação que ele fez.

SG: Bem, estou contando isso a você apenas para que consiga...

AK: Entendo. Ele colocou a culpa numa carta de John Eastman.

SG: Questionando as bases do contrato.

AK: Culpou isso. Carta idiota de se escrever. Uma carta de John Eastman. Não de Allen Klein.

SG: Dick James também tinha medo de você. É que o Eastman tinha feito esse acordo e acho que você chegou e disse: "Esse acordo é uma estupidez". E acho que o John enxergou isso porque você explicou pra ele. Eu me lembro nitidamente de suas palavras: "Vocês vão comprar um milhão em dinheiro antes dos impostos, mas quanto vão pagar em tributos? Qual é a vantagem?".

AK: Todos enxergaram isso. Todo mundo estava ao redor da mesa, inclusive o Paul McCartney. E todo mundo concordou que eu ia cuidar dos assuntos da Apple. E falei: "Vamos deixar o John Eastman como advogado". E o John Eastman retrucou: "Não sou só um advogado". Paul o convenceu. E daí o Paul me ligou naquela noite, um sábado, e me deu os parabéns, e fomos em frente.

SG: Se foi assim, por que o Eastman enviou a Clive aquela carta contundente, nesse momento delicado das negociações?

AK: Burrice. Momento errado. Inoportuno. Falta de experiência. Tipo, certamente aquela carta foi como um corredor polonês. Ele chutou o balde. Eu me reuni com o Clive e disse: "Faça-me o favor de me dar três semanas?". Foi tudo que pedi.

SG: E ele concordou em esperar as três semanas?

AK: Concordou, sim, e esperou.

SG: Mas então por que ele assinou com o Leonard Richenberg, da Triumph? A oferta de Richenberg incluía um ótimo acordo fiscal.

AK: Ele ofereceu a eles um "funny paper", na descrição de Paul McCartney: "*You never give me your money/ You only give me your funny paper*". Richenberg ofereceu algo oficial. OK. Na época eu não sabia o quanto a Triumph era boa, mas com certeza eu não achava interessante John trocar o certo pelo duvidoso. Além disso, seria como se vender ao sistema, e estariam trabalhando para outra pessoa. E não era isso que tinham em mente. Foi assim que a batalha começou.

SG: A EMI congelou os royalties dos Beatles. Você alertou a EMI para que ela não os pagasse à Triumph.

AK: Como 75% do montante pertenciam aos Beatles, eu falei: "Podem apenas ir pagando a nossa parte até nova ordem?". Na sequência, o Richenberg nos processou porque tinha um título para receber o dinheiro na íntegra. E tudo começou assim.

SG: Os Beatles e Klein exigiram que a EMI os pagasse diretamente.

AK: Nunca exigi pagamento direto para mim. Isso contraria tudo que sempre defendi. Não pedia que o dinheiro do artista fosse pago para mim. Nunca. Todos os pagamentos foram congelados. Imaginavam que isso congelaria os Beatles.

SG: Enquanto isso rolava no tribunal, o seu nome veio à tona muitas vezes.

AK: No *London Sunday Times* saiu um artigo mordaz.

SG: Exato. Lia-se: "Sob a influência do sr. Allen Klein, dono de um currículo um tanto duvidoso, talvez os Beatles comecem a dividir seu dinheiro com o sr. Klein". Segundo o juiz, era uma bobagem pensar que alguém seria capaz de exercer esse tipo de influência sobre eles. Richenberg declarou que você reagiu fazendo "barulhos ameaçadores, diversos e vagos". Você se lembra?

AK: Apenas entrei e expus os fatos que eu achava verdadeiros. Não que isso estivesse relacionado de alguma forma com o negócio, nem com os acordos contratuais lavrados entre os Beatles e a NEMS. E fomos muito cuidadosos. Não é à toa que ninguém vê isso em lugar nenhum. Ninguém ouviu falar disso, porque tinha relação com o Brian, e não vou tocar nesse assunto.

SG: Não entendo. Do que é que você está falando? Sobre o fato de o contrato com a gravadora continuar vigente por vários anos após o término do acordo como empresário?

AK: Outras coisas além disso.

SG: Ainda faltavam sete anos para terminar...

AK: Não é isso. Foram outras coisas.

SG: Como por exemplo?

AK: Prefiro não tocar no assunto. De verdade mesmo.

SG: Mas em qual área?

AK: Prefiro não falar nisso. De verdade. Tem a ver com o Brian, com o que ele fez, ou com o que ele foi aconselhado a fazer na época. E não quero tocar no assunto, só isso.

SG: Está dizendo que tem certas coisas muito constrangedoras para o nome de Brian e a família dele, caso você tivesse dado continuidade?

AK: Realmente ajuizamos. Quero que vocês saibam. Mas isso foi mantido sob sigilo e ninguém jamais ficou sabendo. E nunca lancei mão disso na imprensa para me defender nem para defender a linha de ação que os Beatles tomaram. Toda essa merda caiu em nosso colo.

Sempre achei que podia aguentar. Deixe que joguem isso em mim. Mas realmente não queríamos fazer isso. Vou te contar uma coisa. Uma coisinha simples. Por quanto que o Clive Epstein vendeu a participação dele na NEMS? Ele tinha 90%.

SG: O pessoal andou falando por volta de um milhão, algo em torno disso.

AK: Um milhão de libras. OK. E quanto é que você acha que os Beatles ganharam pelos 10%? Porque eles têm os outros 10... £ 400.000.

SG: Mas por que ele fez isso?

AK: Porque gostou de mim e usei uma camisa limpa no encontro seguinte.

SG: O preço que a Queenie conseguiu foi diferente.

AK: O preço total para os 70 e os 20 foi de £ 900.000. A gente recebeu £ 400.000. E se você não se lembra, tivemos que pagar comissão. Foi como pagar uma renda normal. Esse valor de £ 400.000 ficou livre de impostos para eles. Ah, e receberam em dinheiro vivo. Na verdade, até passou de 400 porque as ações subiram um pouquinho. Mas recebemos a grana. Quanto é que valem 400.000 libras isentas de impostos?* Em 1969, quatro milhões. Sem falar que recuperamos todos os direitos.

SG: Por que o Richenberg mandou fazer um Relatório Bishop sobre você, relatório que acabou provocando o artigo no *Times* de Londres?

* Cerca de US$ 650.000, hoje equivalente a um poder de compra de mais de US$ 5 milhões.

AK: Porque ele estava tentando me tirar da jogada.

SG: Mas soa como vingança pessoal. Isso é mais do que...

AK: Pois é. Eu estava prestes a extrair... Olha só, todo mundo se apaixona pelos Beatles, inclusive os juízes. Contaminados pela Beatlemania. É triste, mas é verdade. Os mais sérios, os mais respeitados. Todos se deixam afetar. Os advogados se tornam defensores em vez de...

SG: O que você está dizendo é que ele tinha um vínculo emocional com os Beatles, e você era o adversário, então ele fez isso...

AK: Peraí um pouquinho. Ele ia acabar pagando um milhão de libras por nada. E eu tentei fazer direito. Não ataquei o homem após a coisa estar resolvida. Todo mundo agiu bem. Ele precisava dos 5%. Paguei do meu bolso. Se você analisar, uma vez fiz um gráfico, quando enfim decidimos mostrar o que teriam obtido com os acordos de Eastman e o que obtiveram com os meus, após o pagamento dos 5% de Richenberg. Ele estava comendo na palma de nossas mãos. O Brian não fez isso de modo deliberado, não foi nada disso. E te digo, nem você estava a par, a queixa foi assinada pelo John, e acho que por George e Ringo. Se o McCartney assinou, não posso garantir, mas é bem possível, pois marcou presença em todas as reuniões. Quero que saibam disso.

SG: Paul esteve em todas as reuniões? Sempre tinha um dos Eastman junto com ele?

AK: O John Eastman estava lá. O John Eastman atuava como advogado da empresa. Mas levamos um advogado inglês. Alguém com sotaque britânico. E simplesmente me dei conta de que, para eles, não era importante ir ao tribunal. E, parando para pensar, £ 400.000 por 10%, e £ 900.000 por 90%. Tipo, quando pagamos a ele o milhão de libras, foi como dar renda em troca de capital. Não me importei. Equalizamos isso. Até mesmo o juiz. Confira a sentença do juiz Stamp. Tudo bem? Quando ele fala no acordo sobre a NEMS, ele afirma que foi executado com brilhantismo. Tipo, foi a única coisa que obtive do homem.

PB: Bem, mas por que é que eles não pagaram ganhos de capital sobre as £ 400.000?

AK: Não precisaram porque essas ações foram recuperadas. Lembrem-se de que a lei dos ganhos de capital mudou. Em primeiro lugar, eles as mantiveram por um ano. Eu recordo. Fizemos isso. A lei dos ganhos sobre o capital, se não estou enganado, mudou em 1964. Quem tinha ações em 64, o valor de 64, só pagava imposto sobre a diferença. E na real não teve qualquer diferença no valor de 1964 até aquela data. Foi isso que aconteceu.

PB: Agora chegamos à próxima etapa, a Northern Songs.

AK: Coisa que aconteceu ao mesmo tempo.

SG: Quase ao mesmo tempo.

AK: Ah, eu me refiro ao fato de que eu estava sendo fritado.

PB: Se me permite dizer uma coisa, só porque é uma parte interessante da história. No meio disso tudo, enquanto o Allen pegava os meus arquivos, e o Neil estava no hospital, realizávamos as filmagens de *Let It Be*, no prédio e no terraço.

AK: Sim, eu me lembro.

SG: No filme *Let It Be*, eles parecem incrivelmente hostis uns com os outros nas filmagens. Como foi estar perto deles? Eu me refiro aos quatro meninos. Os quatro Beatles realmente brigavam entre si naquela época?

AK: Não acho que sabiam como brigar entre si. Podem ter sentido seja lá o que sentiram, mas nunca realmente demonstraram isso. Sério mesmo.

SG: Sem gritos naquelas reuniões?

AK: Gritos nas reuniões, isso foi mais tarde. Se alguém gritou? O único grito foi da Linda Eastman, que uma vez gritou no estúdio de gravação. Aos gritos, ela me mandou calar a boca. A banda trabalhando, e a Yoko ali, na cama de campanha. E você precisa entender o que estava rolando. John queria largar de mão. John queria encerrar o ciclo. O Paul McCartney nunca saiu dos Beatles. Não foi ele quem terminou. Foi o John.

SG: A propósito, então me permita fazer uma pergunta: qual foi sua reação quando viu aquela coluna do *Times* de Londres que revelou cenas dos bastidores?

AK: Na real, a culpa foi minha, sabe? É estranho, mas há coisa de um ano eu primeiro simpatizei com, e depois contratei o...

SG: O cara que escreveu o artigo?

AK: Pois é. Fiz amizade com o John Fielding. Mas depois me recusei a falar com ele. Não quis falar com ninguém. Não mesmo.

SG: Você processou o jornal pelo artigo?

AK: Processei.

SG: O relatório Bishop* não consta nos arquivos deles.

AK: Está comigo. Adivinha o que eu fiz? Está comigo. Eu tenho um Bishop. Mas me deixa explicar. Tem um da Proudfoot. A Proudfoot é uma empresa parecida com a Bishop's. E quero que você dê uma olhada nesse também. Veja bem, eu nunca tinha visto um relatório Bishop em toda a minha vida. Se quiser algo, eles mudam um pouco as leis aqui, mas se quiser que escrevam algo desagradável sobre alguém, você consegue. Pode encomendar um relatório de investigação de crédito. E o Richenberg conseguiu um. Corri atrás, e um amigo meu fez um com prisma positivo, só pra ver. Tenho que rir. É engraçado. Mas uma boa parte disso era verdade. Sofri centenas de ações judiciais. E eu estava quebrado. O valor de uma das ações contra mim era de US$ 32,50. Tipo, todos esses processos de que ele está falando são das décadas de 1950 e 1960, quando eu estava falido. Não tinha nada. Alguém já processou você pra ficar com sua máquina de escrever? Paguei cada centavo. De modo que você pode fazer um recorte da verdade e redigir como quiser.

SG: Foi a essa altura que o [editor musical] Dick James praticamente surtou, acho que isso foi no dia 2 de abril.

AK: O Dick James morria de medo de mim. O Dick James sabia exatamente o meu objetivo. O Dick James sabia exatamente o que estava prestes a acontecer. Lennon e McCartney não tinham como continuar com seus interesses na NEMS. Lembre-se de que o Paul... Uma parte do acordo da NEMS... Vou ter que contar a vocês.

---

* Relatório investigativo compilado por detetives e contadores forenses, incluindo ações judiciais e registros criminais.

[*Aqui Klein despeja uma torrente de números.*]

Com as 400 mil libras, obtivemos as ações deles a trinta xelins. Trinta xelins! E não se esqueçam, a oferta pelas ações da Triumph era de quarenta. Por isso, na realidade, conseguimos outros... eles tinham 5% na época. Não tinham 105. Tinham 10% de 5%. Lembre-se de que havia trinta com as partes de John e Paul somadas. E o Brian recebeu metade de dez porque deram a alguém... Conseguimos outros 5%. Afora isso, como parte de todo esse acordo da NEMS, numa transação extra, sem incidência de imposto, optamos por comprar as ações a trinta [xelins]. Fazia parte do pacote. Na época andávamos ocupadíssimos. E a Yoko, né, realmente passou por um período muito ocupado, muito mesmo. E daí que tive que entrar em ação e negociar o acordo com a EMI.

SG: Nesse meio-tempo, na Savile Row, um circo sem precedentes acontecia na Apple.

AK: Que circo, que nada. Só se foi antes de eu chegar lá. OK. Talvez isso tenha acontecido. Quando cheguei posso garantir que não achei aquilo um circo. Encontrei tudo o que precisava. A equipe de Artistas & Repertório era administrada muito bem, obrigado. Se acabei prestando um desserviço a alguém, foi ao Peter Asher.

SG: Foi você quem demitiu o Peter Brown?

AK: Não. Jamais demiti o Brown. OK. Mas prestei um desserviço ao Peter, pois não lhe dei atenção e não permiti que ele seguisse em frente, porque alguns de meus clientes estavam muito divididos sobre os rumos que a empresa deveria seguir.

SG: Mas quando você chegou à Apple, não se deparou com desperdício nos gastos e com pessoas aproveitadoras?

AK: O Magic Alex foi bloqueado. Foi só uma questão de não permitir que ele continuasse. E fizemos isso. Mas seguimos em frente com o estúdio de gravação [na rua Savile Row, número 3] e o finalizamos.

SG: Ele alega que voltou de férias e que as invenções dele tinham sido vendidas como sucata.

AK: Jamais vendi qualquer invenção de Alex Mardas. Mas impedi que aquilo continuasse? Sim. Algumas pessoas que trabalhavam lá geravam certa redundância.

SG: O Alistair Taylor foi demitido. Ele tinha vindo de Liverpool.

AK: Isso foi a pedido. Nunca tinha me encontrado com Alistair Taylor em minha vida. E se eu topasse com ele agora, nem o reconheceria. Recebi pedidos para dispensar certas pessoas.

SG: Pedidos específicos dos Beatles? Está querendo dizer que um dos Beatles solicitou a demissão de Alistair?

AK: Sim. Na realidade, sim. Não sei qual.

PB: Duas mudanças importantes ocorreram: a saída de Ron Kass e a de Peter Asher. E a assessoria de imprensa foi enxugada radicalmente, o que achei muito bom. Eu me refiro aos excessos.

SG: E a tal "terça-feira sangrenta", em que você demitiu cinco pessoas?

AK: Em toda a minha vida, jamais coloquei alguém do meu escritório no olho da rua. Nunca demiti ninguém, que me lembre. Na real, creio não ter demitido Ron Kass. Só dificultei sua permanência.

PB: Demitiu, sim. Ele foi demitido. O nome dele estava na lista.

AK: Não falei que ele podia ficar por £ 5.000 por ano?

PB: Bem, levando em conta que ele ganhava £ 75.000. Dei a volta na quadra com ele e falei: "Escuta". Liguei pro Alistair na hora do almoço. E ficamos sabendo o local onde ele estava almoçando, e eu o convoquei para falarmos depois. Eu me ofereci para fazer aquilo. Não é um trabalho que eu gostaria de fazer, mas senti que era melhor vir de mim, pois eu teria como explicar que as coisas tinham mudado. Havia um regime novo, e as coisas são o que são.

SG: Achou que seria o próximo, Peter?

AK: Achou? Ou não achou?

PB: Eu não tinha como saber.

AK: Você nunca seria dispensado.

PB: Disso, eu não sabia.

AK: Nunca entendeu isso?

PB: Eu gostaria de ter entendido.

AK: Sempre torci pra que você sentisse estar do meu lado, mas sempre tive o discernimento sobre sua lealdade ao Brian. Lealdade não é uma coisa ruim. Isso é bom. Não estou dizendo que você era desleal comigo, mas simplesmente não abria o jogo.

PB: Claro que fui leal ao Brian, mas senti que rolavam muitas coisas... Você não me revelou tudo o que ia fazer. Não contou a ninguém.

AK: Não, mas nesse período você estava sendo pago pela NEMS.

PB: Não, eu nunca fui pago pela NEMS. Eu não recebia salário da NEMS desde o começo de 1968, quando renunciei ao cargo de diretor da NEMS. Eu recebia da Beatles & Co.

AK: Certo, da Beatles & Co. Isso mesmo. Certo. Eu me lembro disso. Eu me lembro desse negócio da Beatles & Co. Pra você talvez isso não tenha significado algum, mas pra mim tem, porque acho que eles permitiram isso para deduzir a comissão. Foi a contribuição deles à continuidade da banda.

PB: A Beatles & Co. não tinha nada a ver com a NEMS.

AK: É, a NEMS tirava o dinheiro dela da Beatles & Co. Não podia tirar da Apple. Sempre tinha uma comissão. Não é relevante.

PB: Mas na época eu não tinha mais nada a ver com a NEMS.

AK: Não. O que eu posso te dizer?

SG: Daí o Dick James se assusta e cai fora.

AK: Não foi assim, vou te explicar. O único motivo que eu recordo é que precisei fazer uma declaração juramentada, e eu mantinha registros detalhados e abrangentes. Eu me lembro bem. Ringo fez a mesma coisa [uma declaração juramentada]. Todos nós tivemos que fazer. Parte da discussão, a Triumph acabou nessa época? Chegando lá. Pois é. A gente ficaria com o estoque. Daí, de repente, do nada, recebi uma ligação do Neil Aspinall dizendo que o Dick James tinha vendido as ações. Daí entra uma ligação do John e do Paul, porque o John estava com Paul. Acho que a gente falou com o banco Ansbacher [Henry Ansbacher & Co.] e preparamos uma contraproposta. Apenas senti que ter 30 sem custos, mais os 5 da NEMS, já eram 35. Não estávamos tão longe assim. E formalizamos a contraproposta de £ 1.100.000. Foi até fácil, sabe? Uns £ 4 milhões no banco. Foi um negócio excelente. No fim das contas, sei o que acabou acontecendo.

SG: Como assim? O que foi que aconteceu?

AK: Na real, não tinha importância. Eu só queria que os Beatles... Aqui, o principal foi que, pela primeira vez, as coisas clarearam. Tudo ficou claro como cristal. O Ringo e o George não tinham nada. Em termos de direitos de publicação, ninguém se preocupava de verdade, porque todo mundo pensava que todo mundo estava dividindo tudo. Até o Neil me falou que achava que todo mundo ia dividir tudo. Mas quando enfim chegou a hora, e o Paul tinha alguém para representá-lo, ficou claro que o Ringo tinha comprado e guardado vinte mil ações. Sem tirar nem pôr. O George não tinha nada. E os dois realmente não eram donos de nada. Por isso, a ideia de John era se colocar em risco. Se não fosse assim, seria melhor vender para o Lew Grade. Seria melhor ter feito o acordo. Cair fora. Pegar minha grana e cair fora. Conseguir pra eles dinheiro referente a ganhos de capital. Não gostamos do preço. Não gostamos do documento. Queríamos um valor fixo. E o John estava disposto a correr riscos a fim de obter o controle da Northern Songs. Incorporar a Apple na Northern. E daí, na prática, redistribuir de modo equânime entre os quatro, pra que o Ringo e o George fossem levados em conta. Ele sentia mesmo essa responsabilidade em relação a eles. O McCartney discordou. Sentiu que primeiro ia cuidar dele mesmo. E acho que você vai encontrar...

SG: Ele segurou as ações dele.

AK: Isso não teve importância. Coloquei ações para substituir as dele. Coloquei as garantias necessárias para substituir as dele. O problema não foi esse. Na real, o problema foi que ele se envolveu com um grupo de...

SG: Havia uma coalizão de proprietários de ações da Northern Songs, é isso que você está...?

AK: Até onde me diz respeito, John Lennon foi um dos empresários mais astutos que já conheci. Ele era capaz de lidar com qualquer um, desde banqueiros até...

SG: Mas ele não os chamava de "enfatiotados de traseiros gordos"? Saiu no jornal. Porquinhos.

AK: Na cara deles, nunca. Vou contar a você o que aconteceu. Assim que colocamos o Ansbacher na jogada, e eles iam fazer a oferta, o Ansbacher falou: "Bem, acho que deveríamos ir à TV". E Lennon respondeu: "Posso te indicar a cor da maquiagem *pancake*, mas não vou". E o Ansbacher realmente desejava se tornar o "banqueiro dos Beatles". E se tornou "infectado novamente". Tolice. Simplesmente não conseguiam levar a cabo uma tarefa e virar a página. Negócio sem risco nenhum. E eu só queria fazer uma coisa. Fechar por 40 xelins em dinheiro. Fizemos a oferta. Na verdade, ofertamos 42, se não estou enganado. Ofertamos ao consórcio exatamente o que estávamos dispostos a aceitar. De um jeito ou de outro, eu queria era que o Lennon ganhasse a grana dele. E o McCartney estava envolvido nisso na época.

SG: Mas, no fim, por que eles decidiram ir com a Northern?

AK: Orgulho inglês. Orgulho inglês.

PB: Como assim, "orgulho inglês"? O que você quer dizer com isso?

AK: Orgulho inglês. Por quê? Porque foram com os banqueiros. E, ah, eu sei por quê. Saiu na ATV que eles iriam se desfazer de todas as suas ações. Sim, na ATV. Sabe duma coisa, se vocês precisam de provas, tenho uma carta do Jack Gill que diz: "Se quiserem, só depende de vocês". Depois conseguiram. Depois que conseguiram as ações do consórcio, disseram: "Allen, você está querendo? Pode comprá-las a preço de custo".

SG: E por que é que não fez isso?

AK: Porque entre o Lennon e o McCartney já tinha havido uma separação. E o que é que você vai fazer? É como tentar levar pra cama alguém que não quer ir pra cama com você. E a gente só queria era seguir o plano, ou seja, se oferecessem por 40 a alguém, teríamos a preferência.

SG: Mas ninguém mais sabia que a separação era tão grave e que a parceria musical deles como compositores não existia mais.

AK: Eu sabia.

SG: Todo mundo sabe como os Beatles perderam a Northern Songs e tudo mais.

AK: Vai me desculpar. Eles não perderam a Northern Songs. Decidiram não ficar com ela.

SG: Bem, e após o fim desses dois incidentes, então, reza a lenda que você... pediu ao Phil Spector para mudar o arranjo de "Long and Winding Road", incluir violinos e violoncelos...

AK: Quem sou eu para colocar algo em algo. Certo? "Instant Karma!" Essa foi a primeira vez que o Phil Spector gravou algo com os Beatles. Em um só dia, gravou "Instant Karma!" com o John Lennon. De primeira. Sem preparativos. Sem nada. Meio de improviso. Eu que o trouxe. O Phil Spector queria se envolver com os Beatles. Entenda, ainda estamos em 1969. Você está saltando o período. O lance da Northern Songs foi concluído em novembro. Entenda, nesse tempo inteiro rolavam negociações com a EMI. E, em 1969, o acordo da EMI ainda vigorava por mais sete ou oito anos. Daí eu renegociei esse acordo, e um acordo em separado, pelo qual todas as gravações dos Beatles, as fitas másters, seriam repassadas a uma empresa americana, pertencente aos Beatles, com atuação nos EUA, Canadá, México e Filipinas, eu acho. Não tenho ideia por quê. Equacionamos para que, na prática, os Beatles fossem os donos de seus discos nos EUA. Daí eles venderiam os discos para a Capitol por um preço maior por disco, inclusive o primeiríssimo disco da banda.

SG: Mas, pra conseguir isso, teve que garantir mais produtos?

AK: Nada disso. Vou contar a vocês o que aconteceu. Essa questão é complexa. A coisa se baseava na entrega do produto. Certo? Sim. Mas eu tinha consciência de que... Deixe-me ver. Estamos em 1969. Estavam prontos o *Abbey Road*, o *Let It Be* e o álbum de "melhores sucessos". O primeiro ano estava garantido. O aumento nos royalties só baixaria em um terço se você não entregasse um álbum, dois terços se você não entregasse dois, e se não entregasse três, ficaria na mesma. Certo? Mas também tinham o direito de oferecer álbuns solo. E se a Capitol alegasse: "Este não é um álbum dos Beatles, não vamos aceitar", então era só repassar à Apple da Califórnia por um valor três vezes maior.

SG: Apple da Califórnia?

AK: Sim, ela era uma empresa separada. Destinada aos discos chamados "não dos Beatles". Tá entendendo? Era outra gravadora pertencente aos Beatles, a que lançava, digamos, "Instant Karma!", "Cold Turkey", *Live Peace in Toronto*, *Concert for Bangladesh*, e lançava outros artistas, como James Taylor e Mary Hopkin. O lucro de cada venda é o dobro da maior taxa de royalties obtida em discos dos Beatles. Se correr o bicho pega, e se ficar o bicho come. E daí eles...

PB: Mas quem organizou a empresa Apple da Califórnia foi o Ron Kass.

AK: Pois é. E a gente renegociou esse acordo. E ao refazer o acordo, me avise se não estiver entendendo, o que a gente fez na verdade foi dizer: "Olha só, peguem todas as velhas másters e as coloquem nessa nova empresa, e vamos chegar a um preço. E esse preço é, digamos, para fins de debate, 70 centavos líquidos. Certo? Pagos mensalmente, não trimestralmente. Vamos vender a vocês os discos prontinhos. Vamos fornecer as capas dos álbuns. Vendemos a vocês os discos acabados, vocês os compram e nos pagam todo mês. Vamos atrair o público. E todo mês vamos arrecadar tudo. Não queremos esperar três meses ou seis meses. Cabe a nós determinar quando e quais discos vão ser lançados, e em qual sequência. Vocês não podem mudar a embalagem. Não podem fazer nada. Sem clubes, zero. O que passou, passou. E agora, enquanto vigorar o contrato antigo, vocês podem ter todos os discos futuros dos Beatles. E hoje os discos dos Beatles são definidos como de todos os quatro. Hoje, se um deles lançar um disco solo, se vocês o quiserem têm que aceitá-lo como um disco dos Beatles. Tá bem assim?".

E a gente sabia que cada um iria fazer ao menos um disco por ano. Não tive problema algum. Só que a Capitol cometeu um deslize. No primeiro single lançado, o "Instant Karma!", em vez de 14 centavos por single, acho que renegociei a coisa dos Beatles lá em cima, acho que recebemos 25, porque acharam que era um disco não Beatle. E disseram: "Ah, bem, aquele...". E depois, "Give Peace a Chance". Puxa vida, o "Give Peace a Chance" é o primeiro disco não dos Beatles. Até aí, tudo bem. "Instant Karma!" foi o primeiro solo de John Lennon, e ainda o consideravam um disco não Beatle. Veio "Cold Turkey", e ainda não tinham se ligado. Daí lançamos o *Live Peace in Toronto*. Um álbum, o primeiro álbum. Um dos lados com Lennon, Clapton e só Deus sabe quem mais. E o outro lado da Yoko. Esse álbum vendeu 750.000 cópias nos EUA. Agora estamos falando da diferença entre 70 centavos ou US$ 1,70. Não queriam considerá-lo um disco dos Beatles. Ficaram empacados. De repente começaram a aceitar tudo.

SG: Quando é que ocorreu a disputa jurídica com eles?

AK: Quer dizer o processo de Andrew [Andrew Loog Oldham, ex-empresário dos Rolling Stones]? O Andrew quis saltar fora em 1968 ou 67. O Andrew queria saltar fora. Queria que eu comprasse a parte dele. Não estavam mais se dando bem. E o Andrew chegou pra mim e falou: por favor, compre a minha parte.

SG: Foi um problema financeiro? Os Stones não achavam que você os enganou financeiramente?

AK: Nada disso. Preste atenção. Os Rolling Stones recebiam todo o dinheiro deles diretamente da London e da Decca. Eu nunca recebia o dinheiro deles. Mas quando digo que recebiam diretamente, os Stones providenciaram para que eu recebesse os pagamentos deles. Daí eu emprestava dinheiro pra eles, a fim de que pagassem as garantias mínimas a cada ano. Por fim, levaram a melhor na ação, porque, na prática, eram empréstimos. E só tinham que receber a renda quando as garantias venciam e quando receberam o grosso do pagamento, após me processarem, porque me deviam US$ 152.000.

Allen Klein foi condenado por contravenção penal por falsidade ideológica em sua declaração de imposto de renda de 1972. Por conta disso, teve que passar dois meses em uma penitenciária em regime fechado em 1980. Em 4 de julho de 2009, Klein morreu vítima da doença de Alzheimer, aos 78 anos de idade. Yoko e Sean compareceram ao funeral dele.

MAUREEN STARKEY

Maureen delineava seus grandes olhos negros com lápis kohl. De aparência esbelta, mas estilo durão e tenaz, Mo começou a namorar Ritchie em Liverpool quando trabalhava como estagiária de manicure no salão de beleza de Ashley Dupre, que ficava pertinho da Bolsa de Comércio de Algodão. Na primeira vez que ela viu Ringo atrás da bateria no palco do Cavern Club, ele estava noivo de outra moça, Geraldine McGovern. Ringo havia dado um anel de noivado a Geraldine, mas na véspera da festa de noivado, pensando em "constituir família", ela pediu para ele sair da banda e procurar um "emprego de verdade". No trajeto para casa, a bordo do ônibus, Ringo tomou a decisão: preferia estar nos Beatles do que casado. (Leia a versão de Ringo sobre o fim desse relacionamento na entrevista dele.)

Quando os Beatles se transferiram a Londres, exatamente como temia Maureen, uma fila de belas mulheres veio bater à porta dele. Mo eliminou essa ameaça ao engravidar; Ringo fez a coisa certa para um nortista fazer: casou com ela. (Leia os comentários de Cynthia Lennon e Pattie Boyd sobre Ringo e Maureen nas respectivas transcrições.) A vida do casal Ringo e Maureen foi normal e contente. Ganhou fama o apetitoso assado com batatas no forno, prato com o qual ele era recebido ao chegar em casa, não importava a hora. Foi talvez a mais alegre de todas as esposas dos Beatles, o oposto de Pattie Harrison, que se sentia na condição de esposa de um Beatle apenas como "bagagem".

Uma vez, Ringo quis dar a Maureen um presente de aniversário especial. Maureen adorava Frank Sinatra, então Peter Brown ligou ao em-

presário de Sinatra e perguntou se o cantor poderia, quem sabe, enviar um bilhete de parabéns, pois isso significaria muito para Ringo. Em vez disso, Sinatra pediu ao amigo Sammy Cahn, famoso letrista, para compor uma nova letra para a canção "The Lady Is a Tramp". A fita chegou a tempo do aniversário de Maureen, com a voz de Sinatra entoando:

"There's no one like her, but no one at all, as for charm hers is like wall to wall. She married Ringo and she could have had Paul, that's why the lady is a champ... Peter Brown called me to tell me it's true, she sleeps with Ringo but she thinks of you... that's why the lady is a champ." *(Como ela, não há ninguém, ninguém mesmo, o charme dela vai muito além. Ela se casou com Ringo e poderia ter tido Paul, por isso que ela é campeã... Peter Brown me ligou e disse que é pra valer, ela dorme com Ringo mas pensa em você... por isso que ela é campeã.)*

A fita foi prensada em um único disco, o único que existe. Um presente de aniversário e tanto!

Quando Ringo foi infiel, Maureen ignorou. Foi uma esposa leal e mãe dedicada. Quando se divorciaram, Ringo foi generoso: £ 500.000 mais uma casa em Londres no valor de £ 250.000. Também comprou Tittenhurst Park, a mansão de John nos arredores de Ascot, e a colocou no nome de seus três filhos. Em 1989, Maureen casou-se com o dono do Hard Rock Cafe, Isaac Tigrett. Maureen faleceu em 30 de dezembro de 1994, por complicações da leucemia. Ela havia feito um transplante de medula óssea, doada pelo filho Zak. Ringo e Zak estavam ao lado dela quando ela faleceu.

STEVEN GAINES: Quando foi que você e Ringo se conheceram?

MAUREEN STARKEY: Conheci o Ritchie no lado de fora do Cavern. Ele estava ao volante do primeiro carro dele, um Ford Zodiac de segunda mão. Quer saber a placa do carro? NWM 466. Eu trabalhava no salão de beleza Ashley Dupre de Liverpool, que ficava perto da Bolsa de Comércio de Algodão. À noite, eu fazia um curso de cabeleireira, e naquele dia eu estava voltando pra casa. O Ritch [Ringo] estava sentado no carro dele, na frente do Cavern. Era a banda mais famosa da cidade. O primeiro disco 45 deles tinha acabado de ser lançado, e ele autografou os dois rótulos, lado A e lado B, e a capa. Eu tinha uns 15, 16 anos. Segunda-feira à noite eu tinha folga no Ashley Dupre. O salão ficava ali pertinho e, na primeira vez que saímos juntos, o Ringo veio me buscar. Pelo vidro da porta só vislumbrei a bota preta e uma perna da calça também preta. Naquela época, pouca gente usava aquele tipo de bota. Daí foi tipo: "Ai, meu Jesus". Sabe, isso vai acontecer mesmo, eu ali, morrendo de expectativa. Fomos ao parque e depois ao cinema. Na sequência visitamos dois clubes noturnos, o Pink Parrot e o Blue Angel. A gente pegou o hábito de fazer tudo isso numa só noite. Frequentávamos todos os lugares em Liverpool. Depois que você entrava no ritmo, tornava-se uma espécie de hábito. Verdade, antes disso eu não tinha o costume de sair. Sabe, eu adorava a banda a ponto de pedir o autógrafo dele na primeira vez que me deparei com ele, mas também pensei duas vezes quando ele perguntou: "Vamos sair amanhã?". Porque eu realmente não sabia se eu deveria. Fui educada num colégio de freiras. Aos pouquinhos fui me aventurando na cidade. Quando comecei a namorar com ele, eu ainda tinha que chegar em casa no mais tardar às dez, e depois às onze e cinquenta. Mas ele só saía do palco às onze e meia da noite. Juro por Deus. E eu [risos]... Que loucura, não?

SG: E daí você namorou com ele um tempo até ele se mudar para Londres com a banda?

MS: Não me lembro dele realmente partindo, realmente se mudando. Mas não fui a Londres nessa época. E ele ainda costumava pegar a estrada. Em geral, eu descia às segundas-feiras. Um flat na Green Street. Com George e Paul. Apareci umas vezes quando Ritchie morava na Green Street. A primeira virada de Ano-Novo que passei longe da família foi na Green Street.

SG: Quando é que você foi morar em Londres?

MS: Em 1965, quando nos casamos. No cartório Caxton Hall, em Londres.

SG: Quem compareceu à cerimônia?

MS: Só os mais chegados. John e Cynthia. George e Pattie. E nossos pais. Paul foi o único que não apareceu. Foi às oito e dez da manhã.

SG: Escolheram esse horário para evitar publicidade?

MS: Sem dúvida. Bem, a ideia era essa, porque... teria sido muito assustador. Ainda fico apavorada com as multidões. Algumas dessas ocasiões foram aterrorizantes, pois o povaréu cercava e chacoalhava o carro, sabe, se agarravam ao carro e... Isso não era nada legal. Quando nos casamos, a única coisa que tivemos que fazer foi conversar com as pessoas para fazer a imprensa, mas eu não... Desde então, não faço mais isso.

SG: Ao longo daqueles anos o Ritchie mudou de comportamento?

MS: Refere-se a mudanças gigantescas? Não. Nada perceptível. Acho que todo mundo muda, mas ele sempre foi o mesmo.

SG: Os Beatles estavam no olho do furacão social em Londres, com modelos deslumbrantes se atirando em Ritchie. Alguma vez você se sentiu ameaçada? Ritchie acabou se casando com uma garota de Liverpool, sabe, e não com uma Jean Shrimpton.

MS: Não me senti ameaçada pelo simples motivo de que eu não tinha conhecimento sobre esse tipo de vida. Isso simplesmente não me ocorreu.

SG: John era o único outro Beatle casado. E o Ritchie nem sabia que John era casado. Li em algum lugar que ele só descobriu isso quando os quatro foram a um contador e John declarou que tinha um dependente. Ritchie falou: "Vai declarar um dependente? Como assim?".

MS: Deve ter sido bem no começo, porque também recordo dos boatos que corriam inclusive em Liverpool. E um dia perguntei ao Ritchie: "O John se casou?". Ele disse: "Se ele se casou e não quer que o pessoal saiba, é melhor não perguntarmos". Ou coisa parecida.

SG: É uma postura bem nortista. Ficou sem palavras. Mas pra Cynthia deve ter sido um inferno. Certo? Sabe como é, deve ter sido uma barra pesada, né, ficar fingindo. Sabe? Deve ter sido... Ela deve ter se sentido muito... Sabe?

MS: Eu me lembro de que a avistei algumas vezes saindo ou entrando no Cavern quando a gente estava lá. Mas quando se mudaram pra cá, meio que o pessoal já ficou sabendo.

SG: Sério que você tentou se manter fora da... Mas já vi milhões de fotos suas. Tipo, sempre que você ia a lugares com Ringo, era fotografada. Nas estreias de filmes e...

MS: Claro, mas nem me ocorreu que sabiam quem eu era.

SG: Como assim?

MS: Eu não fazia nada. Era ele.

SG: Conseguiu tocar sua vidinha mansa quando veio a Londres, sua vida pessoal?

MS: Sim, a minha vida com o Ritchie.

SG: Onde vocês moravam?

MS: A gente morava num apê no número 34 da Montague Square. E depois mudamos para o bairro St. George's Hill. Sim, o nome da casa é Sunny Heights. E ficamos reformando por um tempão, uns dois anos. Às vezes, a Montague Square era apavorante, o apartamento tinha um piso no térreo e outro no subsolo. A pessoa tocava um interfone, apertava o botão da porta frontal, e eu atendia. No lado de fora, moças se aglomeravam. E, às vezes, eu ficava um pouco apavorada, porque algumas delas eram umas galinhas. E faziam isso de propósito para me assustar, durante o dia, quando ele não estava lá, quando estava trabalhando ou algo assim. Ficavam numa das janelas. A janela era bem próxima, e era estranho, dava medo... Elas faziam por gosto, sabe? Daí eu fiquei esperta. Eu me tornei amiga de algumas delas. E quando eu saía, elas brigavam com as que não gostavam de mim.

SG: E do Ad Lib, você se lembra?

MS: Chegou a um ponto em que, noite após noite... a gente sempre passava no Ad Lib. Uma vez ouvi uma descrição perfeita, que mais parecia um salão de festas. Tipo, a galera toda ia. Eu bem que tentava arrastar o Ritchie pra pista de dança, mas os outros não dançavam. George e Paul não sabem dançar.

SG: Em se tratando de músicos, isso é surpreendente. Ou não?

MS: Eu me lembro de que o Ritchie chegou lá uma noite podre de bêbado, tanto que bateu nuns quatorze carros.

Imagina? Daí a gente voltou pra casa, em Whaddon House, e foi mesmo... Isso foi bem antes de nos casarmos. Chegamos em casa, na Whaddon House, ele entrou na garagem e na entrada amassou o carro do Brian. E ao sair amassou de novo.

SG: E só fico imaginando, o Brian, qual a reação dele?

MS: Bem, a gente subiu e contou pra ele.

SG: O que foi que ele disse?

MS: Reagiu maravilhosamente. Estava dando uma festa e não esperava a gente.

PETER BROWN: Eu me lembro de vocês chegando, e Brian ficou meio envergonhado, porque só havia rapazes na festa. Ninguém estava fazendo algo inadequado.

MS: Mas ele só não esperava a nossa visita.

SG: Na banda, qual era a atitude em relação a Brian? O quarteto de Liverpool, os quatro garotos de Liverpool, eram meio machistas. Não acharam estranho o fato de Brian ser gay, ou algo assim? Esse fato não os deixava constrangidos?

MS: Eles o adoravam.

SG: Os Beatles eram um grupo coeso. Teve um ponto em que todos resolveram seguir seus próprios caminhos?

MS: Como assim... O que é que você quer dizer? Pra valer? Quando se separaram? O primeiro que fez algo a ver com separação, ou algo assim, foi Ritchie. Porque ele foi o primeiro a sair. No meio do Álbum Branco, fomos às casas dos outros três e avisamos.

SG: Por que ele quis abandonar a banda?

MS: Porque não se sentia mais parte da banda e não sentia que estava... Achava que eles eram um trio e... e parecia que ele não se encaixava. Sentia-se uma carta fora do baralho. A gente foi à casa de cada um, e todos disseram a mesma coisa: "Se você sair, eu também saio. Você não pode sair. De jeito nenhum". Todos falaram isso. Daí sugeriram: "Quem sabe você só dá um tempo da banda, faz uma pausa. Sabe?". Acho que isso o deixou ainda mais surtado. John entrou em pânico e disse: "Ringo, por favor, não saia agora. Se você sair agora, é o fim. Acabou. Vou sair. Vou largar de mão. Não quero que você...". Porque o Ringo queria que eles continuassem com outro. Mas, sabe, John ficou muito chateado com isso, e foi a única coisa que tocou Ritch. E também a reação de Paul.

SG: Por que o Ritchie estava cansado?

MS: Cansado ele não estava. Era mais... era mais uma decisão difícil que ele tomou, porque ele não era... ele não é uma pessoa frívola. Ele se abriu comigo. Foi em Sunny Heights, eu me lembro quando me disse: "Não consigo mais fazer isso". Respondi: "Tudo bem. Se está se sentindo assim, vá em frente, siga o seu caminho e faça o que tiver que fazer". E ele falou: "Sei disso, mas a grana não será a mesma". E me lembro desse detalhe, porque o cérebro dele pensou adiante, tocou no assunto financeiro, mesmo antes de isso entrar na pauta.

Aliás, acabo de lembrar uma coisa. Tudo bem pra você se, hoje à noite, quando eu chegar em casa, eu ligar pra ele e perguntar: "Não se importa se eu fizer isso?". É que eu nunca dei uma entrevista em minha vida... Nunca fiz isso antes.

SG: Quando vocês se divorciaram?

MS: Cinco anos atrás, em 1975.

SG: E eu que achava que vocês tinham se divorciado em 70 ou 71. Porque foi nesse período que a Pattie e o George se divorciaram. Quando é que a Pattie e o George se divorciaram?

PB: [Em] 72.

SG: Todo mundo se casava e se divorciava na mesma época.

PB: Não, a Pattie se divorciou mais tarde. Ela aguentou o George...

SG: Interessante isso, porque no começo acho que o George era o cara tímido, não o mulherengo.

MS: Sempre teve namoradas. Mesmo nos primórdios, na época em que eu frequentava o Blue Angel, o clube sobre o qual falei antes, ele tinha umas namoradinhas.

SG: Pode nos explicar o que houve entre você e Ritchie e Pattie e George? George declarou que se apaixonou por você de repente, após conhecê-la havia tantos anos. Fiquei surpreso.

MS: E eu também. Não sei. Não sei mesmo. É espantoso.

SG: Ele se apaixonou por você?

MS: Bem, a Pattie também estava lá, porque ele chegou e falou isso.

SG: Pobrezinha da Pattie. Deve ter sido horrível [para ela].

MS: [inaudível 00:11:33] Incrível. Na real, eu estava tirando a mesa porque tínhamos acabado de jantar.

SG: Ele falou isso na hora do jantar?

MS: Sim, pouco depois de eles chegarem. Tínhamos acabado de jantar. Eu estava tirando as coisas da mesa. A mesa da cozinha era grande, uns 3,5 metros. Não sei se devo continuar... Mas o Ritchie estava lá. A Pattie também estava... porque o George entrou na cozinha e falou isso. George entrou e começou a tocar... Pegou um violão e entoou uma canção, não lembro qual. Começou a cantar, daí se virou para o Ritch e falou: "Estou apaixonado por sua esposa". Fiquei totalmente atordoada. Simplesmente veio até mim e verbalizou isso. Uma situação dificílima. E até mesmo levando em conta que... porque acredito... deixa pra lá, mas até aquele instante, eu não sabia que era...

SG: Ele devia estar fora de si.

MS: Pois é. Minha nossa.

SG: Pra Pattie, deve ter sido algo constrangedor.

MS: Foi inacreditável. Na real, fiquei ali, paralisada, junto à mesa.

SG: No final ela nos contou o quanto era difícil estar casada com George. Um grande pesadelo que ela enfrentou. Ele a tratava mal. Acontece com todo mundo, não é?

MS: Não necessariamente. Na minha situação com Ringo, não. Seja como for, à exceção do companheiro atual, acho que os homens são uns cachorros. Desculpe a sinceridade.

SG: A Pattie me contou o quanto andava infeliz. Sempre foi fiel ao George, ela me contou, e eu acredito. Pra ela, uma das coisas mais difíceis de aceitar foi isso. Uma coisa era ele ter casos com mulheres que ela não conhecia. Mas quando ele propôs isso a alguém que ela conhecia, acho que isso foi provavelmente...

MS: Acho que uma boa parte disso também tem a ver com a cultura de "sexo, drogas e rock and roll".

SG: Acha que isso incentivou George?

MS: Não, mas isso estava na cabeça do pessoal naquela época. Porque nesse período que acabei de contar, quando fiquei sabendo de algo sobre... Fiquei tão atônita quanto o Ritch.

SG: E o Ritch ficou com raiva?

MS: Bem, levando em conta que...

SG: A banda já tinha acabado.

MS: Sim, mas isso não aconteceu nessa época. Não, isso não teve nada a ver com algo dessa natureza. Meu Deus.

SG: Ah, pensei que tinha sido naquela época.

MS: Minha nossa, não. Na verdade, não foi antes de 74.

RINGO STARR

O pessoal acha que o Ringo, tendo sido o último a chegar, era o elo mais fraco, mas não uma ovelha negra. Muito menos um maria-vai-com-as--outras. Ringo passou a infância e a adolescência em Dingle, bairro do centro da cidade, a zona mais violenta de Liverpool; assim, por dentro daquela adorável personalidade de Beatle, pulsava essa força inerente. Ter sido pobre também o tornava pão-duro. Sim, ele tinha todas as comodidades de um rock star: carros, casas e viagens caras, mas era um moço sereno, bem-humorado, que sabia bem o quanto era sortudo. Nos Beatles, a palavra dele tinha peso igual à dos outros. Não se deixava influenciar pelos outros; muitas vezes, o voto dele era um fator determinante. Com o tempo, Ringo foi se sentindo cada vez mais desprestigiado na banda, e persistiam boatos de que Paul fazia overdubs no canal da bateria sem o conhecimento dele. Mas Ringo sabia dizer se era ele quem estava tocando, bastava ouvir a faixa. Ficou famoso o episódio em que ele deixou a banda e se foi para as Bahamas. (Todos, menos Paul, tiveram momentos em que pensaram seriamente em abandonar o grupo.) Além disso, enquanto John e Paul ganhavam milhões de libras em direitos de publicação, na condição de coautores de todos os sucessos, eles mantiveram as contribuições de George como compositor ao mínimo e as de Ringo praticamente nulas. Todos ficaram multimilionários, e Ringo recebia uma parte igual em todas as outras receitas, mas era o que menos lucrava na banda.

Ringo não se mostrava blasé em relação à sua fama pessoal, mas não se impressionava muito com a fama dos outros, à exceção, talvez, com a de Elvis. O desdém de Ringo pelas celebridades chegou ao ápice quando ele e Neil Aspinall foram a Los Angeles a negócios e se hospedaram no Beverly Hills Hotel. Durante o check-in, foram informados de que o bangalô que Brian Epstein costumava usar estava ocupado por ninguém menos que Elizabeth Taylor e Richard Burton. De alguma forma, o casal ficou sabendo que Ringo acabara alojado em outro bangalô, e os Burton o convidaram para jantar. Ringo remoeu o assunto por um tempo e acabou declinando o convite. Preferiu assistir à tevê em seu bangalô. Pediu serviço de quarto e ligou a tevê. Por uma coincidência bizarra, passava o filme De repente, no último verão, *estrelado por Elizabeth Taylor. Ringo trocou de canal.*

No começo da entrevista, Ringo traz reminiscências de sua infância.

RINGO STARR: Lá no meu bairro, você tinha que virar membro de uma gangue na zona em que morava, e metade do tempo não era para fins de proteção. A coisa ficou tão doida, eles organizavam combates, alugavam ônibus para levar você [até as lutas]. E se o cara se negasse a ir, tudo bem, mas era espancado... por sua própria gangue. Simplesmente batiam na cara da gente ali mesmo e diziam tudo bem. Mas era melhor ir, porque tinha uma chance de escapar dessa. Você era obrigado a fazer parte de uma gangue, caso contrário os Teddy Boys simplesmente batiam em você sem cerimônias.

Hamburgo foi mais perigoso porque... Nunca achei pessoalmente perigoso pra mim, pelo fato de eu ser de Liverpool. Os ingleses não estão acostumados com armas, mas lá você compra armamento de pressão nas lojas. Na Inglaterra, a gente nunca via essas coisas, e o pessoal que controlava os clubes, não estou dizendo que eram gângsteres, mas havia um elemento rude, e muitos dos que frequentavam os clubes eram rudes. E nunca me esqueço de que enquanto eu estava tocando eu via o pessoal conferindo essas armas. Mas, claro, eu não achava que iam atirar em mim.

STEVEN GAINES: Lembra se os Beatles estavam insatisfeitos com o Pete Best?

RS: Não. Nunca achei que estivessem insatisfeitos, mesmo porque não iam chegar e dizer: "Não gostamos do nosso baterista". Nunca falamos sobre isso antes de eu entrar na banda. Brian Epstein veio me buscar pra uma sessão única, pra tocar no Cavern, porque o Pete estava doente. Eu estava em casa, e o Brian sempre ia lá me tirar da cama pra uma sessão única. Vinha me buscar, batia na porta e dizia que o Pete não podia cumprir a data, que os meninos me pediram pra ir, e perguntava: "Vai tocar?". E fui tocar umas quatro ou cinco vezes, só me sentei e toquei.

Se o Rory Storm tivesse um show, eu tocava com o Rory, mas tocávamos em locais diferentes. Era puxado. Todo mundo era... éramos todos cordiais naquela época. A gente ia aos clubes juntos, sentava e batia papo. Foi o George quem me chamou pro lado e disse: "Gostaríamos que você entrasse na banda, o que você acha?". Eu disse: "Eu adoraria entrar na banda", mas eu tocava sempre com o Rory Storm. Daí o Brian me telefonou e disse: "Gostaria de entrar na banda?". Eu não sabia da política que estava rolando, porque eu estava tocando fora da cidade.

Como é do conhecimento de todos, George Martin não curtia o Pete como baterista. Por isso, os meninos me escolheram. Mas o George Martin também não gostou de mim. Nos dois primeiros singles, não toquei. Mas no álbum sou eu que toco. No álbum sou eu. É igualzinho... é o jeito como a gente faz isso. Daí o Brian telefona e diz: "Quando você pode entrar definitivamente nos Beatles?". Isso foi numa quarta-feira, e toquei com o Rory até sábado. Demorou três dias para encontrar alguém [para o meu lugar nos Hurricanes], um loirinho, o Gibson Kemp. Quando entrei nos Beatles, eu tinha noção de que haveria tumultos. Basta você ler os jornais, era só "Pete é demais, Ringo jamais".

A oferta para entrar foi um quarto de toda a grana que a banda ganhasse, e antes de entrar como baterista definitivo, quando eu tocava eventualmente, eu recebia um quarto da grana, menos a comissão de Brian... Na verdade, no começo, o Brian nos dava um salário. Na primeira vez que o Brian veio me buscar, foram 25 libras. E isso era uma grana preta, porque todos nós tocávamos no Butlin's [acampamento de férias] por 16 libras cada, por uma semana inteira. E naquela vez foram dois shows e ganhei 25 libras.

SG: Então você sempre recebeu uma quarta parte?

RS: O pessoal que entrava nos Stones, não sei se conseguiram parcelas iguais. Recebi uma parte igual desde o [começo]. Sempre uma parte igual, desde o dia em que entrei. Não a parte dos direitos [publicação musical]. Mas, se fazíamos um show, era em quatro partes, menos comissão. Discos, quatro partes, menos comissão. Mas não a parte dos direitos sobre a publicação.

SG: Quando recebeu o primeiro grande cheque, o que fez?

RS: George e eu compramos carros, e dei uma carona pro George pegar o dele, um Anglia. Na época, eu não tinha feito carteira de motorista, muito menos seguro. Não passei no teste de direção, e a única maneira de ganhar experiência era dirigindo, então eu tentava dirigir o tempo todo. Quando o George retirou o Anglia da loja, fui atrás dele, a caminho de casa. O George ultrapassou o carro na frente dele, e eu também fui tentar fazer a ultrapassagem. Mas um cachorro se atravessou na frente. O carro que estava na minha frente brecou subitamente e eu o abalroei por trás. O outro motorista me pediu para ver meu seguro. Respondi que ia pagar do meu bolso porque não queria perder o meu bônus de baixa sinistralidade... Mas nem seguro eu tinha.

SG: Você teve apendicite na infância. Li que você chegou a ficar em coma por dez semanas.

RS: Verdade. Escapei dessa. Eu me lembro de estar na mesa de operação. Eu me lembro de uma dor forte e contínua, do tempão que ficamos no térreo, e de me levarem até o hospital na maca. Chegando ao hospital, a médica que fez o primeiro exame parecia que estava me dando socos na barriga. Diagnóstico: apendicite. Foram me preparar para a sala de cirurgia e falei à enfermeira: "Eu poderia tomar uma xícara de chá, por favor?". Ela disse: "Sim, quando você sair". Só fui acordar dez semanas depois. Fiquei no hospital seis meses, mas quando estava pronto para sair, caí da cama. Fiquei lá mais seis meses. No Royal Liverpool Children's Hospital, uma espécie de estufa no meio do descampado.

SG: Seu pai abandonou a família quando você tinha três anos.

RS: Pois é. Faleceu este ano. A gente se encontrou umas três vezes.

SG: Em momentos especiais?

RS: Não. Ele abandonou a minha mãe e foi morar em Crewe. A 80 quilômetros de distância. Nós nos vimos só umas três ou quatro vezes, porque eu era unha e carne com meus avôs paternos. É por isso que eu me encontrava com ele, porque às vezes ele ia visitar os pais, e eu estava lá.

SG: Como é o nome de sua primeira noiva?

RS: [faz menção de não se lembrar] Geraldine... Jerry... meu Deus, que barra... Não que não tenha importância, sabe. Mas como você fez a pergunta, a resposta não me veio. Noivamos, com anel e tudo, os meus pais foram apresentados aos dela. Uma noite, do nada, ela me falou que estava cansada de eu tocar todas as noites, de precisar ir a bailinhos e a clubes, seja lá onde eu estivesse tocando. Falou textualmente: "A bateria ou eu". Naquela noite eu me despedi dela, entrei no ônibus, a cabeça a mil... Se é assim que você quer, eu escolho a bateria. Ali mesmo no ônibus tomei a decisão. Nunca voltei. Nunca. Depois ela me devolveu o anel.

[*A conversa focaliza Maureen, sua primeira esposa.*]

Quando eu conheci a Maureen, eu tocava nos Beatles, e ela ia fazer 16 anos. Precisava chegar em casa todas as noites às dez para a meia-noite... Bem, ela me pregou aquela peça que as meninas fazem, sempre andava com uma amiga, e eu tinha carro, a amiga morava a 40 minutos do Cavern, e a Maureen a uns cinco. A gente sempre levava primeiro a amiga para casa e depois eu voltava pra casa dela, às onze da noite... ou melhor, à meia-noite... e o pai dela assobiava da janela: "Boa noite, meu bem!".

Quando a gente foi morar em Londres, ligávamos pros pais dela e dizíamos que ela estava hospedada com a Jane Asher [a jovem atriz com quem Paul estava namorando].

SG: Logo que a banda foi morar em Londres, foram morar todos juntos?

RS: Não, só o George e eu moramos juntos. Ficávamos todos juntos em hotéis. Mas quando decidimos nos mudar pra Londres, o Paul foi morar com a Jane Asher. George e eu dividimos alguns apês, um deles no Whaddon House, o bloco de apartamentos onde Brian morava no apartamento em cima do nosso.

SG: Que tal era morar no andar inferior ao de Brian? Algum constrangimento em relação a isso? Ele levava uma vida secreta?

RS: Para quem o conhecia, não era segredo nenhum, não atrapalhava em nada. Ele sabia que a gente sabia. Assim espero, afinal, George e eu costumávamos aprontar umas pegadinhas. Quando ele dava festas, a gente aparecia. E todo mundo parava de dançar. Não era incômodo, apenas uma travessura. Nunca me incomodei com isso. Brian nunca deu em cima de mim, e apesar de todos os comentários sobre ele ter ido atrás de John, não posso afirmar se é verdade ou mentira. Acho que ele não fez isso. Mas na época parecia uma boa história. Brian era um cara legal, e nós quatro... Bem, essa é a minha opinião, eu assinaria até um papel higiênico em branco, e ele poderia preencher o resto. Nunca tive a impressão de que o Brian queria nos passar a perna. O fato de ele ser homossexual não me incomodava, a gente bebia juntos, jogávamos cartas, coisas assim.

SG: Uma comissão de 25% é bem alta.

RS: Naquele tempo não existiam empresários. Brian nos incentivou nos primórdios. Ele não sabia que faríamos sucesso, nem nós sabíamos que o sucesso seria tão grande. Mas no começo ele pagava tudo do próprio bolso.

SG: E quando ele morreu e vocês descobriram que ainda faltavam nove anos para terminar o contrato de empresário?

RS: Isso nos causou espanto. A gente foi até o Clive, o irmão dele. Queríamos fazer parte da empresa, mas o Clive queria nos vender. Porque, na realidade, o Clive não conseguia lidar com nossos cérebros. A atitude do Clive conosco era diferente da de Brian. Brian curtia a doideira. Não é maluquice, mas Clive mais parecia um vendedor de sapatos.

SG: Mas você ficou chocado...

RS: Sim, achamos que era o fim. Mas ficamos um pouquinho chateados porque tínhamos o contrato, e a família deu continuidade. Na boa, a família poderia ter interrompido. Poderiam ter falado: "Acabou tudo, agora toquem suas vidas, e nós as nossas". Mas esse problema de contratos, como o de nós quatro, é fácil de assinar o nome, mas tente quebrar depois.

SG: Você se lembra de ter assinado um?

RS: Tínhamos um com o nome "Beatles e Apple".

SG: Lembra-se de ter assinado esse? Devem ter assinado centenas [de contratos]...

RS: Na verdade, não.

PETER BROWN: Eu me lembro do local em que você assinou o acordo com a EMI.

RS: Mas o lance do contrato com a EMI é que eram muitas faixas. E nove anos, achei que se fizéssemos tantas faixas... umas 80 faixas, coisa assim... se fizéssemos todas as 80 num ano, o contrato teria terminado, mas claro que não. O contrato na prática durava nove anos. Mas a gente não tava lá muito preocupado com o contrato. Na verdade, a gente só queria tocar, e ficamos satisfeitos por ter um contrato com uma gravadora, sabe, e o acordo parecia bom, levando em conta nossas origens. Simplesmente concordamos com a maior parte disso. Nunca questionávamos o Brian. Se ele fazia o acordo, nós o assinávamos. Brian não era o melhor dos empresários, mas era um grande ser humano.

A Seltaeb sempre foi um fiasco. Vendemos os direitos, não vimos a cor do dinheiro, e ele morreu. O pessoal acha que ficamos ricos com isso; não recebemos um centavo. Sobre as perucas, meias, bonecos... O Brian fez isso. Cometeu outro erro. Sabe, não posso diminuir a importância dele por isso. Era tudo novidade, pra ele e pra nós. Ele surgiu, o pessoal começou a oferecer negócios pra ele, a gente só queria tocar, amava as plateias, queria gravar discos...

SG: Alguém chegou a questionar o Brian sobre isso?

RS: Não. Eu não. Tanta coisa foi realizada. Inclusive mandamos um homem ir morar numa ilha em algum lugar, para economizar dinheiro com nossas contas.

PB: O Walter Strach.

RS: Eu nem ia revelar o nome dele, foi você quem disse. Ele foi morar lá por nossa conta, guardar essa grana, porque na Inglaterra era bem complicado... A gente tentava manter da melhor maneira possível. Perdemos a ação, ele precisou recambiar todo o dinheiro de volta, pagamos os impostos e mais as despesas de moradia. Antigamente houve tempos bem melhores. Se bem que é fácil só ficar lembrando as decepções. Se formos falar sobre o Brian, ele foi nosso empresário por oito anos, desde o início. E se apontar cinco decepções, não se esqueça de contar todas as conquistas no caminho. Uma coisa eu sempre tenho prazer em afirmar: o Brian sempre nos apoiou, sempre. Até mesmo com dois de nossos singles no topo das paradas, não deixamos de tocar naqueles salõezinhos toscos. A gente não precisaria mais tocar lá, mas tocamos porque sempre cumpríamos nossos compromissos. Porque aquele público durante anos, antes de tudo acontecer [nos apoiou], e muita gente, se você alcançava um número um, não ia mais tocar nesse ou naquele local. O sucesso não nos impediu de fazer todos os shows. Tenho muito orgulho disso. O sucesso não nos subiu à cabeça.

SG: Japão. Você se lembra de quando chegaram ao Japão e os militantes da extrema direita ficaram...

RS: Contra nós? Verdade, foi radical. Tocar no Budokan era contra a cultura deles... No auditório havia um policial em cada corredor, e nunca tocamos pra uma plateia tão bem-educada. Educadíssima. Deixaram pra gritar e berrar só no fim do show.

SG: Nos EUA, foi horrível não conseguir ouvir o retorno?

RS: Nossos amplificadores eram simples, a bateria era simples. Quando fazíamos turnês, não era pra que alguém nos ouvisse, era pra que eles nos vivenciassem. E nós os vivenciássemos. Eu, como humano, numa situação de *Homo sapiens*, em vez de "Ei, George tocou um bom riff" ou "Ouviu aquela canção?". A nossa situação não era uma plateia que veio nos ouvir – ela só veio pra enlouquecer. E enlouqueciam mesmo. E nisso éramos imbatíveis. Mas por que a gente parou? Porque a parte técnica deixava a desejar, e, seja como for, ninguém conseguia escutar mesmo. Decidimos que só queríamos gravar discos e trabalhar no estúdio.

SG: Como foi em Manila? Foram agredidos?

RS: Não, em Manila a gente não foi agredido. Na chegada em Manila, uma carreata de policiais e seguranças fez a nossa proteção. Uma loucura. Fizemos o show.

PB: Lembro que primeiro subimos a bordo de um barco.

RS: Isso mesmo, embarcamos num iate...

PB: E o Neil teve de ficar para trás porque queriam revistar a sacola dele. Ou coisa parecida.

SG: Mas a bagagem não foi levada ao barco?

PB: Queriam que vocês ficassem a bordo, mas dissemos: "Não, não vamos ficar neste barco".

RS: Eu achava que o barco era só para tomar um drinque e receber as boas-vindas de Manila.

PB: Na minha visão, eles queriam que vocês ficassem.

RS: O xis da questão é que a primeira-dama, sra. Marcos, queria a nossa presença, mas dissemos que não, porque a gente não queria ir. A intenção era fazer o show e, seja como for, evitar essas funções menos divertidas. Mas ela disse: "Não vão a lugar nenhum". John e eu não sabíamos nada sobre isso. Pela manhã, acordamos, interfonamos e pedimos os jornais. Queríamos ver a repercussão sobre a nossa chegada e o show: tinham gostado? Não veio nada. Simplesmente achamos que era uma cidade estranha, sem serviço de quarto. Liguei à recepção e pedi os jornais outra vez. Não veio nada. Que doideira. Ligamos a tevê pra ver o noticiário. Abrem uma panorâmica que mostra um montão de crianças que nos esperavam, e o apresentador diz que não comparecemos. Em rede nacional. Ficaram nos odiando, e dos mil policiais que faziam a nossa segurança, sobrou apenas um. Chegando ao aeroporto, foi uma loucura... John e eu tivemos que nos esconder atrás de umas freiras. Pensamos que, sendo um país católico, não nos pegariam se ficássemos atrás das freiras. Ficamos sem poder ir e vir. Depois nos mandaram lá pra cima. Sentamos lá, fomos hostilizados por causa das passagens, descemos de novo, eles vieram, fizeram a gente andar, aos gritos, naquele idioma estranho. Enfim acessamos o avião. Cuspiram em nós. Mas ninguém levou bordoadas.

PB: Mal levou um empurrão.

RS: OK, tá a fim de enfatizar essa história? O Mal levou um tombo. Não vi alguém passar uma tranca nele. Nem levei um soco nas costas. Ninguém nos machucou fisicamente... Levamos cusparadas e fomos humilhados. Mas ninguém nos causou ferimentos físicos. A bordo, um anúncio obriga o nosso assessor de imprensa, Tony Barrow, e o Mal Evans a saírem do avião. A gente chegou a pensar: agora vão nos desembarcar de dois em dois para nos fuzilarem. Não sabíamos o que ia acontecer. Mas simplesmente desceram por uns minutos. Os dois voltaram e partimos. Seja lá como for, acabamos decolando de Manila. Rumo à Índia.

SG: Quando a banda decidiu parar de fazer turnês?

RS: Isso não foi algo oficial. E a dissolução também não foi algo oficial... demorou dois anos. A gente sabia que estava rolando, mas não teve um dia em que todos disseram... Sabe, muitos resmungos e queixas, em meio à turnê... Quando ocorreu, acho que foi durante uma turnê nos EUA. Até onde me lembro, quando tomamos a resolução, estávamos lá, sentados, num daqueles estádios. Acho que foi aí que nos caiu a ficha. Não sei onde foi, porque após algumas semanas é difícil distinguir. Mas foi aí que caiu a ficha, sempre que alguém falava, querem desistir? E o John disparou: "O que acham, sim ou não?". Ele não queria continuar, e todos nós concordamos.

SG: John era o líder da banda?

RS: Era. O Paul nos fazia trabalhar, mas acho... Pra mim, o John era o líder. Não faço nem ideia do que é que os outros pensam sobre isso.

SG: No final, John meio que abriu mão da liderança porque estava envolvido com a nova esposa e os projetos pessoais.

RS: Bem, todos nós tínhamos projetos próprios. Mas quem nos fazia trabalhar era o Paul. John e eu morávamos bem perto um do outro. A gente passeava no jardim e se divertia à beça, e um belo dia, de repente o telefone toca. É o Paul. E era sempre o Paul quem falava: "Bem, não está na hora de gravarmos outro disco?". De modo que o Paul era esse tipo de líder que nos chamava à ação, mas sempre senti que o líder da banda era o John. Mas todos tinham voz igual.

SG: E aquele dia em que você abandonou a sessão de gravação?

RS: Acabei saindo porque senti que eu estava tocando mal, senti que os outros três estavam muito unidos e que eu não fazia mais parte da banda. Pode chamar de paranoia ou como quiser. Simplesmente senti que os outros dois estavam muito unidos. Me veio essa sensação e me achei inútil. Reza a lenda, fui bater na porta de todo mundo. O John morava com a Yoko nessa época, e por acaso os dois moravam num apartamento que era meu. Bati na porta e disse: "Olha só, sinceramente, sinto que não estou tocando bem agora, e você, Paul e George estão mesmo se dando bem, e eu me sinto deslocado". E o John respondeu: "Achei que fossem vocês três [que estivessem me excluindo]!".

Fiquei estupefato com isso. Em seguida visitei o Paul. Sou uma pessoa que, se você me explica as coisas, eu entendo. Foi como o John e a Yoko, ela nos deixou com os nervos à flor da pele. Porque as nossas mulheres não compareciam às sessões, ou compareciam a uma sessão esporádica. Nada a ver com algo do tipo os meninos vão trabalhar e as mulheres estão lá o tempo todo. E de repente, a Yoko estava lá, o tempo inteiro. E isso, como aconteceu com os outros, me deixava tenso. Por isso fui até John e disse: "John, isso me incomoda. Certo? Eu não entendo... A Yoko em nossa volta o tempo inteiro". Daí ele me deu os motivos dele e eu fiquei de boas. Sublimei.

Os motivos que ele deu foram: "Sabe, quando você vai pra casa e diz que isso ou aquilo aconteceu hoje, você encapsula em três minutos seu dia de vinte e quatro horas. Assim, [a Yoko e eu] sabemos exatamente o que acontece o dia todo. E é assim que estamos vivendo." Não importava se ela se deitasse na cama em pleno estúdio, tanto faz... e eles faziam isso...

Isso me incomodava muito. A Barbara [Bach] e eu, a gente passa vinte e quatro horas juntos, porque não precisamos contar um ao outro o que aconteceu, a gente sabe.

SG: Nessa época, vocês eram quatro homens nortistas...

RS: Machões... Mulheres cozinham e os homens saem pra trabalhar. Todo mundo estranhou [a Yoko]. Mas [um tempo depois] eu disse a ele, está tudo bem, se é isso que você está fazendo. Então ficou mais fácil.

SG: Fazer turnês era uma tarefa espinhosa?

RS: Era ótimo viajar de avião, isso não me incomodava. O problema com as turnês é que a banda ficou tão famosa, ninguém entendia que você fica em turnê 24 horas por dia, sete dias por semana. Estar em turnê desde o minuto em que você acorda; gente querendo entrar, pressão. Sabe, a gente não era uma banda que só subia ao palco e fazia o show. Tocar era [a parte] legal, porque éramos somente nós quatro no palco e estávamos ali, juntos. Alugávamos suítes [no Plaza], vários andares do hotel, e nós quatro acabávamos nos refugiando no banheiro pra fugir do movimento, e era isso que nos deixava malucos, nunca os shows... os shows sempre foram bons.

SG: Uma noite você sumiu sozinho, com alguns policiais?

RS: Em Indianápolis. Esses dois guardas me deixaram pilotar a viatura da polícia [tarde da noite]. Na verdade, tivemos que fugir da polícia porque ultrapassei a velocidade permitida, ao volante da viatura, com dois policiais no banco de trás, tentando se abaixar. Do nada, um camburão saiu em nosso encalço... Tivemos que estacionar num beco, apagar as luzes e torcer pra que essa outra viatura não nos encontrasse.

O que eu queria mesmo era só dar uma voltinha no autódromo de Indianápolis. Tocamos lá uma vez, e eu só queria dar uma volta no circuito da famosa corrida. Um dos guardas falou que ia dar uma volta comigo na viatura dele. E disse: "Quer dirigir?".

SG: Você pilotou o carro da polícia no circuito de Indianápolis?

RS: Sim, e ele disse: "E agora que tal irmos pra minha casa?". Falei que por mim tudo bem. Um dos guardas tinha um rancho, e acabamos lá nesse tal de rancho, e o café da manhã era regado a conhaque com Coca-Cola, até que a mulher dele...

SG: Você ficou fora um dia e uma noite?

RS: Fiquei acordado três dias e três noites, e eu estava com os policiais. Daí eu subi ao palco e não conseguia mais controlar as pernas. Foi apavorante.

SG: Por ter ficado acordado muito tempo?

RS: Daí eles me puseram de cama. Por causa do bumbo, a minha perna não parava de pular, eu não conseguia controlar os movimentos. Assustador.

SG: Quando fumou maconha a primeira vez? Você se lembra?

RS: Com [o jornalista] Al Aronowitz. Ele e o Bob [Dylan] vieram juntos, mas foi o Al. Nunca me esqueço, porque foi como sempre imaginei que seria. O cara fica histérico. Sabe quando a maconha faz a gente cair na risada? Fomos pro quarto, todos com um pé atrás, sabe, uma daquelas rodinhas, e isso num hotel.

SG: Não conhecia o Dylan?

RS: Pois é. Daí fomos ao banheiro. Fui o primeiro a entrar e o primeiro a sair. Antes, o John tinha pedido serviço de quarto, e chegaram as seis refeições, vai saber qual era pra quem, e foi uma tolice porque sei lá... Não é sempre que isso acontece...
O Bobby [Dylan] é um cara à frente de seu tempo.

SG: Pode nos contar sobre o LSD?

RS: Não posso. Não quero só falar sobre drogas [risos].

RS: A gente foi visitar o Elvis. Não foi tão empolgante quanto visitar o Cliff Richard. Não sei quem providenciou o encontro com o Elvis. A gente entrou sem esconder o nervosismo, ele ainda era o Rei. Minha principal lembrança é ele tocando contrabaixo na frente da tevê... tum tum... tocando baixo e assistindo à tevê, e comentei com ele, por que é que ele não tinha uma banda com ele, porque eu realmente não curtia o som dele nessa época... Eu adorava todas as canções do começo da carreira dele, só que parei de comprar os discos dele... Mas ele ainda era Elvis.

SG: E o Allen Klein? Fui apresentado a ele e achei que não era boa notícia.

RS: Não tive essa impressão. Eu o achei um sujeito bem simpático. Jantar com ele nunca me incomodava. As coisas se transformaram com muita rapidez quando ele chegou, porque eles sabiam... A diferença entre o Allen e, digamos, outra pessoa... Na real, não quero ficar citando nomes, porque vão pegar no meu pé... A diferença é que o Allen tem má reputação, mas tem gente pior do que ele que escapa impune do mesmo crime que Allen. Ficaram com medo do Allen, porque o Allen sabia o que eles faziam.

E o Allen processa.

SG: Depenou até o Mick Jagger.

RS: Sério? Não sabia.

SG: Achei que isso estivesse bem documentado.

RS: Não fiquei sabendo. Mick não deu um passo à frente e avisou: "Ei...", porque o estavam processando. Não. E depois que a gente se desvinculou do Klein, peguei um avião com o Pete Townshend. The Who queria assinar com Klein depois que ele encerrasse o vínculo conosco.

PB: Ele sabia ser muito persuasivo.

RS: O Allen se livrou de todos ao nosso redor, inclusive do Peter.

PB: De mim ele não se livrou.

RS: Do jeito dele, sim. Mexeu os pauzinhos para ficar no controle.

SG: E o pessoal que se sentia parte desde o início, como o Alistair Taylor?

RS: Bem, o Alistair não tinha uma função, não que isso deponha contra ele. O Peter veio à minha casa e me falou que ia cair fora. Pessoalmente, eu queria que ele ficasse, mas preferiu buscar uma situação melhor. Compreendi perfeitamente por que você quis sair. Foi seu modo de falar: "Não tenho mais nada a fazer". Você não queria mais dar uma de babá, e, seja como for, na metade das vezes os "nenéns" não lhe davam ouvidos.

PB: Isso é verdade.

RS: Mas o Allen Klein não mexeu em ninguém mais próximo a nós, nem no Neil.

SG: E quanto à Apple, quando vocês estavam torrando toda aquela grana?

RS: Não tínhamos nem ideia sobre dinheiro. Na Apple, o conceito principal era o de que você não precisava pagar. Éramos ingênuos. Achávamos que se você vinha até nós com uma ideia... O maior exemplo foi o tal show de Punch e Judy na praia. Um cara veio [até a Apple] e [ininteligível] Paul sugeriu esse cara, porque seria uma bonita iniciativa, a gente procurou tornar aquilo legal. Estávamos em plenos anos 1960... A gente sabia que seria um caminhão de dinheiro, mas não significava tanto, era só um empréstimo, impostos, a gente nem pensava nisso. A ideia, o princípio básico, era de não ter que pagar. Lançamos alguns artistas. James Taylor, Billy Preston... Pra dizer o mínimo...

SG: Muitos sanguessugas e parasitas?

RS: Sim, sim.

SG: A gente cria um sexto sentido pra identificar essa turma...

RS: Sim, mas isso leva anos...

SG: Foi no biênio 1967 e 1968.

RS: Se você tem uma ideia maravilhosa, sim, vá em frente e execute, vamos financiar. O nosso problema é que a maior parte do pessoal que nos procurava não levava a ideia a cabo. Se fossem fazer um filme...

SG: E que tal o Magic Alex?

RS: Das duas, uma. Ou o Magic Alex é um gênio ou o maior vigarista do mundo.

SG: Eu o achava o maior vigarista do mundo.

RS: Eu o achava um gênio. Ele nos mostrou uma tinta que emitia luz. Ele nos mostrou isso. Depois tivemos que trazer alguém capaz de registrar patentes... Nem sei o que aconteceu com ele.

SG: Com certeza. Nós o vimos. As patentes couberam à EMI, e deram um jeito de registrá-las. Mas aconteceu que todos os inventos de Alex já estavam patenteados...

RS: Eu não te mostro a bateria. E você vai me mostrar patentes... Certo... Sabe, ele me mostrou umas coisinhas, ele me mostrou a tinta que se iluminava... Não sei dizer se foi ele quem inventou...

PB: E tinha o papel de parede que você plugava.

RS: Ele me mostrou o microfone telefônico, que aumenta o volume quanto mais você se afasta. Daí você não precisa gritar se estiver longe. Eu saí porta afora, e a voz com o volume igual. Saí da casa dele, e o volume aumentava à medida que você se afastava... Para mim, ele era um gênio.

PB: Não sabemos se ele já tinha feito isso antes.

RS: Exato. Não sabemos.

SG: Deixa eu te perguntar sobre outra história. É uma história famosa, já me contaram inúmeras vezes. Do dia em que você foi almoçar com Paul e Linda na Cavendish Avenue.

RS: Ficou famosa essa história?

SG: Ficou, e é citada no processo judicial também.

RS: O detalhe é que ele e nós tínhamos discos para lançar. Pouco antes da véspera de Natal, Paul mandou um homem com um montão de papéis. Ele nos processou. Basicamente fiquei chateado por ter sido um pouco antes do Natal, daí ligamos e fomos jantar na casa dele. E cada vez que eu tentava ponderar, tentando convencê-lo a não nos processar, a Linda dava um grito. E ele tirava a Linda da sala e começávamos tudo de novo. Terminou sem nada resolvido, e a essa altura a Linda interrompeu a situação toda. Ela queria de um jeito e eu de outro. Eu não queria ser processado. Eu jamais ia querer brigar com o Paul.

SG: Posso fazer uma pergunta, se as coisas não tivessem terminado assim, o que teria acontecido? Já pensou nisso?

RS: Ainda bem que aconteceu, sabe, por muitos aspectos. Que bom que não está mais rolando. Já era tempo. Cada coisa dura o tempo que deve durar.

SG: Os Rolling Stones continuam na ativa.

RS: Continuam, mas eles estão velhos. Analise por outro ângulo. O Dylan, por exemplo, é muito inteligente, deu uma entrevista à revista *People*, e perguntaram: "E quanto aos Beatles?". Sabe o que ele respondeu? "Eles eram quatro."

SG: Certa vez o John falou que não queria tocar em Vegas.

RS: Mas isso é só *Imagine*. Entende o que estou dizendo? Paul tinha *Band on the Run*. A gente começou viajando de ônibus, tocando em pequenos clubes noturnos e coisas assim, mas o Paul é esse tipo de pessoa. Paul quis fazer tudo de novo, e ele fez. E comeu o pão que o diabo amassou. Enfrentou o inferno. Tipo, agora ele não está mais falando comigo, e isso é uma pena, mas recomeçou do zero para criar o show de Paul McCartney. Não quero mais fazer isso. Já fiz isso uma vez.

SG: Você queria a separação da banda?

RS: Ela se separou de qualquer maneira.

SG: Como assim?

RS: Era a hora para todos. Continua sendo a melhor banda que já existiu. Continua sendo a melhor banda.

POSFÁCIO

A DISSOLUÇÃO DA BEATLES INC. só foi formalizada em 29 de dezembro de 1974, quase três anos após Paul ter iniciado a ação judicial contra os três colegas de banda. Alguns interesses comerciais não puderam ser separados, por isso os Beatles (ou os seus espólios) ainda continuam muito ligados.

É importante lembrar que as entrevistas deste livro (à exceção daquela com Yoko Ono) foram realizadas poucas semanas antes de John ser assassinado em Nova York, em 8 de dezembro de 1980. Fica a dúvida se Paul, entre outros tantos entrevistados, teria sido tão franco ao falar sobre John após seu falecimento. Essas transcrições sem filtro são as últimas que vamos ouvir dos principais entrevistados deste livro. Boa parte deles já partiu: George Harrison, Maureen Starkey, Cynthia Lennon, Neil Aspinall, Derek Taylor, Allen Klein, Ron Kass, David Puttnam, Martin Polden, John Dunbar, John Eastman, Geoffrey Ellis, Nat Weiss e Alexis "Magic Alex" Mardas.

Quais foram os motivos da separação dos Beatles? A julgar pelas transcrições, o consenso é que havia chegado a hora, resposta irritantemente filosófica, mas exata. Como bem mencionou George em sua entrevista: "A energia se dissipou porque crescemos e alcançamos certos desejos que tínhamos". Passaram dez anos costurados uns aos outros. Os meninos do começo viraram homens. Analisando de um modo realista, por quanto tempo continuariam sendo Beatles e se sentindo criativamente satisfeitos? O descontentamento de John e Paul pode ter se manifestado na forma de Yoko ou de Linda, mas o fato é que John e Paul, por meio de uma experiência muito intensa e desgastante, já estavam fartos um do outro. Também é verdade que John deliberadamente usou Yoko como arma para alienar os outros e, em resposta, Linda incorporou uma digna oponente. Nas transcrições, outro fator se torna bem claro: o veneno que Magic Alex e Allen Klein acrescentaram à mistura. Por fim, a questão discutida na entrevista de Yoko, fator determinante na existência dos Beatles: o uso de heroína por John, a um nível debilitante. Ao longo da entrevista, Yoko só fala na inicial da droga, *H*.

Outro ponto que se repete nas entrevistas é o de que foi melhor para os Beatles terem acabado no ápice... Se bem que, em se tratando dos Beatles, quem saberia qual seria o ápice? A cada nova conquista, Brian Epstein sempre dizia: "O sucesso pode ser maior do que isso?". No começo, quando o quarteto se sentia sem ânimo, ou sem dinheiro, ou voltando para casa após um show no meio de uma nevasca, era Paul quem tentava incentivar os outros Beatles. "Para onde é que estamos indo, Johnny? Pra onde é que estamos indo?". E os outros respondiam: "Ao mais top do mais pop!". Muitas vezes, eles chegaram ao mais top do mais pop, e então deram um jeito de subir ainda mais. Talvez tenham alcançado o ápice, e era melhor deixar estar. Ou, como disse Neil Aspinall: "A fila anda. Muito obrigado e arrume outra coisa pra fazer".

AGRADECIMENTOS

Os autores gostariam de agradecer a Dan Strone, Marc Resnick, Jeff Sharp, Tony D'Alessio, Lily Cronig, Claire Romine, Carl Richey, Ana Ban, Emma Fingleton, Alice Berndt, Sara Pearl, Jennifer Enderlin, Sally Richardson, Tracey Guest, Kathryn Hough, Rob Grom, Steven Seighman, Paul Hochman, Martin Quinn, Kenneth J. Silver, Catherine Turiano, Laura Clark, Joshua Rubins e Eliani Torres.

Belas Letras.

Leia o QR Code e conheça outros títulos do nosso catálogo

Este livro foi composto em Adobe Caslon Pro e impresso em papel Ivory Bulk 58g pela gráfica Impress em março de 2025.